ITALIANO
VOCABULARIO

PALABRAS MÁS USADAS

ESPAÑOL-
ITALIANO

Las palabras más útiles
Para expandir su vocabulario y refinar
sus habilidades lingüísticas

7000 palabras

Vocabulario español-italiano - 7000 palabras más usadas

por Andrey Taranov

Los vocabularios de T&P Books buscan ayudar en el aprendizaje, la memorización y la revisión de palabras de idiomas extranjeros. El diccionario se divide por temas, cubriendo toda la esfera de las actividades cotidianas, de negocios, ciencias, cultura, etc.

El proceso de aprendizaje de palabras utilizando los diccionarios temáticos de T&P Books le proporcionará a usted las siguientes ventajas:

- La información del idioma secundario está organizada claramente y predetermina el éxito para las etapas subsiguientes en la memorización de palabras.
- Las palabras derivadas de la misma raíz se agrupan, lo cual permite la memorización de grupos de palabras en vez de palabras aisladas.
- Las unidades pequeñas de palabras facilitan el proceso de reconocimiento de enlaces de asociación que se necesitan para la cohesión del vocabulario.
- De este modo, se puede estimar el número de palabras aprendidas y así también el nivel de conocimiento del idioma.

T&P Books Publishing
www.tpbooks.com

ISBN: 978-1-78071-999-3

Este libro está disponible en formato electrónico o de E-Book también. Visite www.tpbooks.com o las librerías electrónicas más destacadas en la Red.

VOCABULARIO ITALIANO
palabras más usadas

Los vocabularios de T&P Books buscan ayudar al aprendiz a aprender, memorizar y repasar palabras de idiomas extranjeros. Los vocabularios contienen más de 7000 palabras comúnmente usadas y organizadas de manera temática.

- El vocabulario contiene las palabras corrientes más usadas.
- Se recomienda como ayuda adicional a cualquier curso de idiomas.
- Capta las necesidades de aprendices de nivel principiante y avanzado.
- Es conveniente para uso cotidiano, prácticas de revisión y actividades de auto-evaluación.
- Facilita la evaluación del vocabulario.

Aspectos claves del vocabulario

- Las palabras se organizan según el significado, no según el orden alfabético.
- Las palabras se presentan en tres columnas para facilitar los procesos de repaso y auto-evaluación.
- Los grupos de palabras se dividen en pequeñas secciones para facilitar el proceso de aprendizaje.
- El vocabulario ofrece una transcripción sencilla y conveniente de cada palabra extranjera.

El vocabulario contiene 198 temas que incluyen lo siguiente:

Conceptos básicos, números, colores, meses, estaciones, unidades de medidas, ropa y accesorios, comida y nutrición, restaurantes, familia nuclear, familia extendida, características de personalidad, sentimientos, emociones, enfermedades, la ciudad y el pueblo, exploración del paisaje, compras, finanzas, la casa, el hogar, la oficina, el trabajo en oficina, importación y exportación, promociones, búsqueda de trabajo, deportes, educación, computación, la red, herramientas, la naturaleza, los países, las nacionalidades y más ...

TABLA DE CONTENIDO

Guía de pronunciación   10
Abreviaturas   12

CONCEPTOS BÁSICOS   13
Conceptos básicos. Unidad 1   13

1. Los pronombres   13
2. Saludos. Salutaciones. Despedidas   13
3. Números cardinales. Unidad 1   14
4. Números cardinales. Unidad 2   15
5. Números. Fracciones   15
6. Números. Operaciones básicas   16
7. Números. Miscelánea   16
8. Los verbos más importantes. Unidad 1   16
9. Los verbos más importantes. Unidad 2   17
10. Los verbos más importantes. Unidad 3   18
11. Los verbos más importantes. Unidad 4   19
12. Los colores   20
13. Las preguntas   21
14. Las palabras útiles. Los adverbios. Unidad 1   21
15. Las palabras útiles. Los adverbios. Unidad 2   23

Conceptos básicos. Unidad 2   25

16. Los días de la semana   25
17. Las horas. El día y la noche   25
18. Los meses. Las estaciones   26
19. La hora. Miscelánea   28
20. Los opuestos   29
21. Las líneas y las formas   30
22. Las unidades de medida   31
23. Contenedores   32
24. Materiales   33
25. Los metales   34

EL SER HUMANO   35
El ser humano. El cuerpo   35

26. El ser humano. Conceptos básicos   35
27. La anatomía humana   35

28. La cabeza 36
29. El cuerpo 37

La ropa y los accesorios 38

30. La ropa exterior. Los abrigos 38
31. Ropa de hombre y mujer 38
32. La ropa. La ropa interior 39
33. Gorras 39
34. El calzado 39
35. Los textiles. Las telas 40
36. Accesorios personales 40
37. La ropa. Miscelánea 41
38. Productos personales. Cosméticos 41
39. Las joyas 42
40. Los relojes 43

La comida y la nutrición 44

41. La comida 44
42. Las bebidas 45
43. Las verduras 46
44. Las frutas. Las nueces 47
45. El pan. Los dulces 48
46. Los platos al horno 48
47. Las especies 49
48. Las comidas 50
49. Los cubiertos 51
50. El restaurante 51

La familia nuclear, los parientes y los amigos 52

51. La información personal. Los formularios 52
52. Los familiares. Los parientes 52
53. Los amigos. Los compañeros del trabajo 53
54. El hombre. La mujer 54
55. La edad 54
56. Los niños 55
57. Los matrimonios. La vida familiar 55

Las características de personalidad. Los sentimientos 57

58. Los sentimientos. Las emociones 57
59. El carácter. La personalidad 58
60. El sueño. Los sueños 59
61. El humor. La risa. La alegría 60
62. La discusión y la conversación. Unidad 1 60
63. La discusión y la conversación. Unidad 2 61
64. La discusión y la conversación. Unidad 3 63
65. El acuerdo. El rechazo 63
66. El éxito. La buena suerte. El Fracaso 64
67. Las discusiones. Las emociones negativas 64

La medicina	67

68.	Las enfermedades	67
69.	Los síntomas. Los tratamientos. Unidad 1	68
70.	Los síntomas. Los tratamientos. Unidad 2	69
71.	Los síntomas. Los tratamientos. Unidad 3	70
72.	Los médicos	71
73.	La medicina. Las drogas. Los accesorios	71
74.	El fumar. Los productos del tabaco	72

EL AMBIENTE HUMANO	73
La ciudad	73

75.	La ciudad. La vida en la ciudad	73
76.	Las instituciones urbanas	74
77.	El transporte urbano	75
78.	La exploración del paisaje	76
79.	Las compras	77
80.	El dinero	78
81.	La oficina de correos	79

La vivienda. La casa. El hogar	80

82.	La casa. La vivienda	80
83.	La casa. La entrada. El ascensor	81
84.	La casa. Las puertas. Los candados	81
85.	La casa de campo	82
86.	El castillo. El palacio	82
87.	El apartamento	83
88.	El apartamento. La limpieza	83
89.	Los muebles. El interior	83
90.	Los accesorios de la cama	84
91.	La cocina	84
92.	El baño	85
93.	Los aparatos domésticos	86
94.	Los arreglos. La renovación	87
95.	La plomería	87
96.	El fuego. El Incendio	88

LAS ACTIVIDADES DE LA GENTE	90
El trabajo. Los negocios. Unidad 1	90

97.	La banca	90
98.	El teléfono. Las conversaciones telefónicas	91
99.	El teléfono celular	91
100.	Los artículos de escritorio	92

El trabajo. Los negocios. Unidad 2	93

101.	Los medios masivos	93
102.	La agricultura	94

103. La construcción. Los métodos de construcción   95

Las profesiones y los oficios   97

104. La búsqueda de trabajo. El despido del trabajo   97
105. Los negociantes   97
106. Los trabajos de servicio   98
107. La profesión militar y los rangos   99
108. Los oficiales. Los sacerdotes   100
109. Las profesiones agrícolas   100
110. Las profesiones artísticas   101
111. Profesiones diversas   101
112. Los trabajos. El estatus social   103

Los deportes   104

113. Tipos de deportes. Deportistas   104
114. Tipos de deportes. Miscelánea   105
115. El gimnasio   105
116. Los deportes. Miscelánea   106

La educación   108

117. La escuela   108
118. Los institutos. La Universidad   109
119. Las ciencias. Las disciplinas   110
120. Los sistemas de escritura. La ortografía   110
121. Los idiomas extranjeros   111
122. Los personajes de los cuentos de hadas   112
123. Los signos de zodiaco   113

El arte   114

124. El teatro   114
125. El cine   115
126. La pintura   116
127. La literatura y la poesía   117
128. El circo   117
129. La música. La música popular   118

Los restaurantes. El entretenimiento. El viaje   120

130. El viaje. Viajar   120
131. El hotel   120
132. Los libros. La lectura   121
133. La caza. La pesca   123
134. Los juegos. El billar   124
135. Los juegos. Las cartas   124
136. El descanso. Los juegos. Miscelánea   124
137. La fotografía   125
138. La playa. La natación   126

EL EQUIPO TÉCNICO. EL TRANSPORTE 127
El equipo técnico 127

139. El computador 127
140. El internet. El correo electrónico 128

El transporte 129

141. El avión 129
142. El tren 130
143. El barco 131
144. El aeropuerto 132
145. La bicicleta. La motocicleta 133

Los coches 134

146. Tipos de carros 134
147. Los carros. Taller de pintura 134
148. Los carros. El compartimento de pasajeros 135
149. Los carros. El motor 136
150. Los carros. Los choques. La reparación 137
151. Los carros. La calle 138

LA GENTE. ACONTECIMIENTOS DE LA VIDA 140
Acontecimentos de la vida 140

152. Los días festivos. Los eventos 140
153. Los funerales. El entierro 141
154. La guerra. Los soldados 141
155. La guerra. Las maniobras militares. Unidad 1 142
156. Las armas 144
157. Los pueblos antiguos 145
158. La edad media 146
159. El líder. El jefe. Las autoridades 147
160. Violar la ley. Los criminales. Unidad 1 148
161. Violar la ley. Los criminales. Unidad 2 150
162. La policía. La ley. Unidad 1 151
163. La policía. La ley. Unidad 2 152

LA NATURALEZA 154
La tierra. Unidad 1 154

164. El espacio 154
165. La tierra 155
166. Los puntos cardinales 156
167. El mar. El océano 156
168. Las montañas 157
169. Los ríos 158
170. El bosque 159
171. Los recursos naturales 160

La tierra. Unidad 2   161

172. El tiempo   161
173. Los eventos climáticos severos. Los desastres naturales   162

La fauna   163

174. Los mamíferos. Los predadores   163
175. Los animales salvajes   163
176. Los animales domésticos   164
177. Los perros. Las razas de perros   165
178. Los sonidos de los animales   166
179. Los pájaros   166
180. Los pájaros. El canto y los sonidos   168
181. Los peces. Los animales marinos   168
182. Los anfibios. Los reptiles   169
183. Los insectos   169
184. Los animales. Las partes del cuerpo   170
185. Los animales. El hábitat   170

La flora   172

186. Los árboles   172
187. Los arbustos   172
188. Los hongos   173
189. Las frutas. Las bayas   173
190. Las flores. Las plantas   174
191. Los cereales, los granos   175

GEOGRAFÍA REGIONAL   176
Los países. Las nacionalidades   176

192. La política. El gobierno. Unidad 1   176
193. La política. El gobierno. Unidad 2   177
194. Los países. Miscelánea   178
195. Grupos religiosos principales. Las confesiones   179
196. Las religiones. Los sacerdotes   180
197. La fé. El cristianismo. El islamismo   180

MISCELÁNEA   183

198. Varias palabras útiles   183

GUÍA DE PRONUNCIACIÓN

La letra	Ejemplo italiano	T&P alfabeto fonético	Ejemplo español

Las vocales

A a	anno	[a]	radio
E e	epoca	[e], [ɛ]	princesa
I i	vicino	[i]	ilegal
i [1]	ieri	[j]	asiento
O o	ora	[o], [ɔ]	bolsa
U u	uva	[u]	mundo
Y y	yacht	[j]	asiento

Las consonantes

B b	bambino	[b]	en barco
c,cc [2]	città	[ʧ]	mapache
c,cc [3]	casa	[k]	charco
D d	donna	[d]	desierto
F f	frutto	[f]	golf
g, gg [4]	giorno	[ʤ]	jazz
g, gg [5]	grande	[g]	jugada
H h	hotel	[h]	[h] mudo
J j	jazz	[ʤ]	jazz
K k	kiwi	[k]	charco
L l	latte	[l]	lira
M m	madre	[m]	nombre
N n	notte	[n]	número
P p	parco	[p]	precio
Q q	quadro	[k]	charco
R r	rosa	[r]	[r] gutural
s [6]	vaso	[z]	desde
S s [7]	sbarra	[z]	desde
S s [8]	testa	[s]	salva
T t	teatro	[t]	torre
V v	vita	[v]	travieso
W w	wisky	[w]	acuerdo
X x	fax	[ks]	taxi
Z z [9]	zio	[ʣ]	inglés kids
Z z [10]	bronzo	[ʣ]	inglés kids
Z z [11]	marzo	[ʦ]	tsunami

La letra	Ejemplo italiano	T&P alfabeto fonético	Ejemplo español

Las combinaciones de letras

ch	chitarra	[k]	charco
gh	ghiaccio	[g]	jugada
gn	legno	[ɲ]	leña
gli [12]	figlio	[ʎ]	lágrima
gli [13]	figli	[lji]	apellido
sc [14]	scienza	[ʃ]	shopping
sc [15]	scala	[sk]	esclusa
sch	schermo	[sk]	esclusa

Comentarios

[1] entre vocales
[2] ante (antes de)
[3] en las demás situaciones lingüísticas
[4] antes de e, i
[5] en las demás situaciones lingüísticas
[6] entre vocales
[7] ante (antes de)
[8] en las demás situaciones lingüísticas
[9] al principio de una palabra
[10] después de
[11] después de las otras consonantes
[12] al principio y dentro de
[13] al final de una palabra
[14] antes de e, i
[15] en las demás situaciones lingüísticas

ABREVIATURAS
usadas en el vocabulario

adj	-	adjetivo
adv	-	adverbio
anim.	-	animado
conj	-	conjunción
etc.	-	etcétera
f	-	sustantivo femenino
f pl	-	femenino plural
fam.	-	uso familiar
fem.	-	femenino
form.	-	uso formal
inanim.	-	inanimado
innum.	-	innumerable
m	-	sustantivo masculino
m pl	-	masculino plural
m, f	-	masculino, femenino
masc.	-	masculino
mat	-	matemáticas
mil.	-	militar
num.	-	numerable
p.ej.	-	por ejemplo
pl	-	plural
pron	-	pronombre
sg	-	singular
v aux	-	verbo auxiliar
vi	-	verbo intransitivo
vi, vt	-	verbo intransitivo, verbo transitivo
vr	-	verbo reflexivo
vt	-	verbo transitivo

CONCEPTOS BÁSICOS

Conceptos básicos. Unidad 1

1. Los pronombres

yo	io	['io]
tú	tu	['tu]
él	lui	['lyj]
ella	lei	['lej]
nosotros, -as	noi	['nɔj]
vosotros, -as	voi	['vɔj]
ellos, ellas	loro, essi	['lɜrɔ], ['ɛssi]

2. Saludos. Salutaciones. Despedidas

¡Hola! (fam.)	Buongiorno!	[buɔn'dʒɔrnɔ]
¡Hola! (form.)	Salve!	['saʎvɛ]
¡Buenos días!	Buongiorno!	[buɔn'dʒɔrnɔ]
¡Buenas tardes!	Buon pomeriggio!	[bu'ɔn pɔmɛ'ridʒɔ]
¡Buenas noches!	Buonasera!	[buɔna'sɛra]
decir hola	salutare (vt)	[saly'tarɛ]
¡Hola! (a un amigo)	Ciao! Salve!	['ʧaɔ 'saʎvɛ]
saludo (m)	saluto (m)	[sa'lytɔ]
saludar (vt)	salutare (vt)	[saly'tarɛ]
¿Cómo estás?	Come va?	['kɔmɛ 'va]
¿Qué hay de nuevo?	Che c'è di nuovo?	[kɛ ʧe di nu'ɔvɔ]
¡Chau! ¡Adiós!	Arrivederci!	[arrivɛ'dɛrʧi]
¡Hasta pronto!	A presto!	[a 'prɛstɔ]
¡Adiós!	Addio!	[ad'diɔ]
despedirse (vr)	congedarsi (vr)	[kɔndʒe'darsi]
¡Hasta luego!	Ciao!	['ʧaɔ]
¡Gracias!	Grazie!	['gratsiɛ]
¡Muchas gracias!	Grazie mille!	['gratsiɛ mille]
De nada	Prego	['prɛgɔ]
No hay de qué	Non c'è di che!	[nɔn ʧe di'kɛ]
De nada	Di niente	[di 'njentɛ]
¡Perdóname!	Scusa!	['skuza]
¡Perdóneme!	Scusi!	['skuzi]
disculpar (vt)	scusare (vt)	[sku'zarɛ]
disculparse (vr)	scusarsi (vr)	[sku'zarsi]

Mis disculpas	Chiedo scusa	['kjedɔ 'skuza]
¡Perdóneme!	Mi perdoni!	[mi pɛr'dɔni]
perdonar (vt)	perdonare (vt)	[pɛrdɔ'narɛ]
¡No pasa nada!	Non fa niente	[nɔn fa ni'ɛntɛ]
por favor	per favore	[pɛr fa'vɔrɛ]

¡No se le olvide!	Non dimentichi!	[nɔn di'mɛntiki]
¡Desde luego!	Certamente!	[ʧerta'mɛntɛ]
¡Claro que no!	Certamente no!	[ʧerta'mɛntɛ nɔ]
¡De acuerdo!	D'accordo!	[dak'kɔrdɔ]
¡Basta!	Basta!	['basta]

3. Números cardinales. Unidad 1

cero	zero (m)	['dzɛrɔ]
uno	uno	['unɔ]
dos	due	['duɛ]
tres	tre	['trɛ]
cuatro	quattro	[ku'attrɔ]

cinco	cinque	['ʧiŋkuɛ]
seis	sei	['sɛj]
siete	sette	['sɛttɛ]
ocho	otto	['ɔttɔ]
nueve	nove	['nɔvɛ]

diez	dieci	['djeʧi]
once	undici	['undiʧi]
doce	dodici	['dɔdiʧi]
trece	tredici	['trɛdiʧi]
catorce	quattordici	[kuat'tɔrdiʧi]

quince	quindici	[ku'indiʧi]
dieciséis	sedici	['sɛdiʧi]
diecisiete	diciassette	[diʧas'sɛttɛ]
dieciocho	diciotto	[di'ʧottɔ]
diecinueve	diciannove	[diʧa'ŋɔvɛ]

veinte	venti	['vɛnti]
veintiuno	ventuno	[vɛn'tunɔ]
veintidós	ventidue	[vɛnti'duɛ]
veintitrés	ventitre	[vɛntit'rɛ]

treinta	trenta	['trɛnta]
treinta y uno	trentuno	[trɛn'tunɔ]
treinta y dos	trentadue	[trɛnta'duɛ]
treinta y tres	trentatre	[trɛntat'rɛ]

cuarenta	quaranta	[kua'ranta]
cuarenta y uno	quarantuno	[kuaran'tunɔ]
cuarenta y dos	quarantadue	[kuaranta'duɛ]
cuarenta y tres	quarantatre	[kuarantat'rɛ]
cincuenta	cinquanta	[ʧiŋku'anta]
cincuenta y uno	cinquantuno	[ʧiŋkuan'tunɔ]

cincuenta y dos	cinquantadue	[ʧiŋkuanta'duɛ]
cincuenta y tres	cinquantatre	[ʧiŋkuantat'rɛ]
sesenta	sessanta	[sɛs'santa]
sesenta y uno	sessantuno	[sɛssan'tunɔ]
sesenta y dos	sessantadue	[sɛssanta'duɛ]
sesenta y tres	sessantatre	[sɛssantat'rɛ]
setenta	settanta	[sɛt'tanta]
setenta y uno	settantuno	[sɛttan'tunɔ]
setenta y dos	settantadue	[sɛttanta'duɛ]
setenta y tres	settantatre	[sɛttantat'rɛ]
ochenta	ottanta	[ɔt'tanta]
ochenta y uno	ottantuno	[ɔttan'tunɔ]
ochenta y dos	ottantadue	[ɔttanta'duɛ]
ochenta y tres	ottantatre	[ɔttantat'rɛ]
noventa	novanta	[nɔ'vanta]
noventa y uno	novantuno	[nɔvan'tunɔ]
noventa y dos	novantadue	[nɔvanta'duɛ]
noventa y tres	novantatre	[nɔvantat'rɛ]

4. Números cardinales. Unidad 2

cien	cento	['ʧentɔ]
doscientos	duecento	[duɛ'ʧentɔ]
trescientos	trecento	[trɛ'ʧentɔ]
cuatrocientos	quattrocento	[kuattrɔ'ʧentɔ]
quinientos	cinquecento	[ʧiŋkuɛ'ʧentɔ]
seiscientos	seicento	[sɛj'ʧentɔ]
setecientos	settecento	[sɛttɛ'ʧentɔ]
ochocientos	ottocento	[ɔttɔ'ʧentɔ]
novecientos	novecento	[nɔvɛ'ʧentɔ]
mil	mille	['mille]
dos mil	duemila	[duɛ'miʎa]
tres mil	tremila	[trɛ'miʎa]
diez mil	diecimila	[djeʧi'miʎa]
cien mil	centomila	[ʧentɔ'miʎa]
millón (m)	milione (m)	[mi'ʎɔnɛ]
mil millones	miliardo (m)	[mili'ardɔ]

5. Números. Fracciones

fracción (f)	frazione (f)	[fra'tsɪɔnɛ]
un medio	un mezzo	[un 'mɛdzɔ]
un tercio	un terzo	[un 'tɛrtsɔ]
un cuarto	un quarto	[un ku'artɔ]
un octavo	un ottavo	[un ɔt'tavɔ]
un décimo	un decimo	[un 'dɛʧimɔ]

| dos tercios | due terzi | ['due 'tɛrtsi] |
| tres cuartos | tre quarti | ['trɛ ku'arti] |

6. Números. Operaciones básicas

sustracción (f)	sottrazione (f)	[sɔttra'tsʲɔnɛ]
sustraer (vt)	sottrarre (vt)	[sott'rarrɛ]
división (f)	divisione (f)	[diwizi'ɔnɛ]
dividir (vt)	dividere (vt)	[di'widɛrɛ]
adición (f)	addizione (f)	[addi'tsʲɔnɛ]
sumar (totalizar)	addizionare (vt)	[additsʲɔ'narɛ]
sumar (vt)	addizionare (vt)	[additsʲɔ'narɛ]
multiplicación (f)	moltiplicazione (f)	[mɔʎtiplika'tsʲɔnɛ]
multiplicar (vt)	moltiplicare (vt)	[mɔʎtipli'karɛ]

7. Números. Miscelánea

cifra (f)	cifra (f)	['tʃifra]
número (m) (~ cardinal)	numero (m)	['numɛrɔ]
numeral (m)	numerale (m)	[numɛ'ralе]
menos (m)	meno (m)	['menɔ]
más (m)	più (m)	['pjy]
fórmula (f)	formula (f)	['formuʎa]

cálculo (m)	calcolo (m)	['kaʎkɔlɔ]
contar (vt)	contare (vt)	[kɔn'tarɛ]
calcular (vt)	calcolare (vt)	[kaʎkɔ'ʎarɛ]
comparar (vt)	comparare (vt)	[kɔmpa'rarɛ]

¿Cuánto? (innum.)	Quanto?	[ku'antɔ]
¿Cuánto? (num.)	Quanti?	[ku'anti]
suma (f)	somma (f)	['sɔmma]
resultado (m)	risultato (m)	[rizuʎ'tatɔ]
resto (m)	resto (m)	['rɛstɔ]

unos pocos	qualche ...	[ku'aʎkɛ]
poco (adv)	un po' di ...	[un 'pɔ di]
resto (m)	resto (m)	['rɛstɔ]
uno y medio	uno e mezzo	['unɔ ɛ 'mɛdzɔ]
docena (f)	dozzina (f)	[dɔ'dzina]

en dos partes	in due	[in 'duɛ]
en partes iguales	in parti uguali	[in 'parti ugu'ali]
mitad (f)	metà (f), mezzo (m)	[mɛ'ta], ['mɛdzɔ]
vez (f)	volta (f)	['vɔʎta]

8. Los verbos más importantes. Unidad 1

| abrir (vt) | aprire (vt) | [ap'rirɛ] |
| aconsejar (vt) | consigliare (vt) | [kɔnsi'ʎjarɛ] |

adivinar (vt)	indovinare (vt)	[indɔwi'narɛ]
advertir (vt)	avvertire (vt)	[avwer'tirɛ]
alabarse (vr)	vantarsi (vr)	[van'tarsi]
almorzar (vi)	pranzare (vi)	[pran'tsarɛ]
alquilar (~ una casa)	affittare (vt)	[affit'tarɛ]
amenazar (vt)	minacciare (vt)	[mina'tʃarɛ]
arrepentirse (vr)	rincrescere (vi)	[riŋk'rɛʃɛrɛ]
ayudar (vt)	aiutare (vt)	[aju'tarɛ]
bañarse (vr)	fare il bagno	['farɛ iʎ 'baɲɔ]
bromear (vi)	scherzare (vi)	[skɛr'tsarɛ]
buscar (vt)	cercare (vt)	[tʃer'karɛ]
caer (vi)	cadere (vi)	[ka'dɛrɛ]
callarse (vr)	tacere (vi)	[ta'tʃerɛ]
cambiar (vt)	cambiare (vt)	[kam'bjarɛ]
castigar (vt)	punire (vt)	[pu'nirɛ]
cavar (vt)	scavare (vt)	[ska'varɛ]
cazar (vi, vt)	cacciare (vt)	[ka'tʃarɛ]
cenar (vi)	cenare (vi)	[tʃe'narɛ]
cesar (vt)	cessare (vt)	[tʃes'sarɛ]
coger (vt)	afferrare (vt)	[affer'rarɛ]
comenzar (vt)	cominciare (vt)	[komin'tʃarɛ]
comparar (vt)	comparare (vt)	[kɔmpa'rarɛ]
comprender (vt)	capire (vt)	[ka'pirɛ]
confiar (vt)	fidarsi (vr)	[fi'darsi]
confundir (vt)	confondere (vt)	[kɔn'fɔndɛrɛ]
conocer (~ a alguien)	conoscere	[kɔ'nɔʃɛrɛ]
contar (vt) (enumerar)	contare (vt)	[kɔn'tarɛ]
contar con …	contare su …	[kɔn'tarɛ su]
continuar (vt)	continuare (vt)	[kɔntinu'arɛ]
controlar (vt)	controllare (vt)	[kɔntrɔ'ʎarɛ]
correr (vi)	correre (vi)	['kɔrrɛrɛ]
costar (vt)	costare (vt)	[kɔs'tarɛ]
crear (vt)	creare (vt)	[krɛ'arɛ]

9. Los verbos más importantes. Unidad 2

dar (vt)	dare (vt)	['darɛ]
dar una pista	dare un suggerimento	[darɛ un sudʒeri'mɛntɔ]
darse prisa	avere fretta	[a'vɛrɛ 'frɛtta]
decir (vt)	dire (vt)	['dirɛ]
decorar (para la fiesta)	decorare (vt)	[dɛkɔ'rarɛ]
defender (vt)	difendere (vt)	[di'fɛndɛrɛ]
dejar caer	lasciar cadere	[ʎa'ʃar ka'dɛrɛ]
desayunar (vi)	fare colazione	['farɛ kɔʎa'tsɔnɛ]
descender (vi)	scendere (vi)	['ʃɛndɛrɛ]
dirigir (administrar)	dirigere (vt)	[di'ridʒerɛ]
disculpar (vt)	battaglia (f)	[bat'taʎja]

disculparse (vr)	scusarsi (vr)	[sku'zarsi]
discutir (vt)	discutere (vt)	[dis'kutɛrɛ]
dudar (vt)	dubitare (vi)	[dubi'tarɛ]

encontrar (hallar)	trovare (vt)	[trɔ'varɛ]
engañar (vi, vt)	ingannare (vt)	[iɲa'ɲarɛ]
entrar (vi)	entrare (vi)	[ɛnt'rarɛ]
enviar (vt)	mandare (vt)	[man'darɛ]
equivocarse (vr)	sbagliare (vi)	[zba'ʎjarɛ]

escoger (vt)	scegliere (vt)	['ʃeʎjerɛ]
esconder (vt)	nascondere (vt)	[nas'kondɛrɛ]
escribir (vt)	scrivere (vt)	['skrivɛrɛ]
esperar (aguardar)	aspettare (vt)	[aspɛt'tarɛ]
esperar (tener esperanza)	sperare (vi, vt)	[spɛ'rarɛ]

estar de acuerdo	essere d'accordo	['ɛssɛrɛ dak'kɔrdɔ]
estudiar (vt)	studiare (vt)	[studi'arɛ]
exigir (vt)	esigere (vt)	[ɛ'zidʒɛrɛ]
existir (vi)	esistere (vi)	[ɛ'zistɛrɛ]
explicar (vt)	spiegare (vt)	[spje'garɛ]

faltar (a las clases)	mancare le lezioni	[ma'ŋkarɛ le le'ʦjɔni]
firmar (~ el contrato)	firmare (vt)	[fir'marɛ]
girar (~ a la izquierda)	girare (vi)	[dʒi'rarɛ]
gritar (vi)	gridare (vi)	[gri'darɛ]
guardar (conservar)	conservare (vt)	[kɔnsɛr'varɛ]
gustar (vi)	piacere (vi)	[pja'ʧerɛ]

10. Los verbos más importantes. Unidad 3

| hablar (vi, vt) | parlare (vi, vt) | [par'ʎarɛ] |
| hacer (vt) | fare (vt) | ['farɛ] |

informar (vt)	informare (vt)	[infɔr'marɛ]
insistir (vi)	insistere (vi)	[in'sistɛrɛ]
insultar (vt)	insultare (vt)	[insuʎ'tarɛ]
interesarse (vr)	interessarsi di ...	[intɛrɛs'sarsi di]
invitar (vt)	invitare (vt)	[inwi'tarɛ]
ir (a pie)	andare (vi)	[an'darɛ]
jugar (divertirse)	giocare (vi)	[dʒɔ'karɛ]

leer (vi, vt)	leggere (vi, vt)	['ledʒerɛ]
liberar (ciudad, etc.)	liberare (vt)	[libɛ'rarɛ]
llamar (por ayuda)	chiamare (vt)	[kja'marɛ]
llegar (vi)	arrivare (vi)	[arri'varɛ]
llorar (vi)	piangere (vi)	['pjandʒerɛ]

matar (vt)	uccidere (vt)	[u'ʧidɛrɛ]
mencionar (vt)	menzionare (vt)	[menʦjɔ'narɛ]
mostrar (vt)	mostrare (vt)	[mɔst'rarɛ]

| nadar (vi) | nuotare (vi) | [nuɔ'tarɛ] |
| negarse (vr) | rifiutarsi (vr) | [rifjy'tarsi] |

notar (divisar)	accorgersi (vr)	[ak'kordʒersi]
objetar (vt)	obiettare (vt)	[objet'tarɛ]
observar (vt)	osservare (vt)	[ossɛr'varɛ]
oír (vt)	sentire (vt)	[sɛn'tirɛ]
olvidar (vt)	dimenticare (vt)	[dimɛnti'karɛ]
orar (vi)	pregare (vi, vt)	[prɛ'garɛ]
ordenar (mil.)	ordinare (vt)	[ordi'narɛ]

pagar (vi, vt)	pagare (vi, vt)	[pa'garɛ]
pararse (vr)	fermarsi (vr)	[fɛr'marsi]
participar (vi)	partecipare (vi)	[partɛtʃi'parɛ]
pedir (ayuda, etc.)	chiedere, domandare	['kjedɛrɛ], [doman'darɛ]
pedir (en restaurante)	ordinare (vt)	[ordi'narɛ]
pensar (vi, vt)	pensare (vi, vt)	[pɛn'sarɛ]

perdonar (vt)	perdonare (vt)	[pɛrdo'narɛ]
permitir (vt)	permettere (vt)	[pɛr'mɛttɛrɛ]
pertenecer a ...	appartenere (vi)	[apparte'nɛrɛ]
planear (vt)	pianificare (vt)	[pjanifi'karɛ]
poder (v aux)	potere (v aux)	[po'tɛrɛ]
poseer (vt)	possedere (vt)	[possɛ'dɛrɛ]

preferir (vt)	preferire (vt)	[prɛfɛ'rirɛ]
preguntar (vt)	chiedere, domandare	['kjedɛrɛ], [doman'darɛ]
preparar (la cena)	cucinare (vi)	[kutʃi'narɛ]
prever (vt)	prevedere (vt)	[prɛvɛ'dɛrɛ]
prometer (vt)	promettere (vt)	[pro'mɛttɛrɛ]
pronunciar (vt)	pronunciare (vt)	[pronun'tʃarɛ]
proponer (vt)	proporre (vt)	[pro'porrɛ]

quejarse (vr)	lamentarsi (vr)	[ʎamɛn'tarsi]
querer (amar)	amare qn	[a'marɛ]
querer (desear)	volere (vt)	[vo'lerɛ]

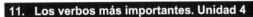

11. Los verbos más importantes. Unidad 4

recomendar (vt)	raccomandare (vt)	[rakkoman'darɛ]
regañar (vt)	sgridare (vt)	[zgri'darɛ]
reírse (vr)	ridere (vi)	['ridɛrɛ]
repetir (vt)	ripetere (vt)	[ri'pɛtɛrɛ]
reservar (~ una mesa)	riservare (vt)	[risɛr'varɛ]
responder (vi, vt)	rispondere (vi, vt)	[ris'pondɛrɛ]
robar (vt)	rubare (vt)	[ru'barɛ]
romper (vt)	rompere (vt)	['rompɛrɛ]

saber (~ algo mas)	sapere (vt)	[sa'pɛrɛ]
salir (vi)	uscire (vi)	[u'ʃirɛ]
salvar (vt)	salvare (vt)	[saʎ'varɛ]
seguir ...	seguire (vt)	[sɛgu'irɛ]
sentarse (vr)	sedersi (vr)	[sɛ'dɛrsi]

ser necesario	occorrere	[ok'korrɛrɛ]
ser, estar (vi)	essere (vi)	['ɛssɛrɛ]
significar (vt)	significare (vt)	[siɲifi'karɛ]

sonreír (vi)	sorridere (vi)	[sɔr'ridɛrɛ]
sorprenderse (vr)	stupirsi (vr)	[stu'pirsi]
subestimar (vt)	sottovalutare (vt)	[sɔttɔvaly'tarɛ]
tener (vt)	avere (vt)	[a'vɛrɛ]
tener hambre	avere fame	[a'vɛrɛ 'famɛ]
tener miedo	avere paura	[a'vɛrɛ pa'ura]
tener sed	avere sete	[a'vɛrɛ 'sɛtɛ]
terminar (vt)	finire (vt)	[fi'nirɛ]
tirar (vi)	sparare (vi)	[spa'rarɛ]
tocar (con las manos)	toccare (vt)	[tɔk'karɛ]
tomar (vt)	prendere (vt)	['prɛndɛrɛ]
tomar nota	annotare (vt)	[aŋɔ'tarɛ]
trabajar (vi)	lavorare (vi)	[ʎavo'rarɛ]
traducir (vt)	tradurre (vt)	[tra'durrɛ]
tratar (de ...)	tentare (vt)	[tɛn'tarɛ]
unir (vt)	unire (vt)	[u'nirɛ]
vender (vt)	vendere (vt)	['vɛndɛrɛ]
ver (vt)	vedere (vt)	[vɛ'dɛrɛ]
volar (pájaro, avión)	volare (vi)	[vɔ'ʎarɛ]

12. Los colores

color (m)	colore (m)	[kɔ'lɔrɛ]
matiz (m)	sfumatura (f)	[sfuma'tura]
tono (m)	tono (m)	['tɔnɔ]
arco (m) iris	arcobaleno (m)	[arkɔba'lenɔ]
blanco (adj)	bianco	['bjaŋkɔ]
negro (adj)	nero	['nɛrɔ]
gris (adj)	grigio	['gridʒɔ]
verde (adj)	verde	['vɛrdɛ]
amarillo (adj)	giallo	['dʒallɔ]
rojo (adj)	rosso	['rɔssɔ]
azul (adj)	blu	['bly]
azul claro (adj)	azzurro	[a'dzurrɔ]
rosado (adj)	rosa	['rɔza]
anaranjado (adj)	arancione	[aran'tʃɔnɛ]
violeta (adj)	violetto	[wiɔ'lettɔ]
marrón (adj)	marrone	[mar'rɔnɛ]
dorado (adj)	d'oro	['dɔrɔ]
argentado (adj)	argenteo	[ar'dʒentɛɔ]
beige (adj)	beige	[bɛʒ]
crema (adj)	color crema	[kɔ'lɔr 'krɛma]
turquesa (adj)	turchese	[tur'kɛzɛ]
rojo cereza (adj)	rosso ciliegia (f)	['rɔssɔ tʃi'ʎjedʒa]
lila (adj)	lilla	['liʎa]

carmesí (adj)	rosso lampone	['rosso ʎam'pɔnɛ]
claro (adj)	chiaro	['kjarɔ]
oscuro (adj)	scuro	['skurɔ]
vivo (adj)	vivo, vivido	['wivɔ], ['wiwidɔ]

de color (lápiz ~)	colorato	[kolo'ratɔ]
en colores (película ~)	a colori	[a kɔ'lɔri]
blanco y negro (adj)	bianco e nero	['bjaŋkɔ ɛ 'nɛrɔ]
unicolor (adj)	in tinta unita	[in 'tinta u'nita]
multicolor (adj)	multicolore	[muʎtikɔ'lɔrɛ]

13. Las preguntas

¿Quién?	Chi?	[ki]
¿Qué?	Che cosa?	[kɛ 'kɔza]
¿Dónde?	Dove?	['dɔvɛ]
¿A dónde?	Dove?	['dɔvɛ]
¿De dónde?	Di dove?, Da dove?	[di 'dɔvɛ da 'dɔvɛ]
¿Cuándo?	Quando?	[ku'andɔ]
¿Para qué?	Perché?	[pɛr'kɛ]
¿Por qué?	Perché?	[pɛr'kɛ]

¿Por qué razón?	Per che cosa?	[pɛr kɛ 'kɔza]
¿Cómo?	Come?	['kɔmɛ]
¿Qué ...? (~ color)	Che?	[kɛ]
¿Cuál?	Quale?	[ku'ale]

¿A quién?	A chi?	[a 'ki]
¿De quién? (~ hablan ...)	Di chi?	[di 'ki]
¿De qué?	Di che cosa?	[di kɛ 'kɔza]
¿Con quién?	Con chi?	[kɔn 'ki]

¿Cuánto? (innum.)	Quanto?	[ku'antɔ]
¿Cuánto? (num.)	Quanti?	[ku'anti]
¿De quién? (~ es este ...)	Di chi?	[di 'ki]

14. Las palabras útiles. Los adverbios. Unidad 1

¿Dónde?	Dove?	['dɔvɛ]
aquí (adv)	qui	[ku'i]
allí (adv)	lì	[li]

| en alguna parte | da qualche parte | [da ku'aʎkɛ 'partɛ] |
| en ninguna parte | da nessuna parte | [da nɛs'suna 'partɛ] |

| junto a ... | vicino a ... | [wi'ʧinɔ a] |
| junto a la ventana | vicino alla finestra | [wi'ʧinɔ 'aʎa fi'nɛstra] |

¿A dónde?	Dove?	['dɔvɛ]
aquí (venga ~)	di qui	[di ku'i]
allí (vendré ~)	ci	[ʧi]
de aquí (adv)	da qui	[da ku'i]

de allí (adv)	da lì	[da 'li]
cerca (no lejos)	vicino, accanto	[wi'ʧino], [a'kanto]
lejos (adv)	lontano	[lɔn'tano]
cerca de ...	vicino a ...	[wi'ʧino a]
al lado (de ...)	vicino	[wi'ʧino]
no lejos (adv)	non lontano	[nɔn lɔn'tano]
izquierdo (adj)	sinistro	[si'nistro]
a la izquierda (situado ~)	a sinistra	[a si'nistra]
a la izquierda (girar ~)	a sinistra	[a si'nistra]
derecho (adj)	destro	['dɛstro]
a la derecha (situado ~)	a destra	[a 'dɛstra]
a la derecha (girar)	a destra	[a 'dɛstra]
delante (yo voy ~)	davanti	[da'vanti]
delantero (adj)	anteriore	[antɛri'ɔrɛ]
adelante (movimiento)	avanti	[a'vanti]
detrás de ...	dietro	['djetro]
desde atrás	da dietro	[da 'djetro]
atrás (da un paso ~)	indietro	[in'djetro]
centro (m), medio (m)	mezzo (m), centro (m)	['mɛdzo], ['ʧɛntro]
en medio (adv)	in mezzo, al centro	[in 'mɛdzo], [aʎ 'ʧɛntro]
de costado (adv)	di fianco	[di 'fjaŋkɔ]
en todas partes	dappertutto	[dappɛr'tutto]
alrededor (adv)	attorno	[at'torno]
de dentro (adv)	da dentro	[da 'dɛntro]
a alguna parte	da qualche parte	[da ku'aʎkɛ 'partɛ]
todo derecho (adv)	dritto	['dritto]
atrás (muévelo para ~)	indietro	[in'djetro]
de alguna parte (adv)	da qualsiasi parte	[da kuaʎsia'zi 'partɛ]
no se sabe de dónde	da qualche posto	[da ku'aʎkɛ 'posto]
en primer lugar	in primo luogo	[in 'primo ly'ɔgo]
segundo (adv)	in secondo luogo	[in sɛ'kondo ly'ɔgo]
tercero (adv)	in terzo luogo	[in 'tɛrtso ly'ɔgo]
de súbito (adv)	all'improvviso	[allimprov'wizo]
al principio (adv)	all'inizio	[alli'nitsio]
por primera vez	per la prima volta	[pɛr ʎa 'prima 'voʎta]
mucho tiempo antes ...	molto tempo prima di...	['moʎto 'tɛmpo 'prima di]
de nuevo (adv)	di nuovo	[di nu'ɔvo]
para siempre (adv)	per sempre	[pɛr 'sɛmprɛ]
jamás (adv)	mai	[maj]
de nuevo (adv)	ancora	[a'ŋkora]
ahora (adv)	adesso	[a'dɛsso]
a menudo (adv)	spesso	['spɛsso]
entonces (adv)	allora	[al'lɔra]
urgentemente	urgentemente	[urʤɛntɛ'mɛntɛ]

normalmente (adv)	di solito	[di 'sɔlitɔ]
por cierto, ...	a proposito, ...	[a prɔ'pɔzitɔ]
es probable	è possibile	[ɛ pɔ'sibilɛ]
probablemente (adv)	probabilmente	[prɔbabiʎ'mentɛ]
es posible	forse	['fɔrsɛ]
además ...	inoltre ...	[i'nɔʎtrɛ]
por eso ...	ecco perché ...	['ɛkkɔ pɛr'ke]
a pesar de ...	nonostante	[nɔnɔs'tantɛ]
gracias a ...	grazie a ...	['gratsiɛ a]

qué (pron)	che cosa	[kɛ 'kɔza]
que (conj)	che	[kɛ]
algo (~ le ha pasado)	qualcosa	[kuaʎ'kɔza]
algo (~ así)	qualcosa	[kuaʎ'kɔza]
nada (f)	niente	['njentɛ]

quien	chi	[ki]
alguien (viene ~)	qualcuno	[kuaʎ'kunɔ]
alguien (¿ha llamado ~?)	qualcuno	[kuaʎ'kunɔ]

nadie	nessuno	[nɛs'sunɔ]
a ninguna parte	da nessuna parte	[da nɛs'suna 'partɛ]
de nadie	di nessuno	[di nɛs'sunɔ]
de alguien	di qualcuno	[di kuaʎ'kunɔ]

tan, tanto (adv)	così	[kɔ'zi]
también (~ habla francés)	anche	['aŋkɛ]
también (p.ej. Yo ~)	anche, pure	['aŋkɛ], ['purɛ]

15. Las palabras útiles. Los adverbios. Unidad 2

¿Por qué?	Perché?	[pɛr'kɛ]
no se sabe porqué	per qualche ragione	[pɛr ku'aʎke ra'dʒɔnɛ]
porque ...	perché ...	[pɛr'kɛ]
para algo (adv)	per qualche motivo	[pɛr ku'aʎke mɔ'tivɔ]

y (p.ej. uno y medio)	e	[ɛ]
o (p.ej. té o café)	o ...	[ɔ]
pero (p.ej. me gusta, pero ...)	ma	[ma]
para (p.ej. es para ti)	per	[pɛr]

demasiado (adv)	troppo	['trɔppɔ]
sólo (adv)	solo	['sɔlɔ]
exactamente (adv)	esattamente	[ɛzatta'mentɛ]
unos (~ 10 kg)	circa	['tʃirka]

aproximadamente	approssimativamente	[aprɔsimativa'mentɛ]
aproximado (adj)	approssimativo	[apprɔssima'tivɔ]
casi (adv)	quasi	[ku'azi]
resto (m)	resto (m)	['rɛstɔ]

cada (adj)	ogni	['ɔɲi]
cualquier (adj)	qualsiasi	[kuaʎ'siazi]
mucho (innum.)	molto	['mɔʎtɔ]

mucho (num.)	molti	['mɔʎti]
muchos (mucha gente)	molta gente	['mɔʎta 'dʒɛntɛ]
todos	tutto, tutti	['tuttɔ], ['tutti]

a cambio de ...	in cambio di ...	[in 'kambjɔ di]
en cambio (adv)	in cambio	[in 'kambjɔ]
a mano (hecho ~)	a mano	[a 'manɔ]
es poco probable	poco probabile	['pɔkɔ prɔ'babile]

probablemente	probabilmente	[prɔbabiʎ'mentɛ]
a propósito (adv)	apposta	[ap'pɔsta]
por accidente (adv)	per caso	[pɛr 'kazɔ]

muy (adv)	molto	['mɔʎtɔ]
por ejemplo (adv)	per esempio	[pɛr ɛ'zɛmpjɔ]
entre (~ nosotros)	fra	[fra]
entre (~ otras cosas)	fra	[fra]
tanto (~ gente)	tanto	['tantɔ]
especialmente (adv)	soprattutto	[sɔpra'tuttɔ]

Conceptos básicos. Unidad 2

16. Los días de la semana

lunes (m)	**lunedì** (m)	[lynɛ'di]
martes (m)	**martedì** (m)	[martɛ'di]
miércoles (m)	**mercoledì** (m)	[mɛrkɔle'di]
jueves (m)	**giovedì** (m)	[dʒɔve'di]
viernes (m)	**venerdì** (m)	[vɛnɛr'di]
sábado (m)	**sabato** (m)	['sabatɔ]
domingo (m)	**domenica** (f)	[dɔ'mɛnika]
hoy (adv)	**oggi**	['ɔdʒi]
mañana (adv)	**domani**	[dɔ'mani]
pasado mañana	**dopo domani**	['dɔpɔ dɔ'mani]
ayer (adv)	**ieri**	['jeri]
anteayer (adv)	**l'altro ieri**	['ʎaʎtrɔ 'jeri]
día (m)	**giorno** (m)	['dʒɔrnɔ]
día (m) de trabajo	**giorno** (m) **lavorativo**	['dʒɔrnɔ ʎavɔra'tivɔ]
día (m) de fiesta	**giorno** (m) **festivo**	['dʒɔrnɔ fɛs'tivɔ]
día (m) de descanso	**giorno** (m) **di riposo**	['dʒɔrnɔ di ri'pɔzɔ]
fin (m) de semana	**fine** (m) **settimana**	['finɛ sɛtti'mana]
todo el día	**tutto il giorno**	['tutto iʎ 'dʒɔrnɔ]
al día siguiente	**l'indomani**	[lindɔ'mani]
dos días atrás	**due giorni fa**	['duɛ 'dʒɔrni fa]
en vísperas (adv)	**il giorno prima**	[iʎ 'dʒɔrnɔ 'prima]
diario (adj)	**quotidiano**	[kuɔtidi'anɔ]
cada día (adv)	**ogni giorno**	['ɔɲi 'dʒɔrnɔ]
semana (f)	**settimana** (f)	[sɛtti'mana]
semana (f) pasada	**la settimana scorsa**	[ʎa sɛtti'mana 'skɔrsa]
semana (f) que viene	**la settimana prossima**	[ʎa sɛtti'mana 'prɔssima]
semanal (adj)	**settimanale**	[sɛttima'nale]
cada semana (adv)	**ogni settimana**	[ɔɲi sɛtti'mana]
2 veces por semana	**due volte alla settimana**	['duɛ 'vɔʎtɛ 'aʎa sɛtti'mana]
todos los martes	**ogni martedì**	['ɔɲi marte'di]

17. Las horas. El día y la noche

mañana (f)	**mattina** (f)	[mat'tina]
por la mañana	**di mattina**	[di mat'tina]
mediodía (m)	**mezzogiorno** (m)	[mɛdzɔ'dʒɔrnɔ]
por la tarde	**nel pomeriggio**	[nɛʎ pɔmɛ'ridʒɔ]
tarde (f)	**sera** (f)	['sɛra]
por la noche	**di sera**	[di 'sɛra]

noche (f)	notte (f)	['nɔttɛ]
por la noche	di notte	[di 'nɔttɛ]
medianoche (f)	mezzanotte (f)	[mɛʣa'nɔttɛ]
segundo (m)	secondo (m)	[sɛ'kɔndɔ]
minuto (m)	minuto (m)	[mi'nutɔ]
hora (f)	ora (f)	['ɔra]
media hora (f)	mezzora (f)	[mɛ'ʣɔra]
cuarto (m) de hora	un quarto d'ora	[un ku'artɔ 'dɔra]
quince minutos	quindici minuti	[ku'inditʃi mi'nuti]
veinticuatro horas (f pl)	ventiquattro ore	[vɛntiku'attrɔ 'ɔrɛ]
salida (f) del sol	levata (f) del sole	[le'vata dɛʎ 'sɔle]
amanecer (m)	alba (f)	['aʎba]
madrugada (f)	mattutino (m)	[mattu'tinɔ]
puesta (f) del sol	tramonto (m)	[tra'mɔntɔ]
por la mañana temprano	di buon mattino	[di bu'ɔn mat'tinɔ]
esta mañana	stamattina	[stamat'tina]
mañana por la mañana	domattina	[dɔmat'tina]
esta tarde	oggi pomeriggio	['ɔʤi pɔmɛ'riʤɔ]
por la tarde	nel pomeriggio	[nɛʎ pɔmɛ'riʤɔ]
mañana por la tarde	domani pomeriggio	[dɔ'mani pɔmɛ'riʤɔ]
esta tarde, esta noche	stasera	[sta'sɛra]
mañana por la noche	domani sera	[dɔ'mani 'sɛra]
a las tres en punto	alle tre precise	['alle trɛ prɛ'ʧizɛ]
a eso de las cuatro	verso le quattro	['vɛrsɔ le ku'attrɔ]
para las doce	per le dodici	[pɛr le 'dɔditʃi]
dentro de veinte minutos	fra venti minuti	[fra 'vɛnti mi'nuti]
dentro de una hora	fra un'ora	[fra un 'ɔra]
a tiempo (adv)	puntualmente	[puntuaʎ'mentɛ]
... menos cuarto	un quarto di ...	[un ku'artɔ di]
durante una hora	entro un'ora	['ɛntrɔ un 'ɔra]
cada quince minutos	ogni quindici minuti	['ɔɲi ku'inditʃi mi'nuti]
día y noche	giorno e notte	['ʤɔrnɔ ɛ 'nɔttɛ]

18. Los meses. Las estaciones

enero (m)	gennaio (m)	[ʤe'ɲajo]
febrero (m)	febbraio (m)	[fɛbb'rajo]
marzo (m)	marzo (m)	['marʦɔ]
abril (m)	aprile (m)	[ap'rile]
mayo (m)	maggio (m)	['maʤɔ]
junio (m)	giugno (m)	['ʤuɲɔ]
julio (m)	luglio (m)	['lyʎɔ]
agosto (m)	agosto (m)	[a'gɔstɔ]
septiembre (m)	settembre (m)	[sɛt'tɛmbrɛ]
octubre (m)	ottobre (m)	[ot'tɔbrɛ]
noviembre (m)	novembre (m)	[nɔ'vɛmbrɛ]
diciembre (m)	dicembre (m)	[di'ʧembrɛ]

primavera (f)	**primavera** (f)	[prima'vɛra]
en primavera	**in primavera**	[in prima'vɛra]
de primavera (adj)	**primaverile**	[primavɛ'rile]
verano (m)	**estate** (f)	[ɛs'tatɛ]
en verano	**in estate**	[in ɛs'tatɛ]
de verano (adj)	**estivo**	[ɛs'tivɔ]
otoño (m)	**autunno** (m)	[au'tuŋɔ]
en otoño	**in autunno**	[in au'tuŋɔ]
de otoño (adj)	**autunnale**	[autu'ŋale]
invierno (m)	**inverno** (m)	[in'vɛrnɔ]
en invierno	**in inverno**	[in in'vɛrnɔ]
de invierno (adj)	**invernale**	[invɛr'nale]
mes (m)	**mese** (m)	['mezɛ]
este mes	**questo mese**	[ku'ɛstɔ 'mɛzɛ]
al mes siguiente	**il mese prossimo**	[iʎ 'mɛzɛ 'prɔssimɔ]
el mes pasado	**il mese scorso**	[iʎ 'mɛzɛ 'skɔrsɔ]
hace un mes	**un mese fa**	[un 'mɛzɛ fa]
dentro de una mes	**fra un mese**	[fra un 'mɛzɛ]
dentro de dos meses	**fra due mesi**	[fra 'duɛ 'mɛzi]
todo el mes	**un mese intero**	[un 'mɛzɛ in'tɛrɔ]
todo un mes	**per tutto il mese**	[per 'tuttɔ iʎ 'mɛzɛ]
mensual (adj)	**mensile**	[men'sile]
mensualmente (adv)	**mensilmente**	[mensiʎ'mɛntɛ]
cada mes	**ogni mese**	['ɔɲi 'mɛzɛ]
dos veces por mes	**due volte al mese**	['duɛ 'vɔʎtɛ aʎ 'mɛzɛ]
año (m)	**anno** (m)	['aŋɔ]
este año	**quest'anno**	[kuɛs'taŋɔ]
el próximo año	**l'anno prossimo**	['ʎaŋɔ 'prɔssimɔ]
el año pasado	**l'anno scorso**	['ʎaŋɔ 'skɔrsɔ]
hace un año	**un anno fa**	[un 'aŋɔ fa]
dentro de un año	**fra un anno**	[fra un 'aŋɔ]
dentro de dos años	**fra due anni**	[fra 'duɛ 'aŋi]
todo el año	**un anno intero**	[un 'aŋɔ in'tɛrɔ]
todo un año	**per tutto l'anno**	[per 'tuttɔ 'ʎaŋɔ]
cada año	**ogni anno**	['ɔɲi 'aŋɔ]
anual (adj)	**annuale**	[aŋu'ale]
anualmente (adv)	**annualmente**	[aŋuaʎ'mɛntɛ]
cuatro veces por año	**quattro volte all'anno**	[ku'attrɔ 'vɔʎtɛ a'ʎaŋɔ]
fecha (f) (la ~ de hoy es …)	**data** (f)	['data]
fecha (f) (~ de entrega)	**data** (f)	['data]
calendario (m)	**calendario** (m)	[kalen'dariɔ]
medio año (m)	**mezz'anno** (m)	[mɛ'dzaŋɔ]
seis meses	**semestre** (m)	[sɛ'mɛstrɛ]
temporada (f)	**stagione** (f)	[sta'dʒɔnɛ]
siglo (m)	**secolo** (m)	['sɛkɔlɔ]

19. La hora. Miscelánea

tiempo (m)	tempo (m)	['tɛmpɔ]
instante (m)	istante (m)	[is'tantɛ]
momento (m)	momento (m)	[mɔ'mɛntɔ]
instantáneo (adj)	istantaneo	[istan'tanɛɔ]
lapso (m) de tiempo	periodo (m)	[pɛ'riɔdɔ]
vida (f)	vita (f)	['wita]
eternidad (f)	eternità (f)	[ɛtɛrni'ta]
época (f)	epoca (f)	['ɛpɔka]
era (f)	era (f)	['ɛra]
ciclo (m)	ciclo (m)	['ʧiklɔ]
período (m)	periodo (m)	[pɛ'riɔdɔ]
plazo (m) (~ de tres meses)	scadenza (f)	[ska'dɛntsa]
futuro (m)	futuro (m)	[fu'turɔ]
que viene (adj)	futuro	[fu'turɔ]
la próxima vez	la prossima volta	[ʎa 'prɔssima 'vɔlta]
pasado (m)	passato (m)	[pas'satɔ]
pasado (adj)	scorso	['skɔrsɔ]
la última vez	la volta scorsa	[ʎa 'vɔʎta 'skɔrsa]
más tarde (adv)	più tardi	[pjy 'tardi]
después	dopo	['dɔpɔ]
actualmente (adv)	oggigiorno	[ɔʤi'ʤɔrnɔ]
ahora (adv)	adesso, ora	[a'dɛssɔ], [ɔra]
inmediatamente	subito	['subitɔ]
pronto (adv)	fra poco, presto	[fra 'pɔkɔ], ['prɛstɔ]
de antemano (adv)	in anticipo	[in an'tiʧipɔ]
hace mucho (adv)	tanto tempo fa	['tantɔ 'tɛmpɔ fa]
hace poco (adv)	di recente	[di rɛ'ʧɛntɛ]
destino (m)	destino (m)	[dɛs'tinɔ]
recuerdos (m pl)	ricordi (m pl)	[ri'kɔrdi]
archivo (m)	archivio (m)	[ar'kiwiɔ]
durante ...	durante ...	[du'rantɛ]
mucho tiempo (adv)	a lungo	[a 'lyŋɔ]
poco tiempo (adv)	per poco tempo	[pɛr 'pɔkɔ 'tɛmpɔ]
temprano (adv)	presto	['prɛstɔ]
tarde (adv)	tardi	['tardi]
para siempre (adv)	per sempre	[pɛr 'sɛmprɛ]
comenzar (vt)	cominciare (vt)	[kɔmin'ʧarɛ]
aplazar (vt)	posticipare (vt)	[pɔstiʧi'parɛ]
simultáneamente	simultaneamente	[simultanɛa'mentɔ]
permanentemente	tutto il tempo	['tuttɔ iʎ 'tɛmpɔ]
constante (ruido, etc.)	costante	[kɔs'tantɛ]
temporal (adj)	temporaneo	[tɛmpɔ'ranɛɔ]
a veces (adv)	a volte	[a 'vɔʎtɛ]
rara vez (adv)	raramente	[rara'mɛntɛ]
a menudo (adv)	spesso	['spɛssɔ]

20. Los opuestos

rico (adj)	ricco	['rikkɔ]
pobre (adj)	povero	['pɔvɛrɔ]
enfermo (adj)	malato	[ma'ʎatɔ]
sano (adj)	sano	['sanɔ]
grande (adj)	grande	['grandɛ]
pequeño (adj)	piccolo	['pikkɔlɔ]
rápidamente (adv)	rapidamente	[rapida'mɛntɛ]
lentamente (adv)	lentamente	[lenta'mɛntɛ]
rápido (adj)	veloce	[vɛ'lɔʧe]
lento (adj)	lento	['lentɔ]
alegre (adj)	allegro	[al'legrɔ]
triste (adj)	triste	['tristɛ]
juntos (adv)	insieme	[in'sjemɛ]
separadamente	separatamente	[sɛparata'mɛntɛ]
en voz alta	ad alta voce	[ad 'aʎta 'vɔʧe]
en silencio	in silenzio	[in si'lentsiɔ]
alto (adj)	alto	['aʎtɔ]
bajo (adj)	basso	['bassɔ]
profundo (adj)	profondo	[prɔ'fɔndɔ]
poco profundo (adj)	basso	['bassɔ]
sí	sì	[si]
no	no	[nɔ]
lejano (adj)	lontano	[lɔn'tanɔ]
cercano (adj)	vicino	[wi'ʧinɔ]
lejos (adv)	lontano	[lɔn'tanɔ]
cerco (adv)	vicino	[wi'ʧinɔ]
largo (adj)	lungo	['lyŋɔ]
corto (adj)	corto	['kɔrtɔ]
bueno (de buen corazón)	buono	[bu'ɔnɔ]
malvado (adj)	cattivo	[kat'tivɔ]
casado (adj)	sposato	[spɔ'zatɔ]
soltero (adj)	celibe	['ʧelibɛ]
prohibir (vt)	vietare (vt)	[vje'tarɛ]
permitir (vt)	permettere (vt)	[pɛr'mɛttɛrɛ]
fin (m)	fine (f)	['finɛ]
principio (m)	inizio (m)	[i'nitsiɔ]

| izquierdo (adj) | sinistro | [si'nistrɔ] |
| derecho (adj) | destro | ['dɛstrɔ] |

| primero (adj) | primo | ['primɔ] |
| último (adj) | ultimo | ['uʎtimɔ] |

| crimen (m) | delitto (m) | [dɛ'littɔ] |
| castigo (m) | punizione (f) | [puni'tsʲɔnɛ] |

| ordenar (vt) | ordinare (vt) | [ɔrdi'narɛ] |
| obedecer (vi, vt) | obbedire (vi) | [ɔbbɛ'dirɛ] |

| recto (adj) | dritto | ['drittɔ] |
| curvo (adj) | curvo | ['kurvɔ] |

| paraíso (m) | paradiso (m) | [para'dizɔ] |
| infierno (m) | inferno (m) | [in'fɛrnɔ] |

| nacer (vi) | nascere (vi) | ['naʃɛrɛ] |
| morir (vi) | morire (vi) | [mɔ'rirɛ] |

| fuerte (adj) | forte | ['fɔrtɛ] |
| débil (adj) | debole | ['dɛbɔle] |

| viejo (adj) | vecchio | ['vɛkkiɔ] |
| joven (adj) | giovane | ['dʒɔvanɛ] |

| viejo (adj) | vecchio | ['vɛkkiɔ] |
| nuevo (adj) | nuovo | [nu'ɔvɔ] |

| duro (adj) | duro | ['durɔ] |
| blando (adj) | morbido | ['mɔrbidɔ] |

| cálido (adj) | caldo | ['kaʎdɔ] |
| frío (adj) | freddo | ['frɛddɔ] |

| gordo (adj) | grasso | ['grassɔ] |
| delgado (adj) | magro | ['magrɔ] |

| estrecho (adj) | stretto | ['strɛttɔ] |
| ancho (adj) | largo | ['ʎargɔ] |

| bueno (adj) | buono | [bu'ɔnɔ] |
| malo (adj) | cattivo | [kat'tivɔ] |

| valiente (adj) | valoroso | [valɜ'rɔzɔ] |
| cobarde (adj) | codardo | [kɔ'dardɔ] |

21. Las líneas y las formas

cuadrado (m)	quadrato (m)	[kuad'ratɔ]
cuadrado (adj)	quadrato	[kuad'ratɔ]
círculo (m)	cerchio (m)	['tʃerkiɔ]
redondo (adj)	rotondo	[rɔ'tɔndɔ]

triángulo (m)	triangolo (m)	[tri'aŋɔlɔ]
triangular (adj)	triangolare	[triaŋɔ'ʎarɛ]
óvalo (m)	ovale (m)	[ɔ'vale]
oval (adj)	ovale	[ɔ'vale]
rectángulo (m)	rettangolo (m)	[rɛt'taŋɔlɔ]
rectangular (adj)	rettangolare	[rɛttaŋɔ'ʎarɛ]
pirámide (f)	piramide (f)	[pi'ramidɛ]
rombo (m)	rombo (m)	['rɔmbɔ]
trapecio (m)	trapezio (m)	[tra'pɛtsio]
cubo (m)	cubo (m)	['kubɔ]
prisma (m)	prisma (m)	['prizma]
circunferencia (f)	circonferenza (f)	[ʧirkɔnfɛ'rɛntsa]
esfera (f)	sfera (f)	['sfɛra]
globo (m)	palla (f)	['paʎa]
diámetro (m)	diametro (m)	[di'amɛtrɔ]
radio (f)	raggio (m)	['radʒɔ]
perímetro (m)	perimetro (m)	[pɛ'rimɛtrɔ]
centro (m)	centro (m)	['ʧentrɔ]
horizontal (adj)	orizzontale	[ɔriʣɔn'tale]
vertical (adj)	verticale	[vɛrti'kale]
paralela (f)	parallela (f)	[paral'leʎa]
paralelo (adj)	parallelo	[paral'lelɔ]
línea (f)	linea (f)	['linɛa]
trazo (m)	tratto (m)	['trattɔ]
recta (f)	linea (f) retta	['linɛa 'rɛtta]
curva (f)	linea (f) curva	['linɛa 'kurva]
fino (la ~a línea)	sottile	[sɔt'tile]
contorno (m)	contorno (m)	[kɔn'tɔrnɔ]
intersección (f)	intersezione (f)	[intɛrsɛ'tsɔnɛ]
ángulo (m) recto	angolo (m) retto	['aŋɔlɔ 'rɛttɔ]
segmento (m)	segmento	[sɛg'mɛntɔ]
sector (m)	settore (m)	[sɛt'tɔrɛ]
lado (m)	lato (m)	['ʎatɔ]
ángulo (m)	angolo (m)	['aŋɔlɔ]

22. Las unidades de medida

peso (m)	peso (m)	['pɛzɔ]
longitud (f)	lunghezza (f)	[ly'ŋɛtsa]
anchura (f)	larghezza (f)	[ʎar'gɛtsa]
altura (f)	altezza (f)	[aʎ'tɛtsa]
profundidad (f)	profondità (f)	[prɔfɔndi'ta]
volumen (m)	volume (m)	[vɔ'lymɛ]
superficie (f), área (f)	area (f)	['arɛa]
gramo (m)	grammo (m)	['grammɔ]
miligramo (m)	milligrammo (m)	[millig'rammɔ]

kilogramo (m)	chilogrammo (m)	[kilɜg'rammɔ]
tonelada (f)	tonnellata (f)	[tɔɲɛ'ʎata]
libra (f)	libbra (f)	['libbra]
onza (f)	oncia (f)	['ɔntʃa]
metro (m)	metro (m)	['mɛtrɔ]
milímetro (m)	millimetro (m)	[mil'limɛtrɔ]
centímetro (m)	centimetro (m)	[tʃen'timɛtrɔ]
kilómetro (m)	chilometro (m)	[ki'lɜmɛtrɔ]
milla (f)	miglio (m)	['miʎʲɔ]
pulgada (f)	pollice (m)	['pɔllitʃe]
pie (m)	piede (f)	['pjedɛ]
yarda (f)	iarda (f)	[jarda]
metro (m) cuadrado	metro (m) quadro	['mɛtrɔ ku'adrɔ]
hectárea (f)	ettaro (m)	['ɛttarɔ]
litro (m)	litro (m)	['litrɔ]
grado (m)	grado (m)	['gradɔ]
voltio (m)	volt (m)	[vɔʎt]
amperio (m)	ampere (m)	[am'pɛrɛ]
caballo (m) de fuerza	cavallo vapore (m)	[ka'vallɔ va'pɔrɛ]
cantidad (f)	quantità (f)	[kuanti'ta]
un poco de …	un po' di …	[un 'pɔ di]
mitad (f)	metà (f)	[mɛ'ta]
docena (f)	dozzina (f)	[dɔ'dzina]
pieza (f)	pezzo (m)	['pɛtsɔ]
dimensión (f)	dimensione (f)	[dimɛnsi'ɔnɛ]
escala (f) (del mapa)	scala (f)	['skaʎa]
mínimo (adj)	minimo	['minimɔ]
el menor (adj)	minore	[mi'nɔrɛ]
medio (adj)	medio	['mɛdiɔ]
máximo (adj)	massimo	['massimɔ]
el más grande (adj)	maggiore	[ma'dʒɔrɛ]

23. Contenedores

tarro (m) de vidrio	barattolo (m) di vetro	[ba'rattolɔ di 'vɛtrɔ]
lata (f) de hojalata	latta (f), lattina (f)	['ʎatta], [lat'tina]
cubo (m)	secchio (m)	['sɛkkiɔ]
barril (m)	barile (m), botte (f)	[ba'rile], ['bɔttɛ]
palangana (f)	catino (m)	[ka'tinɔ]
tanque (m)	serbatoio (m)	[sɛrba'tojɔ]
petaca (f) (de alcohol)	fiaschetta (f)	[fias'ketta]
bidón (m) de gasolina	tanica (f)	['tanika]
cisterna (f)	cisterna (f)	[tʃis'tɛrna]
taza (f) (mug de cerámica)	tazza (f)	['tattsa]
taza (f) (~ de café)	tazzina (f)	[ta'tsina]

platillo (m)	piattino (m)	[pjat'tinɔ]
vaso (m) (~ de agua)	bicchiere (m)	[bik'kjerɛ]
copa (f) (~ de vino)	calice (m)	['kalitʃe]
cacerola (f)	casseruola (f)	[kassɛru'ɔʎa]

| botella (f) | bottiglia (f) | [bɔt'tiʎja] |
| cuello (m) de botella | collo (m) | ['kollɔ] |

garrafa (f)	caraffa (f)	[ka'raffa]
jarro (m) (~ de agua)	brocca (f)	['brɔkka]
recipiente (m)	recipiente (m)	[rɛtʃipi'entɛ]
olla (f)	vaso (m) di coccio	['vazɔ di 'kɔtʃɔ]
florero (m)	vaso (m)	['vazɔ]

frasco (m) (~ de perfume)	boccetta (f)	[bɔ'tʃetta]
frasquito (m)	fiala (f)	[fi'aʎa]
tubo (m)	tubetto (m)	[tu'bɛttɔ]

saco (m) (~ de azúcar)	sacco (m)	['sakkɔ]
bolsa (f) (~ plástica)	sacchetto (m)	[sak'kɛttɔ]
paquete (m) (~ de cigarrillos)	pacchetto (m)	[pak'kɛttɔ]

caja (f)	scatola (f)	['skatɔʎa]
cajón (m)	cassa (f)	['kassa]
cesta (f)	cesta (f)	['tʃesta]

24. Materiales

material (f)	materiale (m)	[matɛri'ale]
madera (f)	legno (m)	['leɲɔ]
de madera (adj)	di legno	[di 'leɲɔ]

| cristal (m) | vetro (m) | ['vɛtrɔ] |
| de cristal (adj) | di vetro | [di 'vɛtrɔ] |

| piedra (f) | pietra (f) | ['pjetra] |
| de piedra (adj) | di pietra | [di 'pjetra] |

| plástico (m) | plastica (f) | ['pʎastika] |
| de plástico (adj) | di plastica | [di 'plastika] |

| goma (f) | gomma (f) | ['gɔmma] |
| de goma (adj) | di gomma | [di 'gɔmma] |

| tela (m) | stoffa (f) | ['stɔffa] |
| de tela (adj) | di stoffa | [di 'stɔffa] |

| papel (m) | carta (f) | ['karta] |
| de papel (adj) | di carta | [di 'karta] |

cartón (m)	cartone (m)	[kar'tɔnɛ]
de cartón (adj)	di cartone	[di kar'tɔnɛ]
polietileno (m)	polietilene (m)	[poliɛti'lenɛ]
celofán (m)	cellofan (m)	['tʃellɔfan]

linóleo (m)	linoleum (m)	[li'nɔleum]
chapa (f) de madera	legno (m) compensato	['leɲɔ kɔmpɛn'satɔ]
porcelana (f)	porcellana (f)	[pɔrʧe'ʎana]
de porcelana (adj)	di porcellana	[di pɔrʧe'ʎana]
arcilla (f)	argilla (f)	[ar'dʒiʎa]
de arcilla (adj)	d'argilla	[dar'dʒiʎa]
cerámica (f)	ceramica (f)	[ʧe'ramika]
de cerámica (adj)	ceramico	[ʧe'ramikɔ]

25. Los metales

metal (m)	metallo (m)	[mɛ'tallɔ]
de metal (adj)	metallico	[mɛ'tallikɔ]
aleación (f)	lega (f)	['lega]
oro (m)	oro (m)	['ɔrɔ]
de oro (adj)	d'oro	['dɔrɔ]
plata (f)	argento (m)	[ar'dʒentɔ]
de plata (adj)	d'argento	[dar'dʒentɔ]
hierro (m)	ferro (m)	['fɛrrɔ]
de hierro (adj)	di ferro	[di 'fɛrrɔ]
acero (m)	acciaio (m)	[a'ʧajo]
de acero (adj)	d'acciaio	[da'ʧajo]
cobre (m)	rame (m)	['ramɛ]
de cobre (adj)	di rame	[di 'ramɛ]
aluminio (m)	alluminio (m)	[ally'miniɔ]
de aluminio (adj)	di alluminio	[ally'minikɔ]
bronce (m)	bronzo (m)	['brondzɔ]
de bronce (adj)	di bronzo	[di 'brondzɔ]
latón (m)	ottone (m)	[ɔt'tɔnɛ]
níquel (m)	nichel (m)	['nikɛʎ]
platino (m)	platino (m)	['pʎatinɔ]
mercurio (m)	mercurio (m)	[mɛr'kuriɔ]
estaño (m)	stagno (m)	['staɲɔ]
plomo (m)	piombo (m)	['pʲombɔ]
zinc (m)	zinco (m)	['dziŋkɔ]

EL SER HUMANO

El ser humano. El cuerpo

26. El ser humano. Conceptos básicos

ser (m) humano	uomo (m), essere umano (m)	[u'omɔ], ['ɛssɛrɛ u'manɔ]
hombre (m) (varón)	uomo (m)	[u'omɔ]
mujer (f)	donna (f)	['dɔŋa]
niño -a (m, f)	bambino (m)	[bam'binɔ]
niña (f)	bambina (f)	[bam'bina]
niño (m)	bambino (m)	[bam'binɔ]
adolescente (m)	adolescente (m, f)	[adɔle'ʃɛntɛ]
anciano (m)	vecchio (m)	['vɛkkiɔ]
anciana (f)	vecchia (f)	['vɛkkja]

27. La anatomía humana

organismo (m)	organismo (m)	[ɔrga'nizmɔ]
corazón (m)	cuore (m)	[ku'ɔrɛ]
sangre (f)	sangue (m)	['saŋuɛ]
arteria (f)	arteria (f)	[ar'tɛria]
vena (f)	vena (f)	['vɛna]
cerebro (m)	cervello (m)	[ʧer'vɛllɔ]
nervio (m)	nervo (m)	['nɛrvɔ]
nervios (m pl)	nervi (m pl)	['nɛrwi]
vértebra (f)	vertebra (f)	['vɛrtɛbra]
columna (f) vertebral	colonna (f) vertebrale	[kɔ'lɔŋa vɛrtɛb'ralɛ]
estómago (m)	stomaco (m)	['stɔmakɔ]
intestinos (m pl)	intestini (m pl)	[intɛs'tini]
intestino (m)	intestino (m)	[intɛs'tinɔ]
hígado (m)	fegato (m)	['fɛgatɔ]
riñón (m)	rene (m)	['rɛnɛ]
hueso (m)	osso (m)	['ɔssɔ]
esqueleto (m)	scheletro (m)	['skɛletrɔ]
costilla (f)	costola (f)	['kɔstɔʎa]
cráneo (m)	cranio (m)	['kraniɔ]
músculo (m)	muscolo (m)	['muskɔlɔ]
bíceps (m)	bicipite (m)	[biʧi'pitɛ]
tríceps (m)	tricipite (m)	[triʧi'pitɛ]
tendón (m)	tendine (m)	['tɛndinɛ]
articulación (f)	articolazione (f)	[artikɔʎa'ts'ɔnɛ]

pulmones (m pl)	polmoni (m pl)	[pɔʎ'mɔni]
genitales (m pl)	genitali (m pl)	[dʒeni'tali]
piel (f)	pelle (f)	['pɛlle]

28. La cabeza

cabeza (f)	testa (f)	['tɛsta]
cara (f)	viso (m)	['wizɔ]
nariz (f)	naso (m)	['nazɔ]
boca (f)	bocca (f)	['bɔkka]

ojo (m)	occhio (m)	['ɔkkiɔ]
ojos (m pl)	occhi (m pl)	['ɔkki]
pupila (f)	pupilla (f)	[pu'piʎa]
ceja (f)	sopracciglio (m)	[sɔpra'ʧiʎ'ɔ]
pestaña (f)	ciglio (m)	['ʧiʎ'ɔ]
párpado (m)	palpebra (f)	['paʎpɛbra]

lengua (f)	lingua (f)	['liŋua]
diente (m)	dente (m)	['dɛntɛ]
labios (m pl)	labbra (f pl)	['ʎabbra]
pómulos (m pl)	zigomi (m)	['dzigɔmi]
encía (f)	gengiva (f)	[dʒen'dʒiva]
paladar (m)	palato (m)	[pa'ʎatɔ]

ventanas (f pl)	narici (f pl)	[na'riʧi]
mentón (m)	mento (m)	['mentɔ]
mandíbula (f)	mascella (f)	[ma'ʃɛʎa]
mejilla (f)	guancia (f)	[gu'anʧa]

frente (f)	fronte (f)	['frɔntɛ]
sien (f)	tempia (f)	['tɛmpia]
oreja (f)	orecchio (m)	[ɔ'rɛkkiɔ]
nuca (f)	nuca (f)	['nuka]
cuello (m)	collo (m)	['kɔllɔ]
garganta (f)	gola (f)	['gɔʎa]

cabello (m)	capelli (m pl)	[ka'pɛlli]
peinado (m)	pettinatura (f)	[pɛttina'tura]
corte (m) de pelo	taglio (m)	['taʎ'ɔ]
peluca (f)	parrucca (f)	['parrukka]

bigotes (m pl)	baffi (m pl)	['baffi]
barba (f)	barba (f)	['barba]
tener (~ la barba)	portare (vt)	[pɔr'tarɛ]
trenza (f)	treccia (f)	['trɛʧa]
patillas (f pl)	basette (f pl)	[ba'zɛttɛ]

pelirrojo (adj)	rosso	['rɔssɔ]
canoso (adj)	brizzolato	[britsɔ'ʎatɔ]
calvo (adj)	calvo	['kaʎvɔ]
calva (f)	calvizie (f)	[kaʎ'witsiɛ]
cola (f) de caballo	coda (f) di cavallo	['kɔda di ka'vaʎ'ɔ]
flequillo (m)	frangetta (f)	[fran'dʒetta]

29. El cuerpo

mano (f)	**mano** (f)	['manɔ]
brazo (m)	**braccio** (m)	['bratʃɔ]
dedo (m)	**dito** (m)	['ditɔ]
dedo (m) pulgar	**pollice** (m)	['pɔllitʃe]
dedo (m) meñique	**mignolo** (m)	[mi'ɲɔlɔ]
uña (f)	**unghia** (f)	['ungja]
puño (m)	**pugno** (m)	['puɲɔ]
palma (f)	**palmo** (m)	['paʎmɔ]
muñeca (f)	**polso** (m)	['pɔʎsɔ]
antebrazo (m)	**avambraccio** (m)	[avamb'ratʃɔ]
codo (m)	**gomito** (m)	['gɔmitɔ]
hombro (m)	**spalla** (f)	['spaʎa]
pierna (f)	**gamba** (f)	['gamba]
planta (f)	**pianta** (f) **del piede**	['pjanta dɛʎ 'pjedɛ]
rodilla (f)	**ginocchio** (m)	[dʒi'nɔkkiɔ]
pantorrilla (f)	**polpaccio** (m)	[pɔʎ'patʃɔ]
cadera (f)	**anca** (f)	['aŋka]
talón (m)	**tallone** (m)	[tal'lɔnɛ]
cuerpo (m)	**corpo** (m)	['kɔrpɔ]
vientre (m)	**pancia** (f)	['pantʃa]
pecho (m)	**petto** (m)	['pɛttɔ]
seno (m)	**seno** (m)	['sɛnɔ]
lado (m), costado (m)	**fianco** (m)	['fjaŋkɔ]
espalda (f)	**schiena** (f)	['skjena]
cintura (f)	**zona** (f) **lombare**	['dzɔna lɔm'barɛ]
talle (m)	**vita** (f)	['wita]
ombligo (m)	**ombelico** (m)	[ɔmbɛ'likɔ]
nalgas (f pl)	**natiche** (f pl)	['natikɛ]
trasero (m)	**sedere** (m)	[sɛ'dɛrɛ]
lunar (m)	**neo** (m)	['nɛɔ]
marca (f) de nacimiento	**voglia** (f)	['vɔʎja]
tatuaje (m)	**tatuaggio** (m)	[tatu'adʒɔ]
cicatriz (f)	**cicatrice** (f)	[tʃikat'ritʃe]

La ropa y los accesorios

30. La ropa exterior. Los abrigos

ropa (f), vestido (m)	vestiti (m pl)	[vɛs'titi]
ropa (f) de calle	soprabito (m)	[sɔp'rabitɔ]
ropa (f) de invierno	abiti (m pl) invernali	['abiti invɛr'nali]
abrigo (m)	cappotto (m)	[kap'pottɔ]
abrigo (m) de piel	pelliccia (f)	[pɛl'litʃa]
abrigo (m) corto de piel	pellicciotto (m)	[pɛlli'tʃottɔ]
plumón (m)	piumino (m)	[pjy'minɔ]
cazadora (f)	giubbotto (m), giaccha (f)	[dʒub'bottɔ], ['dʒakka]
impermeable (m)	impermeabile (m)	[impɛrmɛ'abile]
impermeable (adj)	impermeabile	[impɛrmɛ'abile]

31. Ropa de hombre y mujer

camisa (f)	camicia (f)	[ka'mitʃa]
pantalones (m pl)	pantaloni (m pl)	[panta'loni]
vaqueros (m pl)	jeans (m pl)	['dʒins]
chaqueta (f), saco (m)	giacca (f)	['dʒakka]
traje (m)	abito (m) da uomo	['abitɔ da u'omɔ]
vestido (m)	abito (m)	['abitɔ]
falda (f)	gonna (f)	['gɔŋa]
blusa (f)	camicetta (f)	[kami'tʃetta]
rebeca (f)	giacca (f) a maglia	['dʒakka a 'maʎja]
chaqueta (f)	giacca (f) tailleur	['dʒaka ta'jer]
camiseta (f) (T-shirt)	maglietta (f)	[ma'ʎjetta]
pantalón (m) corto	pantaloni (m pl) corti	[panta'loni 'kɔrti]
traje (m) deportivo	tuta (f) sportiva	['tuta spɔr'tiva]
bata (f) de baño	accappatoio (m)	[akkappa'tɔjo]
pijama (f)	pigiama (m)	[pi'dʒama]
jersey (m), suéter (m)	maglione (m)	[ma'ʎɔnɛ]
pulóver (m)	pullover (m)	[pul'lɔvɛr]
chaleco (m)	gilè (m)	[dʒi'le]
frac (m)	frac (m)	[frak]
esmoquin (m)	smoking (m)	['zmɔkiŋ]
uniforme (m)	uniforme (f)	[uni'fɔrmɛ]
ropa (f) de trabajo	tuta (f) da lavoro	['tuta da ʎa'vɔrɔ]
mono (m)	salopette (f)	[salɔ'pɛtt]
bata (f) blanca	camice (m)	[ka'mitʃe]

32. La ropa. La ropa interior

ropa (f) interior	biancheria (f) intima	[bjaŋkɛ'ria 'intima]
camiseta (f) interior	maglietta (f) intima	[mali'ɛtta 'intima]
calcetines (m pl)	calzini (m pl)	[kaʎ'tsini]
camisón (m)	camicia (f) da notte	[ka'mitʃa da 'nɔttɛ]
sostén (m)	reggiseno (m)	[rɛdʒi'sɛnɔ]
calcetines (m pl) altos	calzini (m pl) alti	[kaʎ'tsini 'alti]
leotardos (m pl)	collant (m)	[kɔ'ʎant]
medias (f pl)	calze (f pl)	['kaʎtse]
traje (m) de baño	costume (m) da bagno	[kɔs'tumɛ da 'baɲɔ]

33. Gorras

gorro (m)	cappello (m)	[kap'pɛllɔ]
sombrero (m) de fieltro	cappello (m) di feltro	[kap'pɛllɔ di feltrɔ]
gorra (f) de béisbol	cappello (m) da baseball	[kap'pɛllɔ da 'bɛjzbɔʎ]
gorra (f) plana	coppola (f)	['kɔppɔla]
boina (f)	basco (m)	['baskɔ]
capuchón (m)	cappuccio (m)	[kap'putʃɔ]
panamá (m)	panama (m)	['panama]
gorro (m) de punto	berretto (m) a maglia	[bɛr'rɛttɔ a 'maʎja]
pañuelo (m)	fazzoletto (m) da capo	[fatsɔ'lettɔ da 'kapɔ]
sombrero (m) femenino	cappellino (m) donna	[kappɛl'linɔ 'dɔɲa]
casco (m) (~ protector)	casco (m)	['kaskɔ]
gorro (m) de campaña	bustina (f)	[bus'tina]
casco (m) (~ de moto)	casco (m)	['kaskɔ]
bombín (m)	bombetta (f)	[bɔm'bɛtta]
sombrero (m) de copa	cilindro (m)	[tʃi'lindrɔ]

34. El calzado

calzado (m)	calzature (f pl)	[kaʎtsa'turɛ]
botas (f pl)	stivaletti (m pl)	[stiva'letti]
zapatos (m pl) (~ de tacón bajo)	scarpe (f pl)	['skarpɛ]
botas (f pl) altas	stivali (m pl)	[sti'vali]
zapatillas (f pl)	pantofole (f pl)	[pan'tɔfɔle]
zapatos (m pl) de tenis	scarpe (f pl) da tennis	['skarpɛ da 'tɛɲis]
zapatos (m pl) deportivos	scarpe (f pl) da ginnastica	['skarpɛ da dʒim'nastika]
sandalias (f pl)	sandali (m pl)	['sandali]
zapatero (m)	calzolaio (m)	[kaʎtsɔ'ʎajo]
tacón (m)	tacco (m)	['takkɔ]
par (m)	paio (m)	['pajo]
cordón (m)	laccio (m)	['ʎatʃɔ]

encordonar (vt)	allacciare (vt)	[aʎa'ʧarɛ]
calzador (m)	calzascarpe (m)	[kaʎtsas'karpɛ]
betún (m)	lucido (m) per le scarpe	['lytʃidɔ pɛr le 'skarpɛ]

35. Los textiles. Las telas

algodón (m)	cotone (m)	[kɔ'tɔnɛ]
de algodón (adj)	di cotone	[di kɔ'tɔnɛ]
lino (m)	lino (m)	['linɔ]
de lino (adj)	di lino	[di 'linɔ]

seda (f)	seta (f)	['sɛta]
de seda (adj)	di seta	[di 'sɛta]
lana (f)	lana (f)	['ʎana]
de lana (adj)	di lana	[di 'ʎana]

terciopelo (m)	velluto (m)	[vɛl'lytɔ]
gamuza (f)	camoscio (m)	[ka'mɔʃɔ]
pana (f)	velluto (m) a coste	[vɛl'lytɔ a 'kɔstɛ]

nylon (m)	nylon (m)	['najlɜn]
de nylon (adj)	di nylon	[di 'najlɜn]
poliéster (m)	poliestere (m)	[pɔli'ɛstɛrɛ]
de poliéster (adj)	di poliestere	[di pɔli'ɛstɛrɛ]

piel (f) (cuero)	pelle (f)	['pɛlle]
de piel (de cuero)	di pelle	[di 'pɛlle]
piel (f) (~ de zorro, etc.)	pelliccia (f)	[pɛl'liʧa]
de piel (abrigo ~)	di pelliccia	[di pɛl'liʧa]

36. Accesorios personales

guantes (m pl)	guanti (m pl)	[gu'anti]
manoplas (f pl)	manopole (f pl)	[ma'nɔpɔle]
bufanda (f)	sciarpa (f)	['ʃarpa]

gafas (f pl)	occhiali (m pl)	[ɔk'kjali]
montura (f)	montatura (f)	[mɔnta'tura]
paraguas (m)	ombrello (m)	[ɔmb'rɛllɔ]
bastón (m)	bastone (m)	[bas'tɔnɛ]
cepillo (m) de pelo	spazzola (f) per capelli	['spatsɔʎa pɛr ka'pɛlli]
abanico (m)	ventaglio (m)	[vɛn'taʎɔ]

corbata (f)	cravatta (f)	[kra'vatta]
pajarita (f)	cravatta (f) a farfalla	[kra'vatta a far'faʎa]
tirantes (m pl)	bretelle (f pl)	[brɛ'tɛlle]
moquero (m)	fazzoletto (m)	[fatsɔ'lettɔ]

peine (m)	pettine (m)	['pɛttinɛ]
pasador (m)	fermaglio (m)	[fɛr'maʎɔ]
horquilla (f)	forcina (f)	[for'ʧina]
hebilla (f)	fibbia (f)	['fibbja]

| cinturón (m) | cintura (f) | [ʧin'tura] |
| correa (f) (de bolso) | spallina (f) | [spal'lina] |

bolsa (f)	borsa (f)	['bɔrsa]
bolso (m)	borsetta (f)	[bɔr'sɛtta]
mochila (f)	zaino (m)	['dzainɔ]

37. La ropa. Miscelánea

moda (f)	moda (f)	['mɔda]
de moda (adj)	di moda	[di 'mɔda]
diseñador (m) de modas	stilista (m)	[sti'lista]

cuello (m)	collo (m)	['kɔllɔ]
bolsillo (m)	tasca (f)	['taska]
de bolsillo (adj)	tascabile	[tas'kabile]
manga (f)	manica (f)	['manika]
colgador (m)	asola (f) per appendere	['azɔʎa per ap'pendɛrɛ]
bragueta (f)	patta (f)	['patta]

cremallera (f)	cerniera (f) lampo	[ʧer'ɲjera 'lampɔ]
cierre (m)	chiusura (f)	[kjy'zura]
botón (m)	bottone (m)	[bot'tɔnɛ]
ojal (m)	occhiello (m)	[ɔk'kjellɔ]
saltar (un botón)	staccarsi (vr)	[stak'karsi]

coser (vi, vt)	cucire (vi, vt)	[ku'ʧirɛ]
bordar (vt)	ricamare (vi, vt)	[rika'marɛ]
bordado (m)	ricamo (m)	[ri'kamɔ]
aguja (f)	ago (m)	['agɔ]
hilo (m)	filo (m)	['filɔ]
costura (f)	cucitura (f)	[kuʧi'tura]

ensuciarse (vr)	sporcarsi (vr)	[spɔr'karsi]
mancha (f)	macchia (f)	['makkja]
arrugarse (vr)	sgualcirsi (vr)	[zguaʎ'ʧirsi]
rasgar (vt)	strappare (vt)	[strap'parɛ]
polilla (f)	tarma (f)	['tarma]

38. Productos personales. Cosméticos

pasta (f) de dientes	dentifricio (m)	[dɛntif'riʧo]
cepillo (m) de dientes	spazzolino (m) da denti	[spaʦɔ'linɔ da 'dɛnti]
limpiarse los dientes	lavarsi i denti	[ʎa'varsi i 'dɛnti]

maquinilla (f) de afeitar	rasoio (m)	[ra'zɔjo]
crema (f) de afeitar	crema (f) da barba	['krɛma da 'barba]
afeitarse (vr)	rasarsi (vr)	[ra'zarsi]

jabón (m)	sapone (m)	[sa'pɔnɛ]
champú (m)	shampoo (m)	['ʃampɔ]
tijeras (f pl)	forbici (f pl)	['fɔrbiʧi]

lima (f) de uñas	limetta (f)	[li'mɛtta]
cortaúñas (m pl)	tagliaunghie (m)	[taʎa'ungje]
pinzas (f pl)	pinzette (f pl)	[pin'tsettɛ]

cosméticos (m pl)	cosmetica (f)	[kɔz'mɛtika]
mascarilla (f)	maschera (f) di bellezza	['maskɛra di bɛl'letsa]
manicura (f)	manicure (m)	[mani'kyrɛ]
hacer la manicura	fare la manicure	['farɛ ʎa mani'kurɛ]
pedicura (f)	pedicure (m)	[pɛdi'kyrɛ]

neceser (m) de maquillaje	borsa (f) del trucco	['bɔrsa dɛʎ 'trukkɔ]
polvos (m pl)	cipria (f)	['tʃipria]
polvera (f)	portacipria (m)	[pɔrta'tʃipria]
colorete (m), rubor (m)	fard (m)	[far]

perfume (m)	profumo (m)	[prɔ'fumɔ]
agua (f) perfumada	acqua (f) da toeletta	['akva da tɔɛ'lɛtta]
loción (f)	lozione (f)	[lɔ'tsʲɔnɛ]
agua (f) de colonia	acqua (f) di Colonia	['akua di kɔ'lɔɲʲa]

sombra (f) de ojos	ombretto (m)	[ɔmb'rɛttɔ]
lápiz (m) de ojos	eyeliner (m)	[aj'lajnɛr]
rímel (m)	mascara (m)	[mas'kara]

pintalabios (m)	rossetto (m)	[rɔs'sɛttɔ]
esmalte (m) de uñas	smalto (m)	['zmaʎtɔ]
fijador (m) (para el pelo)	lacca (f) per capelli	['ʎakka per ka'pɛlli]
desodorante (m)	deodorante (m)	[dɛɔdɔ'rantɛ]

crema (f)	crema (f)	['krɛma]
crema (f) de belleza	crema (f) per il viso	['krɛma pɛr iʎ 'wizɔ]
crema (f) de manos	crema (f) per le mani	['krɛma pɛr le 'mani]
crema (f) antiarrugas	crema (f) antirughe	['krɛma anti'rugɛ]
de día (adj)	da giorno	[da 'dʒɔrnɔ]
de noche (adj)	da notte	[da 'nɔttɛ]

tampón (m)	tampone (m)	[tam'pɔnɛ]
papel (m) higiénico	carta (f) igienica	['karta i'dʒenika]
secador (m) de pelo	fon (m)	[fɔn]

39. Las joyas

joyas (f pl)	gioielli (m pl)	[dʒɔ'jelli]
precioso (adj)	prezioso	[prɛtsi'ɔzɔ]
contraste (m)	marchio (m)	['markɔ]

anillo (m)	anello (m)	[a'nɛllɔ]
anillo (m) de boda	anello (m) nuziale	[a'nɛllɔ nutsi'ale]
pulsera (f)	braccialetto (m)	[bratʃa'lettɔ]

pendientes (m pl)	orecchini (m pl)	[ɔrɛk'kini]
collar (m) (~ de perlas)	collana (f)	[kɔ'ʎana]
corona (f)	corona (f)	[kɔ'rona]
collar (m) de abalorios	perline (f pl)	[per'linɛ]

diamante (m)	diamante (m)	[dia'mantɛ]
esmeralda (f)	smeraldo (m)	[zmɛ'raʎdo]
rubí (m)	rubino (m)	[ru'bino]
zafiro (m)	zaffiro (m)	[dzaf'firo]
perla (f)	perle (f pl)	['pɛrle]
ámbar (m)	ambra (f)	['ambra]

40. Los relojes

reloj (m)	orologio (m)	[oro'lɔdʒɔ]
esfera (f)	quadrante (m)	[kuad'rantɛ]
aguja (f)	lancetta (f)	[ʎan'tʃetta]
pulsera (f)	braccialetto (m)	[bratʃa'lettɔ]
correa (f) (del reloj)	cinturino (m)	[tʃintu'rinɔ]

pila (f)	pila (f)	['piʎa]
descargarse (vr)	essere scarico	['ɛssɛrɛ 'skarikɔ]
cambiar la pila	cambiare la pila	[kam'bjarɛ ʎa 'piʎa]
adelantarse (vr)	andare avanti	[an'darɛ a'vanti]
retrasarse (vr)	andare indietro	[an'darɛ indri'etrɔ]

reloj (m) de pared	orologio (m) da muro	[oro'lɔdʒɔ da 'murɔ]
reloj (m) de arena	clessidra (f)	['klessidra]
reloj (m) de sol	orologio (m) solare	[oro'lɔdʒɔ sɔ'ʎarɛ]
despertador (m)	sveglia (f)	['zvɛʎja]
relojero (m)	orologiaio (m)	[orolɜ'dʒajo]
reparar (vt)	riparare (vt)	[ripa'rarɛ]

La comida y la nutrición

41. La comida

carne (f)	carne (f)	['karnɛ]
gallina (f)	pollo (m)	['pɔllɔ]
pollo (m)	pollo (m) novello	['pɔllɔ nɔ'vɛllɔ]
pato (m)	anatra (f)	['anatra]
ganso (m)	oca (f)	['ɔka]
caza (f) menor	cacciagione (f)	[katʃa'dʒɔnɛ]
pava (f)	tacchino (m)	[tak'kinɔ]
carne (f) de cerdo	carne (m) di maiale	['karnɛ di ma'jale]
carne (f) de ternera	vitello (m)	[wi'tɛllɔ]
carne (f) de carnero	carne (f) di agnello	['karnɛ di a'nɛllɔ]
carne (f) de vaca	manzo (m)	['mandzɔ]
conejo (m)	coniglio (m)	[kɔ'niʎɔ]
salchichón (m)	salame (m)	[sa'ʎamɛ]
salchicha (f)	wüsterl (m)	['wy:stɛrʎ]
beicon (m)	pancetta (f)	[pan'ʧetta]
jamón (m)	prosciutto (m)	[prɔ'ʃuttɔ]
jamón (m) fresco	prosciutto (m) affumicato	[prɔ'ʃuttɔ affumi'katɔ]
paté (m)	pâté (m)	[pa'tɛ]
hígado (m)	fegato (m)	['fɛgatɔ]
tocino (m)	lardo (m)	['ʎardɔ]
carne (f) picada	carne (f) trita	['karnɛ 'trita]
lengua (f)	lingua (f)	['liŋua]
huevo (m)	uovo (m)	[u'ovɔ]
huevos (m pl)	uova (f pl)	[u'ova]
clara (f)	albume (m)	[aʎ'bumɛ]
yema (f)	tuorlo (m)	[tu'ɔrlɔ]
pescado (m)	pesce (m)	['pɛʃɛ]
mariscos (m pl)	frutti (m pl) di mare	['frutti di 'marɛ]
crustáceos (m pl)	crostacei (m pl)	[krɔs'tatʃei]
caviar (m)	caviale (m)	[ka'vjale]
cangrejo (m) de mar	granchio (m)	['graŋkiɔ]
camarón (m)	gamberetto (m)	[gambɛ'rɛttɔ]
ostra (f)	ostrica (f)	['ɔstrika]
langosta (f)	aragosta (f)	[ara'gɔsta]
pulpo (m)	polpo (m)	['pɔʎpɔ]
calamar (m)	calamaro (m)	[kaʎa'marɔ]
esturión (m)	storione (m)	[stɔri'ɔnɛ]
salmón (m)	salmone (m)	[saʎ'mɔnɛ]
fletán (m)	ippoglosso (m)	[ippɔg'lɔssɔ]

bacalao (m)	merluzzo (m)	[mɛr'lytso]
caballa (f)	scombro (m)	['skombro]
atún (m)	tonno (m)	['tono]
anguila (f)	anguilla (f)	[aɲu'iʎa]
trucha (f)	trota (f)	['trota]
sardina (f)	sardina (f)	[sar'dina]
lucio (m)	luccio (m)	['lytʃo]
arenque (m)	aringa (f)	[a'riŋa]
pan (m)	pane (m)	['panɛ]
queso (m)	formaggio (m)	[for'madʒo]
azúcar (m)	zucchero (m)	['dzukkɛro]
sal (f)	sale (m)	['sale]
arroz (m)	riso (m)	['rizo]
macarrones (m pl)	pasta (f)	['pasta]
tallarines (m pl)	tagliatelle (f pl)	[taʎja'tɛlle]
mantequilla (f)	burro (m)	['burro]
aceite (m) vegetal	olio (m) vegetale	['ɔʎo wedʒe'tale]
aceite (m) de girasol	olio (m) di girasole	['ɔʎo di dʒira'sole]
margarina (f)	margarina (f)	[marga'rina]
olivas (f pl)	olive (f pl)	[ɔ'livɛ]
aceite (m) de oliva	olio (m) d'oliva	['ɔʎo dɔ'liva]
leche (f)	latte (m)	['ʎattɛ]
leche (f) condensada	latte (m) condensato	['ʎattɛ kɔndɛn'sato]
yogur (m)	yogurt (m)	['jogurt]
nata (f) agria	panna (f) acida	['paŋa 'atʃida]
nata (f) líquida	panna (f)	['paŋa]
mayonesa (f)	maionese (m)	[majo'nɛzɛ]
crema (f) de mantequilla	crema (f)	['krɛma]
cereal molido grueso	cereali (m pl)	[tʃerɛ'ali]
harina (f)	farina (f)	[fa'rina]
conservas (f pl)	cibi (m pl) in scatola	['tʃibi in 'skatola]
copos (m pl) de maíz	fiocchi (m pl) di mais	['fjokki di 'mais]
miel (f)	miele (m)	['mjele]
confitura (f)	marmellata (f)	[marmɛ'ʎata]
chicle (m)	gomma (f) da masticare	['gomma da masti'karɛ]

42. Las bebidas

agua (f)	acqua (f)	['akua]
agua (f) potable	acqua (f) potabile	['akua po'tabile]
agua (f) mineral	acqua (f) minerale	['akua mine'rale]
sin gas	liscia, non gassata	['liʃa], [non gas'sata]
gaseoso (adj)	gassata	[gas'sata]
con gas	frizzante	[fri'dzantɛ]

hielo (m)	ghiaccio (m)	['gjatʃo]
con hielo	con ghiaccio	[kɔn 'gjatʃo]

sin alcohol	analcolico	[anaʎ'kɔliko]
bebida (f) sin alcohol	bevanda (f) analcolica	[bɛ'vanda anaʎ'kɔlika]
refresco (m)	bibita (f)	['bibita]
limonada (f)	limonata (f)	[limɔ'nata]

bebidas (f pl) alcohólicas	bevande (f pl) alcoliche	[bɛ'vandɛ aʎ'kɔlikɛ]
vino (m)	vino (m)	['winɔ]
vino (m) blanco	vino (m) bianco	['winɔ 'bjaŋkɔ]
vino (m) tinto	vino (m) rosso	['winɔ 'rossɔ]

licor (m)	liquore (m)	[liku'ɔrɛ]
champaña (f)	champagne (m)	[ʃam'paɲ]
vermú (m)	vermouth (m)	['vɛrmut]

whisky (m)	whisky	[u'iski]
vodka (m)	vodka (f)	['vɔdka]
ginebra (f)	gin (m)	[dʒin]
coñac (m)	cognac (m)	['kɔɲak]
ron (m)	rum (m)	[rum]

café (m)	caffè (m)	[kaf'fɛ]
café (m) solo	caffè (m) nero	[kaf'fɛ 'nɛrɔ]
café (m) con leche	caffè latte (m)	[kaf'fɛ 'lattɛ]
capuchino (m)	cappuccino (m)	[kappu'tʃinɔ]
café (m) soluble	caffè (m) solubile	[kaf'fɛ sɔ'lybile]

leche (f)	latte (m)	['ʎattɛ]
cóctel (m)	cocktail (m)	['kɔktɛjʎ]
batido (m)	frullato (m)	[frul'latɔ]

zumo (m)	succo (m)	['sukkɔ]
jugo (m) de tomate	succo (m) di pomodoro	['sukkɔ di pɔmɔ'dɔrɔ]
zumo (m) de naranja	succo (m) d'arancia	['sukkɔ da'rantʃa]
jugo (m) fresco	spremuta (f)	[sprɛ'muta]

cerveza (f)	birra (f)	['birra]
cerveza (f) rubia	birra (f) chiara	['birra 'kjara]
cerveza (f) negra	birra (f) scura	['birra 'skura]

té (m)	tè (m)	[tɛ]
té (m) negro	tè (m) nero	[tɛ 'nɛrɔ]
té (m) verde	tè (m) verde	[tɛ 'vɛrdɛ]

43. Las verduras

legumbres (f pl)	ortaggi (m pl)	[ɔr'tadʒi]
verduras (f pl)	verdura (f)	[vɛr'dura]

tomate (m)	pomodoro (m)	[pɔmɔ'dɔrɔ]
pepino (m)	cetriolo (m)	[tʃetri'ɔlɔ]
zanahoria (f)	carota (f)	[ka'rɔta]

patata (f)	**patata** (f)	[pa'tata]
cebolla (f)	**cipolla** (f)	[ʧi'poʎa]
ajo (m)	**aglio** (m)	['aʎɔ]
col (f)	**cavolo** (m)	['kavolo]
coliflor (f)	**cavolfiore** (m)	[kavoʎ'fɔrɛ]
col (f) de Bruselas	**cavoletti** (m pl) **di Bruxelles**	[kavɔ'letti di bruk'sɛʎ]
brócoli (m)	**broccolo** (m)	['brɔkkɔlɔ]
remolacha (f)	**barbabietola** (f)	[barba'bjetɔʎa]
berenjena (f)	**melanzana** (f)	[mɛʎan'ʦana]
calabacín (m)	**zucchina** (f)	[ʣuk'kina]
calabaza (f)	**zucca** (f)	['ʣukka]
nabo (m)	**rapa** (f)	['rapa]
perejil (m)	**prezzemolo** (m)	[prɛ'ʦɛmolo]
eneldo (m)	**aneto** (m)	[a'nɛtɔ]
lechuga (f)	**lattuga** (f)	[ʎat'tuga]
apio (m)	**sedano** (m)	['sɛdanɔ]
espárrago (m)	**asparago** (m)	[as'paragɔ]
espinaca (f)	**spinaci** (m pl)	[spi'naʧi]
guisante (m)	**pisello** (m)	[pi'ʣɛllo]
habas (f pl)	**fave** (f pl)	['favɛ]
maíz (m)	**mais** (m)	['mais]
fréjol (m)	**fagiolo** (m)	[fa'ʤɔlɔ]
pimentón (m)	**peperone** (m)	[pepɛ'rɔnɛ]
rábano (m)	**ravanello** (m)	[rava'nɛllɔ]
alcachofa (f)	**carciofo** (m)	[kar'ʧɔfɔ]

44. Las frutas. Las nueces

fruto (m)	**frutto** (m)	['fruttɔ]
manzana (f)	**mela** (f)	['mɛʎa]
pera (f)	**pera** (f)	['pɛra]
limón (m)	**limone** (m)	[li'mɔnɛ]
naranja (f)	**arancia** (f)	[a'ranʧa]
fresa (f)	**fragola** (f)	['fragɔʎa]
mandarina (f)	**mandarino** (m)	[manda'rinɔ]
ciruela (f)	**prugna** (f)	['pruɲja]
melocotón (m)	**pesca** (f)	['pɛska]
albaricoque (m)	**albicocca** (f)	[aʎbi'kokka]
frambuesa (f)	**lampone** (m)	[ʎam'pɔnɛ]
ananás (m)	**ananas** (m)	[ana'nas]
banana (f)	**banana** (f)	[ba'nana]
sandía (f)	**anguria** (f)	[a'ŋuria]
uva (f)	**uva** (f)	['uva]
guinda (f)	**amarena** (f)	[ama'rɛna]
cereza (f)	**ciliegia** (f)	[ʧi'ʎjeʤa]
melón (m)	**melone** (m)	[mɛ'lɔnɛ]
pomelo (m)	**pompelmo** (m)	[pɔm'pɛʎmɔ]

aguacate (m)	avocado (m)	[avo'kadɔ]
papaya (m)	papaia (f)	[pa'paja]
mango (m)	mango (m)	['maŋɔ]
granada (f)	melagrana (f)	[mɛlag'rana]
grosella (f) roja	ribes (m) rosso	['ribɛs 'rɔssɔ]
grosella (f) negra	ribes (m) nero	['ribɛs 'nɛrɔ]
grosella (f) espinosa	uva (f) spina	['uva 'spina]
arándano (m)	mirtillo (m)	[mir'tillɔ]
zarzamoras (f pl)	mora (f)	['mɔra]
pasas (f pl)	uvetta (f)	[u'vɛtta]
higo (m)	fico (m)	['fikɔ]
dátil (m)	dattero (m)	['dattɛrɔ]
cacahuete (m)	arachide (f)	[a'rakidɛ]
almendra (f)	mandorla (f)	['mandɔrʎa]
nuez (f)	noce (f)	['nɔʧe]
avellana (f)	nocciola (f)	[nɔ'ʧɔʎa]
nuez (f) de coco	noce (f) di cocco	['nɔʧe di 'kɔkkɔ]
pistachos (m pl)	pistacchi (m pl)	[pis'takki]

45. El pan. Los dulces

pasteles (m pl)	pasticceria (f)	[pastiʧe'ria]
pan (m)	pane (m)	['panɛ]
galletas (f pl)	biscotti (m pl)	[bis'kɔtti]
chocolate (m)	cioccolato (m)	[ʧɔkkɔ'ʎatɔ]
de chocolate (adj)	al cioccolato	[aʎ ʧɔkkɔ'ʎatɔ]
caramelo (m)	caramella (f)	[kara'mɛlla]
tarta (f) (pequeña)	tortina (f)	[tɔr'tina]
tarta (f) (~ de cumpleaños)	torta (f)	['tɔrta]
pastel (m) (~ de manzana)	crostata (f)	[krɔs'tata]
relleno (m)	ripieno (m)	[ri'pjenɔ]
confitura (f)	marmellata (f)	[marmɛ'ʎata]
mermelada (f)	marmellata (f) di agrumi	[marmɛ'ʎata di ag'rumi]
gofre (m)	wafer (m)	['vafɛr]
helado (m)	gelato (m)	[dʒe'ʎatɔ]
pudín (f)	budino (m)	[bu'dinɔ]

46. Los platos al horno

plato (m)	piatto (m)	['pjattɔ]
cocina (f)	cucina (f)	[ku'ʧina]
receta (f)	ricetta (f)	[ri'ʧetta]
porción (f)	porzione (f)	[pɔr'tsʲɔnɛ]
ensalada (f)	insalata (f)	[insa'ʎata]
sopa (f)	minestra (f)	[mi'nɛstra]

caldo (m)	brodo (m)	['brɔdɔ]
bocadillo (m)	panino (m)	[pa'ninɔ]
huevos (m pl) fritos	uova (f pl) al tegamino	[u'ova aʎ tɛga'minɔ]

chuleta (f)	cotoletta (f)	[kɔtɔ'letta]
hamburguesa (f)	hamburger (m)	[am'burger]
bistec (m)	bistecca (f)	[bis'tɛkka]
asado (m)	arrosto (m)	[ar'rɔstɔ]

guarnición (f)	contorno (m)	[kɔn'tɔrnɔ]
espagueti (m)	spaghetti (m pl)	[spa'gɛtti]
puré (m) de patatas	purè (m) di patate	[pu'rɛ di pa'tatɛ]
pizza (f)	pizza (f)	['pitsa]
gachas (f pl)	porridge (m)	[pɔr'ridʒɛ]
tortilla (f) francesa	frittata (f)	[frit'tata]

cocido en agua (adj)	bollito	[bɔl'litɔ]
ahumado (adj)	affumicato	[affumi'katɔ]
frito (adj)	fritto	['frittɔ]
seco (adj)	secco	['sɛkkɔ]
congelado (adj)	congelato	[kɔndʒe'ʎatɔ]
marinado (adj)	sottoaceto	[sɔttɔa'ʧɛtɔ]

azucarado (adj)	dolce	['dɔʎʧe]
salado (adj)	salato	[sa'ʎatɔ]
frío (adj)	freddo	['frɛddɔ]
caliente (adj)	caldo	['kaʎdɔ]
amargo (adj)	amaro	[a'marɔ]
sabroso (adj)	buono, gustoso	[bu'ɔnɔ], [gus'tɔzɔ]

cocer en agua	cuocere, preparare (vt)	[ku'ɔʧerɛ], [prepa'rarɛ]
preparar (la cena)	cucinare (vi)	[kuʧi'narɛ]
freír (vt)	friggere (vt)	['fridʒerɛ]
calentar (vt)	riscaldare (vt)	[riskaʎ'darɛ]

salar (vt)	salare (vt)	[sa'ʎarɛ]
poner pimienta	pepare (vt)	[pɛ'parɛ]
rallar (vt)	grattugiare (vt)	[grattu'dʒarɛ]
piel (f)	buccia (f)	['buʧa]
pelar (vt)	sbucciare (vt)	[zbu'ʧarɛ]

47. Las especies

sal (f)	sale (m)	['sale]
salado (adj)	salato	[sa'ʎatɔ]
salar (vt)	salare (vt)	[sa'ʎarɛ]

pimienta (f) negra	pepe (m) nero	['pɛpɛ 'nɛrɔ]
pimienta (f) roja	peperoncino (m)	[pɛpɛrɔn'ʧinɔ]
mostaza (f)	senape (f)	[sɛ'napɛ]
rábano (m) picante	cren (m)	['krɛn]

| condimento (m) | condimento (m) | [kɔndi'mɛntɔ] |
| especia (f) | spezie (f pl) | ['spɛtsiɛ] |

salsa (f)	salsa (f)	['saʎsa]
vinagre (m)	aceto (m)	[a'tʃeto]

anís (m)	anice (m)	['anitʃe]
albahaca (f)	basilico (m)	[ba'ziliko]
clavo (m)	chiodi (m pl) di garofano	[ki'ɔdi di ga'rɔfano]
jengibre (m)	zenzero (m)	['dzɛndzɛro]
cilantro (m)	coriandolo (m)	[kori'andolo]
canela (f)	cannella (f)	[ka'ɲɛʎa]

sésamo (m)	sesamo (m)	[sɛzamo]
hoja (f) de laurel	alloro (m)	[al'lɔro]
paprika (f)	paprica (f)	['paprika]
comino (m)	cumino, comino (m)	[ku'mino], [ko'mino]
azafrán (m)	zafferano (m)	[dzaffe'rano]

48. Las comidas

comida (f)	cibo (m)	['tʃibo]
comer (vi, vt)	mangiare (vi, vt)	[man'dʒarɛ]

desayuno (m)	colazione (f)	[koʎa'tsʲonɛ]
desayunar (vi)	fare colazione	['farɛ koʎa'tsʲonɛ]
almuerzo (m)	pranzo (m)	['prantso]
almorzar (vi)	pranzare (vi)	[pran'tsarɛ]
cena (f)	cena (f)	['tʃena]
cenar (vi)	cenare (vi)	[tʃe'narɛ]

apetito (m)	appetito (m)	[appɛ'tito]
¡Que aproveche!	Buon appetito!	[bu'ɔn appɛ'tito]

abrir (vt)	aprire (vt)	[ap'rirɛ]
derramar (líquido)	rovesciare (vt)	[rovɛ'ʃarɛ]
derramarse (líquido)	rovesciarsi (vi)	[rovɛ'ʃarsi]

hervir (vi)	bollire (vi)	[bol'lirɛ]
hervir (vt)	far bollire	[far bol'lirɛ]
hervido (agua ~a)	bollito	[bol'lito]
enfriar (vt)	raffreddare (vt)	[raffrɛ'darɛ]
enfriarse (vr)	raffreddarsi (vr)	[raffrɛd'darsi]

sabor (m)	gusto (m)	['gusto]
regusto (m)	retrogusto (m)	[rɛtro'gusto]

adelgazar (vi)	essere a dieta	['ɛssɛrɛ a di'ɛta]
dieta (f)	dieta (f)	[di'ɛta]
vitamina (f)	vitamina (f)	[wita'mina]
caloría (f)	caloria (f)	[kalɔ'ria]
vegetariano (m)	vegetariano (m)	[vɛdʒetari'ano]
vegetariano (adj)	vegetariano	[vɛdʒetari'ano]

grasas (f pl)	grassi (m pl)	['grassi]
proteínas (f pl)	proteine (f pl)	[protɛ'inɛ]
carbohidratos (m pl)	carboidrati (m pl)	[karbɔid'rati]

loncha (f)	**fetta** (f), **fettina** (f)	['fetta], [fet'tina]
pedazo (m)	**pezzo** (m)	['pɛtsɔ]
miga (f)	**briciola** (f)	['britʃoʎa]

49. Los cubiertos

cuchara (f)	**cucchiaio** (m)	[kuk'kjajo]
cuchillo (m)	**coltello** (m)	[koʎ'tɛllɔ]
tenedor (m)	**forchetta** (f)	[for'kɛtta]
taza (f)	**tazza** (f)	['tattsa]
plato (m)	**piatto** (m)	['pjattɔ]
platillo (m)	**piattino** (m)	[pjat'tino]
servilleta (f)	**tovagliolo** (m)	[tova'ʎɔlɔ]
mondadientes (m)	**stuzzicadenti** (m)	[stuttsika'dɛnti]

50. El restaurante

restaurante (m)	**ristorante** (m)	[risto'rantɛ]
cafetería (f)	**caffè** (m)	[kaf'fɛ]
bar (m)	**pub** (m), **bar** (m)	[pab], [bar]
salón (m) de té	**sala** (f) **da tè**	['saʎa da 'tɛ]
camarero (m)	**cameriere** (m)	[kamɛ'rjerɛ]
camarera (f)	**cameriera** (f)	[kamɛ'rjera]
barman (m)	**barista** (m)	[ba'rista]
carta (f), menú (m)	**menù** (m)	[me'nu]
carta (f) de vinos	**carta** (f) **dei vini**	['karta dɛi 'wini]
reservar una mesa	**prenotare un tavolo**	[prɛnɔ'tarɛ un 'tavolɔ]
plato (m)	**piatto** (m)	['pjattɔ]
pedir (vt)	**ordinare** (vt)	[ɔrdi'narɛ]
hacer el pedido	**fare un'ordinazione**	['farɛ unɔrdina'tsʲonɛ]
aperitivo (m)	**aperitivo** (m)	[apɛri'tivɔ]
entremés (m)	**antipasto** (m)	[anti'pastɔ]
postre (m)	**dolce** (m)	['dɔʎtʃe]
cuenta (f)	**conto** (m)	['kɔntɔ]
pagar la cuenta	**pagare il conto**	[pa'garɛ iʎ 'kɔntɔ]
dar la vuelta	**dare il resto**	['darɛ iʎ 'rɛstɔ]
propina (f)	**mancia** (f)	['mantʃa]

La familia nuclear, los parientes y los amigos

51. La información personal. Los formularios

nombre (m)	nome (m)	['nɔmɛ]
apellido (m)	cognome (m)	[kɔ'ɲɔmɛ]
fecha (f) de nacimiento	data (f) di nascita	['data di 'naʃita]
lugar (m) de nacimiento	luogo (m) di nascita	[ly'ɔgɔ di 'naʃita]
nacionalidad (f)	nazionalità (f)	[natsɔnali'ta]
domicilio (m)	domicilio (m)	[dɔmi'tʃilio]
país (m)	paese (m)	[pa'ɛzɛ]
profesión (f)	professione (f)	[prɔfɛs'sɔnɛ]
sexo (m)	sesso (m)	['sɛssɔ]
estatura (f)	statura (f)	[sta'tura]
peso (m)	peso (m)	['pɛzɔ]

52. Los familiares. Los parientes

madre (f)	madre (f)	['madrɛ]
padre (m)	padre (m)	['padrɛ]
hijo (m)	figlio (m)	['fiʎɔ]
hija (f)	figlia (f)	['fiʎja]
hija (f) menor	figlia (f) minore	['fiʎja mi'nɔrɛ]
hijo (m) menor	figlio (m) minore	['fiʎɔ mi'nɔrɛ]
hija (f) mayor	figlia (f) maggiore	['fiʎja ma'dʒɔrɛ]
hijo (m) mayor	figlio (m) maggiore	['fiʎɔ ma'dʒɔrɛ]
hermano (m)	fratello (m)	[fra'tɛllɔ]
hermana (f)	sorella (f)	[sɔ'rɛʎa]
primo (m)	cugino (m)	[ku'dʒinɔ]
prima (f)	cugina (f)	[ku'dʒina]
mamá (f)	mamma (f)	['mamma]
papá (m)	papà (m)	[pa'pa]
padres (m pl)	genitori (m pl)	[dʒeni'tori]
niño -a (m, f)	bambino (m)	[bam'binɔ]
niños (m pl)	bambini (m pl)	[bam'bini]
abuela (f)	nonna (f)	['nɔŋa]
abuelo (m)	nonno (m)	['nɔŋɔ]
nieto (m)	nipote (m)	[ni'potɛ]
nieta (f)	nipote (f)	[ni'potɛ]
nietos (m pl)	nipoti (pl)	[ni'poti]
tío (m)	zio (m)	['tsio]
tía (f)	zia (f)	['tsia]

sobrino (m)	nipote (m)	[ni'pɔtɛ]
sobrina (f)	nipote (f)	[ni'pɔtɛ]
suegra (f)	suocera (f)	[su'ɔtʃera]
suegro (m)	suocero (m)	[su'ɔtʃerɔ]
yerno (m)	genero (m)	['dʒenɛrɔ]
madrastra (f)	matrigna (f)	[mat'riɲja]
padrastro (m)	patrigno (m)	[pat'riɲɔ]
niño (m) de pecho	neonato (m)	[nɛɔ'natɔ]
bebé (m)	infante (m)	[in'fantɛ]
chico (m)	bimbo (m)	['bimbɔ]
mujer (f)	moglie (f)	['mɔʎje]
marido (m)	marito (m)	[ma'ritɔ]
esposo (m)	coniuge (m)	['kɔɲjydʒe]
esposa (f)	coniuge (f)	['kɔɲjydʒe]
casado (adj)	sposato	[spɔ'zatɔ]
casada (adj)	sposata	[spɔ'zata]
soltero (adj)	celibe	['tʃelibɛ]
soltero (m)	scapolo (m)	['skapɔlɔ]
divorciado (adj)	divorziato	[divɔrtsi'atɔ]
viuda (f)	vedova (f)	['vɛdɔva]
viudo (m)	vedovo (m)	['vɛdɔvɔ]
pariente (m)	parente (m)	[pa'rɛntɛ]
pariente (m) cercano	parente (m) stretto	[pa'rɛntɛ 'strɛttɔ]
pariente (m) lejano	parente (m) lontano	[pa'rɛntɛ lɔn'tanɔ]
parientes (m pl)	parenti (m pl)	[pa'rɛnti]
huérfano (m)	orfano (m)	['ɔrfanɔ]
huérfana (f)	orfana (f)	['ɔrfana]
tutor (m)	tutore (m)	[tu'tɔrɛ]
adoptar (un niño)	adottare (vt)	[adɔt'tarɛ]
adoptar (una niña)	adottare (vt)	[adɔt'tarɛ]

53. Los amigos. Los compañeros del trabajo

amigo (m)	amico (m)	[a'mikɔ]
amiga (f)	amica (f)	[a'mika]
amistad (f)	amicizia (f)	[ami'tʃitsia]
ser amigo	essere amici	['ɛssɛrɛ a'mitʃi]
amigote (m)	amico (m)	[a'mikɔ]
amiguete (f)	amica (f)	[a'mika]
compañero (m)	partner (m)	['partnɛr]
jefe (m)	capo (m)	['kapɔ]
superior (m)	capo (m), superiore (m)	['kapɔ], [supɛ'rlɔrɛ]
subordinado (m)	subordinato (m)	[subɔrdi'natɔ]
colega (m, f)	collega (m)	[kɔl'lega]
conocido (m)	conoscente (m)	[kɔnɔ'ʃɛntɛ]
compañero (m) de viaje	compagno (m) di viaggio	[kɔm'paɲɔ di wi'jadʒɔ]

condiscípulo (m)	compagno (m) di classe	[kɔm'paɲɔ di 'kʎassɛ]
vecino (m)	vicino (m)	[wi'ʧinɔ]
vecina (f)	vicina (f)	[wi'ʧina]
vecinos (m pl)	vicini (m pl)	[wi'ʧini]

54. El hombre. La mujer

mujer (f)	donna (f)	['dɔŋa]
muchacha (f)	ragazza (f)	[ra'gatsa]
novia (f)	sposa (f)	['spɔza]
guapa (adj)	bella	['bɛʎa]
alta (adj)	alta	['aʎta]
esbelta (adj)	snella	['znɛʎa]
de estatura mediana	bassa	['bassa]
rubia (f)	bionda (f)	['bjɔnda]
morena (f)	bruna (f)	['bruna]
de señora (adj)	da donna	[da 'dɔŋa]
virgen (f)	vergine (f)	['vɛrdʒinɛ]
embarazada (adj)	incinta	[in'ʧinta]
hombre (m) (varón)	uomo (m)	[u'ɔmɔ]
rubio (m)	biondo (m)	['bjɔndɔ]
moreno (m)	bruno (m)	['brunɔ]
alto (adj)	alto	['aʎtɔ]
de estatura mediana	basso	['bassɔ]
grosero (adj)	sgarbato	[sgar'batɔ]
rechoncho (adj)	tozzo	['tɔtsɔ]
robusto (adj)	robusto	[rɔ'bustɔ]
fuerte (adj)	forte	['fɔrtɛ]
fuerza (f)	forza (f)	['fɔrtsa]
gordo (adj)	corpulento	[kɔrpu'lentɔ]
moreno (adj)	bruno	['brunɔ]
esbelto (adj)	snello	['znɛllɔ]
elegante (adj)	elegante	[ɛle'gantɛ]

55. La edad

edad (f)	età (f)	[ɛ'ta]
juventud (f)	giovinezza (f)	[dʒɔwi'netsa]
joven (adj)	giovane	['dʒɔvanɛ]
menor (adj)	più giovane	[pjy 'dʒɔvanɛ]
mayor (adj)	più vecchio	[pjy 'vɛkkiɔ]
joven (m)	giovane (m)	['dʒɔvanɛ]
adolescente (m)	adolescente (m, f)	[adɔle'ʃɛntɛ]
muchacho (m)	ragazzo (m)	[ra'gatsɔ]

anciano (m)	**vecchio** (m)	['vɛkkio]
anciana (f)	**vecchia** (f)	['vɛkkja]
adulto	**adulto** (m)	[a'duʎto]
de edad media (adj)	**di mezza età**	[di 'mɛʣa ɛ'ta]
de edad, anciano (adj)	**anziano**	[antsi'ano]
viejo (adj)	**vecchio**	['vɛkkio]
jubilarse	**andare in pensione**	[an'darɛ in pɛnsi'ɔnɛ]
jubilado (m)	**pensionato** (m)	[pɛnsio'nato]

56. Los niños

niño -a (m, f)	**bambino** (m)	[bam'bino]
niños (m pl)	**bambini** (m pl)	[bam'bini]
gemelos (m pl)	**gemelli** (m pl)	[ʤe'mɛlli]
cuna (f)	**culla** (f)	['kuʎa]
sonajero (m)	**sonaglio** (m)	[so'naʎo]
pañal (m)	**pannolino** (m)	[paɲo'lino]
chupete (m)	**tettarella** (f)	[tɛtta'rɛʎa]
cochecito (m)	**carrozzina** (f)	[karro'tsina]
jardín (m) de infancia	**scuola** (f) **materna**	[sku'ɔʎa ma'tɛrna]
niñera (f)	**baby-sitter** (m, f)	[bɛbi'sitɛr]
infancia (f)	**infanzia** (f)	[in'fantsia]
muñeca (f)	**bambola** (f)	['bambɔʎa]
juguete (m)	**giocattolo** (m)	[ʤo'kattolo]
mecano (m)	**gioco** (m) **di costruzione**	['ʤɔko di konstru'tsionɛ]
bien criado (adj)	**educato**	[ɛdu'kato]
malcriado (adj)	**maleducato**	[maledu'kato]
mimado (adj)	**viziato**	[witsi'ato]
hacer travesuras	**essere disubbidiente**	['ɛssɛrɛ dizubidi'ɛntɛ]
travieso (adj)	**birichino**	[biri'kino]
travesura (f)	**birichinata** (f)	[biriki'nata]
travieso (m)	**monello** (m)	[mo'nɛllo]
obediente (adj)	**ubbidiente**	[ubidi'ɛntɛ]
desobediente (adj)	**disubbidiente**	[dizubidi'ɛntɛ]
dócil (adj)	**docile**	['dotʃilɛ]
inteligente (adj)	**intelligente**	[intɛlli'ʤɛntɛ]
niño (m) prodigio	**bambino** (m) **prodigio**	[bam'bino prɔ'diʤo]

57. Los matrimonios. La vida familiar

besar (vt)	**baciare** (vt)	[ba'tʃarɛ]
besarse (vi)	**baciarsi** (vr)	[ba'tʃarsi]
familia (f)	**famiglia** (f)	[fa'miʎja]

familiar (adj)	familiare	[fami'ʎjarɛ]
pareja (f)	coppia (f)	['koppja]
matrimonio (m)	matrimonio (m)	[matri'mɔniɔ]
hogar (m) familiar	focolare (m) domestico	[fokɔ'ʎarɛ dɔ'mɛstikɔ]
dinastía (f)	dinastia (f)	[dinas'tia]
cita (f)	appuntamento (m)	[appunta'mɛntɔ]
beso (m)	bacio (m)	['baʧɔ]
amor (m)	amore (m)	[a'mɔrɛ]
querer (amar)	amare	[a'marɛ]
querido (adj)	amato	[a'matɔ]
ternura (f)	tenerezza (f)	[tɛnɛ'rɛtsa]
tierno (afectuoso)	dolce, tenero	['dɔʎʧe], ['tɛnɛrɔ]
fidelidad (f)	fedeltà (f)	[fɛdɛʎ'ta]
fiel (adj)	fedele	[fɛ'dɛle]
cuidado (m)	premura (f)	[prɛ'mura]
cariñoso (un padre ~)	premuroso	[prɛmu'rɔzɔ]
recién casados (pl)	sposi (m pl) novelli	['spɔzi nɔ'vɛlli]
luna (f) de miel	luna (f) di miele	['lyna di 'mjele]
estar casada	sposarsi (vr)	[spɔ'zarsi]
casarse (con una mujer)	sposarsi (vr)	[spɔ'zarsi]
boda (f)	nozze (f pl)	['nɔtse]
bodas (f pl) de oro	nozze (f pl) d'oro	['nɔtse 'dɔrɔ]
aniversario (m)	anniversario (m)	[aɲivɛr'sariɔ]
amante (m)	amante (m)	[a'mantɛ]
amante (f)	amante (f)	[a'mantɛ]
adulterio (m)	adulterio (m)	[aduʎ'tɛriɔ]
cometer adulterio	commettere adulterio	[kɔm'mɛttɛrɛ aduʎ'tɛriɔ]
celoso (adj)	geloso	[ʤe'lɔzɔ]
tener celos	essere geloso	['ɛssɛrɛ ʤe'lɔzɔ]
divorcio (m)	divorzio (m)	[di'vɔrtsiɔ]
divorciarse (vr)	divorziare (vi)	[divɔrtsi'arɛ]
reñir (vi)	litigare (vi)	[liti'garɛ]
reconciliarse (vr)	fare pace	['farɛ 'paʧe]
juntos (adv)	insieme	[in'sjemɛ]
sexo (m)	sesso (m)	['sɛssɔ]
felicidad (f)	felicità (f)	[fɛliʧi'ta]
feliz (adj)	felice	[fɛ'liʧe]
desgracia (f)	disgrazia (f)	[disg'ratsia]
desgraciado (adj)	infelice	[infɛ'liʧe]

Las características de personalidad. Los sentimientos

58. Los sentimientos. Las emociones

sentimiento (m)	sentimento (m)	[sɛnti'mɛntɔ]
sentimientos (m pl)	sentimenti (m pl)	[sɛnti'mɛnti]
sentir (vt)	sentire (vt)	[sɛn'tirɛ]
hambre (f)	fame (f)	['famɛ]
tener hambre	avere fame	[a'vɛrɛ 'famɛ]
sed (f)	sete (f)	['sɛtɛ]
tener sed	avere sete	[a'vɛrɛ 'sɛtɛ]
somnolencia (f)	sonnolenza (f)	[sɔɲɔ'lentsa]
tener sueño	avere sonno	[a'vɛrɛ 'sɔɲɔ]
cansancio (m)	stanchezza (f)	[sta'ŋketsa]
cansado (adj)	stanco	['staŋkɔ]
estar cansado	stancarsi (vr)	[sta'ŋkarsi]
humor (m) (de buen ~)	umore (m)	[u'mɔrɛ]
aburrimiento (m)	noia (f)	['nɔja]
aburrirse (vr)	annoiarsi (vr)	[aɲɔ'jarsi]
soledad (f)	isolamento (f)	[izoʎa'mɛntɔ]
aislarse (vr)	isolarsi (vr)	[izo'ʎarsi]
inquietar (vt)	preoccupare (vt)	[prɛɔkku'parɛ]
inquietarse (vr)	essere preoccupato	['ɛssɛrɛ prɛɔkku'patɔ]
inquietud (f)	agitazione (f)	[adʒita'tsʲɔnɛ]
preocupación (f)	preoccupazione (f)	[prɛɔkkupa'tsʲɔnɛ]
preocupado (adj)	preoccupato	[prɛɔkku'patɔ]
estar nervioso	essere nervoso	['ɛssɛrɛ nɛr'vɔzɔ]
darse al pánico	andare in panico	[an'darɛ in 'panikɔ]
esperanza (f)	speranza (f)	[spɛ'rantsa]
esperar (tener esperanza)	sperare (vi, vt)	[spɛ'rarɛ]
seguridad (f)	certezza (f)	[tʃer'tɛtsa]
seguro (adj)	sicuro	[si'kurɔ]
inseguridad (f)	incertezza (f)	[intʃer'tɛtsa]
inseguro (adj)	incerto	[in'tʃertɔ]
borracho (adj)	ubriaco	[ubri'akɔ]
sobrio (adj)	sobrio	['sɔbriɔ]
débil (adj)	debole	['dɛbɔle]
feliz (adj)	fortunato	[fɔrtu'natɔ]
asustar (vt)	spaventare (vt)	[spavɛn'tarɛ]
furia (f)	rabbia (f)	['rabbja]
rabia (f)	rabbia (f)	['rabbja]
depresión (f)	depressione (f)	[dɛprɛssi'ɔnɛ]
incomodidad (f)	disagio (m)	[di'zadʒɔ]

comodidad (f)	conforto (m)	[kɔn'fɔrtɔ]
arrepentirse (vr)	rincrescere (vi)	[riŋk'reʃere]
arrepentimiento (m)	rincrescimento (m)	[riŋkreʃi'mɛntɔ]
mala suerte (f)	sfortuna (f)	[sfɔr'tuna]
tristeza (f)	tristezza (f)	[tris'tettsa]
vergüenza (f)	vergogna (f)	[vɛr'gɔɲja]
júbilo (m)	allegria (f)	[alleg'ria]
entusiasmo (m)	entusiasmo (m)	[ɛntuzi'azmɔ]
entusiasta (m)	entusiasta (m)	[ɛntuzi'asta]
mostrar entusiasmo	mostrare entusiasmo	[mɔst'rarɛ ɛntuzi'azmɔ]

59. El carácter. La personalidad

carácter (m)	carattere (m)	[ka'rattɛrɛ]
defecto (m)	difetto (m)	[di'fɛttɔ]
mente (f), razón (f)	battaglia (f)	[bat'taʎja]
mente (f)	mente (f)	['mentɛ]
razón (f)	intelletto (m)	[intɛl'lɛttɔ]
consciencia (f)	coscienza (f)	[kɔ'ʃɛntsa]
hábito (m)	abitudine (f)	[abi'tudinɛ]
habilidad (f)	capacità (f)	[kapatʃi'ta]
poder (nadar, etc.)	sapere (vt)	[sa'pɛrɛ]
paciente (adj)	paziente	[patsi'entɛ]
impaciente (adj)	impaziente	[impatsi'entɛ]
curioso (adj)	curioso	[kuri'ɔzɔ]
curiosidad (f)	curiosità (f)	[kuriɔzi'ta]
modestia (f)	modestia (f)	[mɔ'dɛstia]
modesto (adj)	modesto	[mɔ'dɛstɔ]
inmodesto (adj)	immodesto	[immɔ'dɛstɔ]
perezoso (adj)	pigro	['pigrɔ]
perezoso (m)	poltrone (m)	[pɔʎt'rɔnɛ]
astucia (f)	furberia (f)	[furbɛ'ria]
astuto (adj)	furbo	['furbɔ]
desconfianza (f)	diffidenza (f)	[diffi'dɛntsa]
desconfiado (adj)	diffidente	[diffi'dɛntɛ]
generosidad (f)	generosità (f)	[dʒenɛrɔzi'ta]
generoso (adj)	generoso	[dʒenɛ'rɔzɔ]
talentoso (adj)	di talento	[di ta'lentɔ]
talento (m)	talento (m)	[ta'lentɔ]
valiente (adj)	coraggioso	[kɔra'dʒɔzɔ]
coraje (m)	coraggio (m)	[kɔ'radʒɔ]
honesto (adj)	onesto	[ɔ'nɛstɔ]
honestidad (f)	onestà (f)	[ɔnɛs'ta]
prudente (adj)	prudente	[pru'dɛntɛ]
valeroso (adj)	valoroso	[valɔ'rɔzɔ]

| serio (adj) | serio | ['sɛrio] |
| severo (adj) | severo | [sɛ'vɛro] |

decidido (adj)	deciso	[dɛ'ʧizɔ]
indeciso (adj)	indeciso	[indɛ'ʧizɔ]
tímido (adj)	timido	['timidɔ]
timidez (f)	timidezza (f)	[timi'dɛʦa]

confianza (f)	fiducia (f)	[fi'duʧa]
creer (créeme)	fidarsi (vr)	[fi'darsi]
confiado (crédulo)	fiducioso	[fidu'ʧozɔ]

sinceramente (adv)	sinceramente	[sinʧera'mɛntɛ]
sincero (adj)	sincero	[sin'ʧerɔ]
sinceridad (f)	sincerità (f)	[sinʧeri'ta]
abierto (adj)	aperto	[a'pɛrtɔ]

calmado (adj)	tranquillo	[traŋku'illɔ]
franco (sincero)	sincero	[sin'ʧerɔ]
ingenuo (adj)	ingenuo	[in'dʒenuɔ]
distraído (adj)	distratto	[dist'rattɔ]
gracioso (adj)	buffo	['buffɔ]

avaricia (f)	avidità (f)	[awidi'ta]
avaro (adj)	avido	['awidɔ]
tacaño (adj)	avaro	[a'varɔ]
malvado (adj)	cattivo	[kat'tivɔ]
terco (adj)	testardo	[tɛs'tardɔ]
desagradable (adj)	antipatico	[anti'patikɔ]

egoísta (m)	egoista (m)	[ɛgɔ'ista]
egoísta (adj)	egoistico	[ɛgɔ'istikɔ]
cobarde (m)	codardo (m)	[kɔ'dardɔ]
cobarde (adj)	codardo	[kɔ'dardɔ]

60. El sueño. Los sueños

dormir (vi)	dormire (vi)	[dor'mirɛ]
sueño (m) (estado)	sonno (m)	['sɔnɔ]
sueño (m) (dulces ~s)	sogno (m)	['sɔɲɔ]
soñar (vi)	sognare (vi)	[sɔ'ɲjarɛ]
adormilado (adj)	sonnolento	[sɔɲɔ'lentɔ]

cama (f)	letto (m)	['lettɔ]
colchón (m)	materasso (m)	[matɛ'rassɔ]
manta (f)	coperta (f)	[kɔ'pɛrta]
almohada (f)	cuscino (m)	[ku'ʃinɔ]
sábana (f)	lenzuolo (m)	[lenʦu'ɔlɔ]

insomnio (m)	insonnia (f)	[in'sɔɲia]
de insomnio (adj)	insonne	[in'sɔɲɛ]
somnífero (m)	sonnifero (m)	[sɔ'ɲifɛrɔ]
tomar el somnífero	prendere il sonnifero	['prɛndɛrɛ iʎ sɔ'ɲifɛrɔ]
tener sueño	avere sonno	[a'vɛrɛ 'sɔɲɔ]

bostezar (vi)	sbadigliare (vi)	[zbadiʎʎarɛ]
irse a la cama	andare a letto	[anˈdarɛ a ˈlettɔ]
hacer la cama	fare il letto	[ˈfarɛ iʎ ˈlettɔ]
dormirse (vr)	addormentarsi (vr)	[addɔrmɛnˈtarsi]

pesadilla (f)	incubo (m)	[ˈiŋkubɔ]
ronquido (m)	russare (m)	[rusˈsarɛ]
roncar (vi)	russare (vi)	[rusˈsarɛ]

despertador (m)	sveglia (f)	[ˈzveʎja]
despertar (vt)	svegliare (vt)	[zveˈʎjarɛ]
despertarse (vr)	svegliarsi (vr)	[zveˈʎjarsi]
levantarse (vr)	alzarsi (vr)	[aʎˈtsarsi]
lavarse (vr)	lavarsi (vr)	[ʎaˈvarsi]

61. El humor. La risa. La alegría

humor (m)	umorismo (m)	[umɔˈrizmɔ]
sentido (m) del humor	senso (m) dello humour	[ˈsɛnsɔ delˈlɔ uˈmur]
divertirse (vr)	divertirsi (vr)	[diverˈtirsi]
alegre (adj)	allegro	[alˈlegrɔ]
júbilo (m)	allegria (f)	[allegˈria]

sonrisa (f)	sorriso (m)	[sɔrˈrizɔ]
sonreír (vi)	sorridere (vi)	[sɔrˈridɛrɛ]
echarse a reír	mettersi a ridere	[ˈmɛttɛrsi a ˈridɛrɛ]
reírse (vr)	ridere (vi)	[ˈridɛrɛ]
risa (f)	riso (m)	[ˈrizɔ]

anécdota (f)	aneddoto (m)	[aˈŋɛdɔtɔ]
gracioso (adj)	divertente	[diverˈtɛntɛ]
ridículo (adj)	ridicolo	[riˈdikɔlɔ]

bromear (vi)	scherzare (vi)	[skɛrˈtsarɛ]
broma (f)	scherzo (m)	[ˈskɛrtsɔ]
alegría (f) (emoción)	gioia (f)	[ˈdʒɔja]
alegrarse (vr)	rallegrarsi (vr)	[rallegˈrarsi]
alegre (~ de que ...)	allegro	[alˈlegrɔ]

62. La discusión y la conversación. Unidad 1

comunicación (f)	comunicazione (f)	[kɔmunikaˈtsjɔnɛ]
comunicarse (vr)	comunicare (vi)	[kɔmuniˈkarɛ]

conversación (f)	conversazione (f)	[kɔnwersaˈtsjɔnɛ]
diálogo (m)	dialogo (m)	[diˈalɔgɔ]
discusión (f) (debate)	discussione (f)	[diskusˈsjɔnɛ]
debate (m)	dibattito (m)	[diˈbattitɔ]
debatir (vi)	discutere (vi)	[disˈkutɛrɛ]

interlocutor (m)	interlocutore (m)	[intɛrlɔkuˈtɔrɛ]
tema (m)	tema (m)	[ˈtɛma]

punto (m) de vista	punto (m) di vista	['punto di 'wista]
opinión (f)	opinione (f)	[opini'one]
discurso (m)	discorso (m)	[dis'korso]

discusión (f) (del informe, etc.)	discussione (f)	[diskus'sⁱone]
discutir (vt)	discutere (vt)	[dis'kutɛrɛ]
conversación (f)	conversazione (f)	[konwersa'tsⁱonɛ]
conversar (vi)	conversare (vi)	[konvɛr'sarɛ]
reunión (f)	incontro (m)	[i'ŋkontro]
encontrarse (vr)	incontrarsi (vr)	[iŋkont'rarsi]

proverbio (m)	proverbio (m)	[pro'vɛrbio]
dicho (m)	detto (m)	['dɛtto]
adivinanza (f)	indovinello (m)	[indowi'nɛllo]
contar una adivinanza	fare un indovinello	['farɛ un indowi'nɛllo]
contraseña (f)	parola (f) d'ordine	[pa'roʎa 'dordinɛ]
secreto (m)	segreto (m)	[sɛg'rɛto]

juramento (m)	giuramento (m)	[dʒura'mɛnto]
jurar (vt)	giurare (vi)	[dʒu'rarɛ]
promesa (f)	promessa (f)	[pro'mɛssa]
prometer (vt)	promettere (vt)	[pro'mɛttɛrɛ]

consejo (m)	consiglio (m)	[kon'siʎⁱo]
aconsejar (vt)	consigliare (vt)	[konsi'ʎjarɛ]
escuchar (a los padres)	ubbidire (vi)	[ubi'dirɛ]

noticias (f pl)	notizia (f)	[no'titsia]
sensación (f)	sensazione (f)	[sɛnsa'tsⁱonɛ]
información (f)	informazioni (f pl)	[informa'tsⁱoni]
conclusión (f)	conclusione (f)	[koŋklyzi'onɛ]
voz (f)	voce (f)	['votʃe]
cumplido (m)	complimento (m)	[kompli'mɛnto]
amable (adj)	gentile	[dʒen'tile]

palabra (f)	parola (f)	[pa'roʎa]
frase (f)	frase (f)	['frazɛ]
respuesta (f)	risposta (f)	[ris'posta]

verdad (f)	verità (f)	[vɛri'ta]
mentira (f)	menzogna (f)	[men'tsoɲja]

pensamiento (m)	pensiero (m)	[pɛn'sjero]
idea (f)	idea (f), pensiero (m)	[i'dɛa], [pɛn'sjero]
fantasía (f)	fantasia (f)	[fanta'zia]

63. La discusión y la conversación. Unidad 2

respetado (adj)	rispettato	[rispɛt'tato]
respetar (vt)	rispettare (vt)	[rispɛt'tarɛ]
respeto (m)	rispetto (m)	[ris'pɛtto]
Estimado ...	Egregio ...	[ɛg'rɛdʒo]
presentar (~ a sus padres)	presentare (vt)	[prɛzɛn'tarɛ]
intención (f)	intenzione (f)	[intɛn'tsⁱonɛ]

tener intención (de …)	avere intenzione	[a'vɛrɛ intɛn'tsʲɔnɛ]
deseo (m)	augurio (m)	[au'gurɔ]
desear (vt) (~ buena suerte)	augurare (vt)	[augu'rarɛ]
sorpresa (f)	sorpresa (f)	[sɔrp'rɛza]
sorprender (vt)	sorprendere (vt)	[sɔrp'rɛndɛrɛ]
sorprenderse (vr)	stupirsi (vr)	[stu'pirsi]
dar (vt)	dare (vt)	['darɛ]
tomar (vt)	prendere (vt)	['prɛndɛrɛ]
devolver (vt)	rendere (vt)	['rɛndɛrɛ]
retornar (vt)	restituire (vt)	[rɛstitu'irɛ]
disculparse (vr)	scusarsi (vr)	[sku'zarsi]
disculpa (f)	scusa (f)	['skuza]
perdonar (vt)	perdonare (vt)	[pɛrdɔ'narɛ]
hablar (vi)	parlare (vi, vt)	[par'ʎarɛ]
escuchar (vt)	ascoltare (vi)	[askɔʎ'tarɛ]
escuchar hasta el final	ascoltare fino in fondo	[askɔʎ'tarɛ 'finɔ in 'fondɔ]
comprender (vt)	capire (vt)	[ka'pirɛ]
mostrar (vt)	mostrare (vt)	[mɔst'rarɛ]
mirar a …	guardare (vt)	[guar'darɛ]
llamar (vt)	chiamare (vt)	[kja'marɛ]
molestar (vt)	disturbare (vt)	[distur'barɛ]
pasar (~ un mensaje)	consegnare (vt)	[kɔnsɛ'ɲjarɛ]
petición (f)	richiesta (f)	[ri'kjesta]
pedir (vt)	chiedere (vt)	['kjedɛrɛ]
exigencia (f)	esigenza (f)	[ɛzi'ʤɛntsa]
exigir (vt)	esigere (vt)	[ɛ'ziʤɛrɛ]
motejar (vr)	stuzzicare (vt)	[stutsi'karɛ]
burlarse (vr)	canzonare (vt)	[kantsɔ'narɛ]
burla (f)	burla (f), beffa (f)	['burʎa], ['bɛffa]
apodo (m)	soprannome (m)	[sɔpra'ɲɔmɛ]
alusión (f)	allusione (f)	[ally'zʲɔnɛ]
aludir (vi)	alludere (vi)	[al'lydɛrɛ]
sobrentender (vt)	intendere (vt)	[in'tɛndɛrɛ]
descripción (f)	descrizione (f)	[dɛskri'tsʲɔnɛ]
describir (vt)	descrivere (vt)	[dɛsk'rivɛrɛ]
elogio (m)	lode (f)	['lɔdɛ]
elogiar (vt)	lodare (vt)	[lɔ'darɛ]
decepción (f)	delusione (f)	[dɛly'zʲɔnɛ]
decepcionar (vt)	deludere (vt)	[dɛ'lydɛrɛ]
estar decepcionado	rimanere deluso	[rima'nɛrɛ dɛ'lyzɔ]
suposición (f)	supposizione (f)	[suppɔzi'tsʲɔnɛ]
suponer (vt)	supporre (vt)	[sup'pɔrrɛ]
advertencia (f)	avvertimento (m)	[avwerti'mɛntɔ]
prevenir (vt)	avvertire (vt)	[avwer'tirɛ]

64. La discusión y la conversación. Unidad 3

convencer (vt)	**persuadere** (vt)	[pεrsua'dεrε]
calmar (vt)	**tranquillizzare** (vt)	[traŋkuillit'zarε]
silencio (m) (~ es oro)	**silenzio** (m)	[si'lentsiɔ]
callarse (vr)	**tacere** (vi)	[ta'tʃerε]
susurrar (vi, vt)	**sussurrare** (vt)	[sussur'rarε]
susurro (m)	**sussurro** (m)	[sus'surrɔ]
francamente (adv)	**francamente**	[fraŋka'mεntε]
en mi opinión ...	**secondo me ...**	[sε'kondɔ mε]
detalle (m) (de la historia)	**dettaglio** (m)	[dεt'taʎɔ]
detallado (adj)	**dettagliato**	[dεtta'ʎjatɔ]
detalladamente (adv)	**dettagliatamente**	[dεttaʎjata'mεntε]
pista (f)	**suggerimento** (m)	[sudʒeri'mεntɔ]
dar una pista	**suggerire** (vt)	[sudʒe'rirε]
mirada (f)	**sguardo** (m)	[zgu'ardɔ]
echar una mirada	**gettare uno sguardo**	[dʒet'tarε 'unɔ zgu'ardɔ]
fija (mirada ~)	**fisso**	['fissɔ]
parpadear (vi)	**battere le palpebre**	['battεrε le 'paʎpεbrε]
guiñar un ojo	**ammiccare** (vi)	[ammik'karε]
asentir con la cabeza	**accennare col capo**	[atʃe'ŋarε koʎ 'kapɔ]
suspiro (m)	**sospiro** (m)	[sɔs'pirɔ]
suspirar (vi)	**sospirare** (vi)	[sɔspi'rarε]
estremecerse (vr)	**sussultare** (vi)	[susuʎ'tarε]
gesto (m)	**gesto** (m)	['dʒestɔ]
tocar (con la mano)	**toccare** (vt)	[tɔk'karε]
asir (~ de la mano)	**afferrare** (vt)	[affer'rarε]
palmear (~ la espalda)	**picchiettare** (vt)	[pikjet'tarε]
¡Cuidado!	**Attenzione!**	[attεn'tsɔnε]
¿De veras?	**Davvero?**	[dav'vεrɔ]
¿Estás seguro?	**Sei sicuro?**	[sεj si'kurɔ]
¡Suerte!	**Buona fortuna!**	[bu'ɔna for'tuna]
¡Ya veo!	**Capito!**	[ka'pitɔ]
¡Es una lástima!	**Peccato!**	[pεk'katɔ]

65. El acuerdo. El rechazo

acuerdo (m)	**accordo** (m)	[ak'kordɔ]
estar de acuerdo	**essere d'accordo**	['εssεrε dak'kordɔ]
aprobación (f)	**approvazione** (f)	[approva'tsɔnε]
aprobar (vt)	**approvare** (vt)	[apprɔ'varε]
rechazo (m)	**rifiuto** (m)	[ri'fjytɔ]
negarse (vr)	**rifiutarsi** (vr)	[rifjy'tarsi]
¡Excelente!	**Perfetto!**	[pεr'fεttɔ]
¡De acuerdo!	**Va bene!**	[va 'bεnε]

¡Vale!	D'accordo!	[dak'kordɔ]
prohibido (adj)	vietato, proibito	[vje'tatɔ], [prɔi'bitɔ]
está prohibido	è proibito	[ɛ prɔi'bitɔ]
es imposible	è impossibile	[ɛ impɔs'sibile]
incorrecto (adj)	sbagliato	[zba'ʎjatɔ]

rechazar (vt)	respingere (vt)	[rɛs'pindʒere]
apoyar (la decisión)	sostenere (vt)	[sɔstɛ'nɛrɛ]
aceptar (vt)	accettare (vt)	[atʃet'tarɛ]

confirmar (vt)	confermare (vt)	[kɔnfɛr'marɛ]
confirmación (f)	conferma (f)	[kɔn'fɛrma]
permiso (m)	permesso (m)	[pɛr'mɛssɔ]
permitir (vt)	permettere (vt)	[pɛr'mɛttɛrɛ]
decisión (f)	decisione (f)	[dɛtʃizi'ɔnɛ]
no decir nada	non dire niente	[nɔn 'dirɛ 'ɲjentɛ]

condición (f)	condizione (f)	[kɔndi'tsɨ'ɔnɛ]
excusa (f) (pretexto)	pretesto (m)	[prɛ'tɛstɔ]
elogio (m)	lode (f)	['lɔdɛ]
elogiar (vt)	lodare (vt)	[lɔ'darɛ]

66. El éxito. La buena suerte. El Fracaso

éxito (m)	successo (m)	[su'tʃessɔ]
con éxito (adv)	con successo	[kɔn su'tʃessɔ]
exitoso (adj)	ben riuscito	[bɛn riu'ʃitɔ]
suerte (f)	fortuna (f)	[for'tuna]
¡Suerte!	Buona fortuna!	[bu'ɔna for'tuna]
de suerte (día ~)	felice, fortunato	[fɛ'litʃe], [fortu'natɔ]
afortunado (adj)	fortunato	[fortu'natɔ]

fiasco (m)	fiasco (m)	[fi'askɔ]
infortunio (m)	disdetta (f)	[diz'dɛtta]
mala suerte (f)	sfortuna (f)	[sfor'tuna]
fracasado (adj)	fallito	[fal'litɔ]
catástrofe (f)	disastro (m)	[di'zastrɔ]

orgullo (m)	orgoglio (m)	[or'goʎɔ]
orgulloso (adj)	orgoglioso	[orgo'ʎɔzɔ]
estar orgulloso	essere fiero di ...	['ɛssɛrɛ 'fjerɔ di]
ganador (m)	vincitore (m)	[wintʃi'torɛ]
ganar (vi)	vincere (vi)	['wintʃerɛ]
perder (vi)	perdere (vi)	['pɛrdɛrɛ]
tentativa (f)	tentativo (m)	[tɛnta'tivo]
intentar (tratar)	tentare (vi)	[tɛn'tarɛ]
chance (f)	chance (f)	[ʃans]

67. Las discusiones. Las emociones negativas

| grito (m) | grido (m) | ['gridɔ] |
| gritar (vi) | gridare (vi) | [gri'darɛ] |

comenzar a gritar	**mettersi a gridare**	[ˈmɛttɛrsi a griˈdarɛ]
disputa (f), riña (f)	**litigio** (m)	[liˈtidʒo]
reñir (vi)	**litigare** (vi)	[litiˈgarɛ]
escándalo (m) (riña)	**lite** (f)	[ˈlitɛ]
causar escándalo	**litigare** (vi)	[litiˈgarɛ]
conflicto (m)	**conflitto** (m)	[kɔnfˈlitto]
malentendido (m)	**fraintendimento** (m)	[fraintɛndiˈmɛnto]
insulto (m)	**insulto** (m)	[inˈsuʌto]
insultar (vt)	**insultare** (vt)	[insuʌˈtarɛ]
insultado (adj)	**offeso**	[ɔfˈfɛzo]
ofensa (f)	**offesa** (f)	[ɔfˈfɛza]
ofender (vt)	**offendere** (vt)	[ɔfˈfɛndɛrɛ]
ofenderse (vr)	**offendersi** (vr)	[ɔfˈfɛndɛrsi]
indignación (f)	**indignazione** (f)	[indiɲjaˈtsʲonɛ]
indignarse (vr)	**indignarsi** (vr)	[indiˈɲjarsi]
queja (f)	**lamentela** (f)	[ʎamenˈtɛla]
quejarse (vr)	**lamentarsi** (vr)	[ʎamɛnˈtarsi]
disculpa (f)	**scusa** (f)	[ˈskuza]
disculparse (vr)	**scusarsi** (vr)	[skuˈzarsi]
pedir perdón	**chiedere scusa**	[ˈkjedɛrɛ ˈskuza]
crítica (f)	**critica** (f)	[ˈkritika]
criticar (vt)	**criticare** (vt)	[kritiˈkarɛ]
acusación (f)	**accusa** (f)	[akˈkuza]
acusar (vt)	**accusare** (vt)	[akkuˈzarɛ]
venganza (f)	**vendetta** (f)	[vɛnˈdetta]
vengar (vt)	**vendicare** (vt)	[vɛndiˈkarɛ]
pagar (vt)	**vendicarsi** (vr)	[vɛndiˈkarsi]
desprecio (m)	**disprezzo** (m)	[dispˈrɛtso]
despreciar (vt)	**disprezzare** (vt)	[disprɛˈtsarɛ]
odio (m)	**odio** (m)	[ˈodio]
odiar (vt)	**odiare** (vt)	[ɔdiˈarɛ]
nervioso (adj)	**nervoso**	[nɛrˈvozo]
estar nervioso	**essere nervoso**	[ˈɛssɛrɛ nɛrˈvozo]
enfadado (adj)	**arrabbiato**	[arrabˈbjato]
enfadar (vt)	**fare arrabbiare**	[ˈfarɛ arrabˈbjarɛ]
humillación (f)	**umiliazione** (f)	[umiliaˈtsʲonɛ]
humillar (vt)	**umiliare** (vt)	[umiliˈarɛ]
humillarse (vr)	**umiliarsi** (vr)	[umiliˈarsi]
choque (m)	**shock** (m)	[ʃɔk]
chocar (vi)	**scandalizzare** (vt)	[skandaliˈdzarɛ]
molestia (f) (problema)	**problema** (m)	[prɔbˈlema]
desagradable (adj)	**spiacevole**	[spjaˈtʃevɔle]
miedo (m)	**spavento** (m), **paura** (f)	[spaˈvɛnto], [paˈura]
terrible (tormenta, etc.)	**terribile**	[tɛrˈribile]
de miedo (historia ~)	**spaventoso**	[spavɛnˈtozo]

horror (m)	**orrore** (m)	[ɔr'rɔrɛ]
horrible (adj)	**orrendo**	[ɔrrɛndɔ]
empezar a temblar	**cominciare a tremare**	[kɔmin'ʧarɛ a trɛ'marɛ]
llorar (vi)	**piangere** (vi)	['pjandʒerɛ]
comenzar a llorar	**mettersi a piangere**	['mɛttɛrsi a 'pjandʒerɛ]
lágrima (f)	**lacrima** (f)	['ʎakrima]
culpa (f)	**colpa** (f)	['kɔʎpa]
remordimiento (m)	**senso** (m) **di colpa**	['sɛnsɔ di 'kɔʎpa]
deshonra (f)	**vergogna** (f)	[vɛr'gɔɲja]
protesta (f)	**protesta** (f)	[prɔ'tɛsta]
estrés (m)	**stress** (m)	['strɛss]
molestar (vt)	**disturbare** (vt)	[distur'barɛ]
estar furioso	**essere arrabbiato**	['ɛssɛrɛ arrab'bjatɔ]
enfadado (adj)	**arrabbiato**	[arrab'bjatɔ]
terminar (vt)	**porre fine a ...**	['pɔrrɛ 'finɛ a]
regañar (vt)	**rimproverare** (vt)	[rimprɔvɛ'rarɛ]
asustarse (vr)	**spaventarsi** (vr)	[spavɛn'tarsi]
golpear (vt)	**colpire** (vt)	[kɔʎ'pirɛ]
pelear (vi)	**picchiarsi** (vr)	[pik'kjarsi]
resolver (~ la discusión)	**regolare** (vt)	[rɛgɔ'ʎarɛ]
descontento (adj)	**scontento**	[skɔn'tɛntɔ]
furioso (adj)	**furioso**	[furi'ɔzɔ]
¡No está bien!	**Non sta bene!**	[nɔn sta 'bɛnɛ]
¡Está mal!	**Fa male!**	[fa 'male]

La medicina

68. Las enfermedades

enfermedad (f)	malattia (f)	[maʎat'tia]
estar enfermo	essere malato	['ɛssɛrɛ ma'ʎatɔ]
salud (f)	salute (f)	[sa'lytɛ]
resfriado (m) (coriza)	raffreddore (m)	[raffrɛd'dorɛ]
angina (f)	tonsillite (f)	[tɔnsil'litɛ]
resfriado (m)	raffreddore (m)	[raffrɛd'dorɛ]
resfriarse (vr)	raffreddarsi (vr)	[raffrɛd'darsi]
bronquitis (f)	bronchite (f)	[brɔ'ŋkitɛ]
pulmonía (f)	polmonite (f)	[pɔlmɔ'nitɛ]
gripe (f)	influenza (f)	[infly'ɛnʦa]
miope (adj)	miope	['miɔpɛ]
présbita (adj)	presbite	['prɛzbitɛ]
estrabismo (m)	strabismo (m)	[stra'bizmɔ]
estrábico (m) (adj)	strabico	['strabikɔ]
catarata (f)	cateratta (f)	[katɛ'ratta]
glaucoma (f)	glaucoma (m)	[gʎau'kɔma]
insulto (m)	ictus (m) cerebrale	['iktus ʧeleb'rale]
ataque (m) cardiaco	attacco (m) di cuore	[at'takɔ di ku'ɔrɛ]
infarto (m) de miocardio	infarto (m) miocardico	[in'fartɔ miɔkar'dikɔ]
parálisis (f)	paralisi (f)	[pa'ralizi]
paralizar (vt)	paralizzare (vt)	[parali'dzarɛ]
alergia (f)	allergia (f)	[aller'dʒia]
asma (f)	asma (f)	['azma]
diabetes (m)	diabete (m)	[dia'bɛtɛ]
dolor (m) de muelas	mal (m) di denti	[maʎ di 'dɛnti]
caries (f)	carie (f)	['kariɛ]
diarrea (f)	diarrea (f)	[diar'rɛa]
estreñimiento (m)	stitichezza (f)	[stiti'kɛtsa]
molestia (f) estomacal	disturbo (m) gastrico	[dis'turbɔ 'gastrikɔ]
envenenamiento (m)	intossicazione (f) alimentare	[intɔsika'ʦɔnɛ alimen'tarɛ]
envenenarse (vr)	intossicarsi (vr)	[intɔssi'karsi]
artritis (f)	artrite (f)	[art'ritɛ]
raquitismo (m)	rachitide (f)	[ra'kitidɛ]
reumatismo (m)	reumatismo (m)	[rɛuma'tizmɔ]
ateroesclerosis (f)	aterosclerosi (f)	[atɛrɔsklɛ'rɔzi]
gastritis (f)	gastrite (f)	[gast'ritɛ]
apendicitis (f)	appendicite (f)	[appɛndi'ʧitɛ]

colecistitis (m)	colecistite (f)	[koletʃis'titɛ]
úlcera (f)	ulcera (f)	['uʎtʃera]

sarampión (m)	morbillo (m)	[mor'billo]
rubeola (f)	rosolia (f)	[rozo'lia]
ictericia (f)	itterizia (f)	[itte'ritsia]
hepatitis (f)	epatite (f)	[ɛpa'titɛ]

esquizofrenia (f)	schizofrenia (f)	[skidzofrɛ'nia]
rabia (f) (hidrofobia)	rabbia (f)	['rabbja]
neurosis (f)	nevrosi (f)	[nɛv'rozi]
conmoción (m) cerebral	commozione (f) cerebrale	[kommo'tsione tʃerɛb'ralе]

cáncer (m)	cancro (m)	['kaŋkro]
esclerosis (f)	sclerosi (f)	[skle'rozi]
esclerosis (m) múltiple	sclerosi (f) multipla	[skle'rozi 'muʎtipʎa]

alcoholismo (m)	alcolismo (m)	[aʎko'lizmo]
alcohólico (m)	alcolizzato (m)	[aʎkoli'dzato]
sífilis (f)	sifilide (f)	[si'filidɛ]
SIDA (f)	AIDS (m)	['aids]

tumor (m)	tumore (m)	[tu'morɛ]
fiebre (f)	febbre (f)	['fɛbbrɛ]
malaria (f)	malaria (f)	[ma'ʎaria]
gangrena (f)	cancrena (f)	[kaŋk'rɛna]
mareo (m)	mal (m) di mare	[maʎ di 'marɛ]
epilepsia (f)	epilessia (f)	[ɛpiles'sia]

epidemia (f)	epidemia (f)	[ɛpidɛ'mia]
tifus (m)	tifo (m)	['tifo]
tuberculosis (f)	tubercolosi (f)	[tuberko'lɔzi]
cólera (f)	colera (m)	[ko'lera]
peste (f)	peste (f)	['pɛstɛ]

69. Los síntomas. Los tratamientos. Unidad 1

síntoma (m)	sintomo (m)	['sintomo]
temperatura (f)	temperatura (f)	[tɛmpɛra'tura]
fiebre (f)	febbre (f) alta	['fɛbbrɛ 'aʎta]
pulso (m)	polso (m)	['poʎso]

mareo (m) (vértigo)	capogiro (m)	[kapo'dʒiro]
caliente (adj)	caldo	['kaʎdo]
escalofrío (m)	brivido (m)	['briwido]
pálido (adj)	pallido	['pallido]

tos (f)	tosse (f)	['tossɛ]
toser (vi)	tossire (vi)	[tos'sirɛ]
estornudar (vi)	starnutire (vi)	[starnu'tirɛ]
desmayo (m)	svenimento (m)	[zvɛni'mɛnto]
desmayarse (vr)	svenire (vi)	[zvɛ'nirɛ]
moradura (f)	livido (m)	['liwido]
chichón (m)	bernoccolo (m)	[ber'nokkolo]

golpearse (vr) | farsi un livido | ['farsi un 'liwido]
magulladura (f) | contusione (f) | [kɔntuzi'ɔnɛ]
magullarse (vr) | farsi male | ['farsi 'male]

cojear (vi) | zoppicare (vi) | [dzoppi'karɛ]
dislocación (f) | slogatura (f) | [zlɔga'tura]
dislocar (vt) | slogarsi (vr) | [zlɔ'garsi]
fractura (f) | frattura (f) | [frat'tura]
tener una fractura | fratturarsi (vr) | [frattu'rarsi]

corte (m) (tajo) | taglio (m) | ['taʎɔ]
cortarse (vr) | tagliarsi (vr) | [ta'ʎjarsi]
hemorragia (f) | emorragia (f) | [ɛmɔrra'dʒia]

quemadura (f) | scottatura (f) | [skɔtta'tura]
quemarse (vr) | scottarsi (vr) | [skɔt'tarsi]

pincharse (el dedo) | pungere (vt) | ['pundʒɛrɛ]
pincharse (vr) | pungersi (vr) | ['pundʒersi]
herir (vt) | ferire (vt) | [fɛ'rirɛ]
herida (f) | ferita (f) | [fɛ'rita]
lesión (f) (herida) | lesione (f) | [le'zjɔnɛ]
trauma (m) | trauma (m) | ['trauma]

delirar (vi) | delirare (vi) | [dɛli'rarɛ]
tartamudear (vi) | tartagliare (vi) | [tarta'ʎjarɛ]
insolación (f) | colpo (m) di sole | ['kɔʎpo di 'sɔle]

70. Los síntomas. Los tratamientos. Unidad 2

dolor (m) | dolore (m), male (m) | [do'lɔrɛ], ['male]
astilla (f) | scheggia (f) | ['skɛdʒa]

sudor (m) | sudore (m) | [su'dɔrɛ]
sudar (vi) | sudare (vi) | [su'darɛ]
vómito (m) | vomito (m) | ['vɔmitɔ]
convulsiones (f) | convulsioni (f pl) | [kɔnvul'sjoni]

embarazada (adj) | incinta | [in'tʃinta]
nacer (vi) | nascere (vi) | ['naʃɛrɛ]
parto (m) | parto (m) | ['partɔ]
dar a luz | essere in travaglio | ['ɛssɛrɛ in tra'vaʎɔ]
aborto (m) | aborto (m) | [a'bɔrtɔ]

respiración (f) | respirazione (f) | [rɛspira'tsjɔnɛ]
inspiración (f) | inspirazione (f) | [inspira'tsjɔnɛ]
espiración (f) | espirazione (f) | [ɛspira'tsjɔnɛ]
espirar (vi) | espirare (vi) | [ɛspi'rarɛ]
inspirar (vi) | inspirare (vi) | [inspi'rarɛ]

inválido (m) | invalido (m) | [in'validɔ]
mutilado (m) | storpio (m) | ['stɔrpjɔ]
drogadicto (m) | drogato (m) | [drɔ'gatɔ]
sordo (adj) | sordo | ['sɔrdɔ]

| mudo (adj) | muto | ['muto] |
| sordomudo (adj) | sordomuto | [sordo'muto] |

loco (adj)	matto	['matto]
loco (m)	matto (m)	['matto]
loca (f)	matta (f)	['matta]
volverse loco	impazzire (vi)	[impa'tsire]

gen (m)	gene (m)	['dʒene]
inmunidad (f)	immunità (f)	[immuni'ta]
hereditario (adj)	ereditario	[ɛrɛdi'tario]
de nacimiento (adj)	innato	[i'ŋato]

virus (m)	virus (m)	['wirus]
microbio (m)	microbo (m)	['mikrobo]
bacteria (f)	batterio (m)	[bat'tɛrio]
infección (f)	infezione (f)	[infɛ'tsʲone]

71. Los síntomas. Los tratamientos. Unidad 3

| hospital (m) | ospedale (m) | [ospɛ'dale] |
| paciente (m) | paziente (m) | [patsi'entɛ] |

diagnosis (f)	diagnosi (f)	[di'aɲozi]
cura (f)	cura (f)	['kura]
tratamiento (m)	battaglia (f)	[bat'taʎja]
curarse (vr)	curarsi (vr)	[ku'rarsi]
tratar (vt)	curare (vt)	[ku'rarɛ]
cuidar (a un enfermo)	accudire un malato	[akku'dirɛ un ma'ʎato]
cuidados (m pl)	assistenza (f)	[assis'tɛntsa]

operación (f)	operazione (f)	[opɛra'tsʲonɛ]
vendar (vt)	bendare (vt)	[bɛn'darɛ]
vendaje (m)	fasciatura (f)	[faça'tura]

vacunación (f)	vaccinazione (f)	[vatʃina'tsʲonɛ]
vacunar (vt)	vaccinare (vt)	[vatʃi'narɛ]
inyección (f)	iniezione (f)	[iɲje'tsʲonɛ]
aplicar una inyección	fare una puntura	['farɛ 'una pun'tura]

ataque (m)	attacco (m)	[at'takko]
amputación (f)	amputazione (f)	[amputa'tsʲonɛ]
amputar (vt)	amputare (vt)	[ampu'tarɛ]
coma (m)	coma (m)	['koma]
estar en coma	essere in coma	['ɛssɛrɛ in 'koma]
revitalización (f)	rianimazione (f)	[rianima'tsʲonɛ]

recuperarse (vr)	guarire (vi)	[gua'rirɛ]
estado (m) (de salud)	stato (f)	['stato]
consciencia (f)	conoscenza (f)	[kono'ʃɛntsa]
memoria (f)	memoria (f)	[mɛ'moria]

| extraer (un diente) | estrarre (vt) | [ɛst'rarrɛ] |
| empaste (m) | otturazione (f) | [ottura'tsʲonɛ] |

empastar (vt)	otturare (vt)	[ɔttu'rarɛ]
hipnosis (f)	ipnosi (f)	[ip'nɔzi]
hipnotizar (vt)	ipnotizzare (vt)	[ipnɔti'dzarɛ]

72. Los médicos

médico (m)	medico (m)	['mɛdikɔ]
enfermera (f)	infermiera (f)	[infɛr'mjera]
médico (m) personal	medico (m) personale	['mɛdikɔ pɛrsɔ'nale]

dentista (m)	dentista (m)	[dɛn'tista]
oftalmólogo (m)	oculista (m)	[ɔku'lista]
internista (m)	internista (m)	[intɛr'nista]
cirujano (m)	chirurgo (m)	[ki'rurgɔ]

psiquiatra (m)	psichiatra (m)	[psiki'atra]
pediatra (m)	pediatra (m)	[pɛdi'atra]
psicólogo (m)	psicologo (m)	[psi'kɔlɔgɔ]
ginecólogo (m)	ginecologo (m)	[dʒine'kɔlɔgɔ]
cardiólogo (m)	cardiologo (m)	[kardi'ɔlɔgɔ]

73. La medicina. Las drogas. Los accesorios

medicamento (m), droga (f)	medicina (f)	[mɛdi'tʃina]
remedio (m)	rimedio (m)	[ri'mɛdiɔ]
receta (f)	prescrizione (f)	[prɛskri'tsʲɔnɛ]

tableta (f)	compressa (f)	[kɔmp'rɛssa]
ungüento (m)	unguento (m)	[uɲu'ɛntɔ]
ampolla (f)	fiala (f)	[fi'aʎa]
mixtura (f), mezcla (f)	pozione (f)	[pɔ'tsʲɔnɛ]
sirope (m)	sciroppo (m)	[ʃi'rɔppɔ]
píldora (f)	pillola (f)	['pillɜʎa]
polvo (m)	polverina (f)	[pɔʎvɛ'rina]

venda (f)	benda (f)	['bɛnda]
algodón (m) (discos de ~)	ovatta (f)	[ɔ'vatta]
yodo (m)	iodio (m)	[i'ɔdiɔ]

tirita (f), curita (f)	cerotto (m)	[tʃe'rɔttɔ]
pipeta (f)	contagocce (m)	[kɔnta'gɔtʃe]
termómetro (m)	termometro (m)	[tɛr'mɔmɛtrɔ]
jeringa (f)	siringa (f)	[si'riŋa]

| silla (f) de ruedas | sedia (f) a rotelle | ['sɛdʲa a rɔ'tɛllɛ] |
| muletas (f pl) | stampelle (f pl) | [stam'pɛlle] |

anestésico (m)	analgesico (m)	[anaʎ'dʒeзikɔ]
purgante (m)	lassativo (m)	[lassa'tivɔ]
alcohol (m)	alcol (m)	[aʎ'kɔʎ]
hierba (f) medicinal	erba (f) officinale	['ɛrba ɔffitʃi'nale]
de hierbas (té ~)	alle erbe	[al'lɛrbɛ]

74. El fumar. Los productos del tabaco

tabaco (m)	**tabacco** (m)	[ta'bakkɔ]
cigarrillo (m)	**sigaretta** (f)	[siga'rɛtta]
cigarro (m)	**sigaro** (m)	['sigarɔ]
pipa (f)	**pipa** (f)	['pipa]
paquete (m)	**pacchetto** (m)	[pak'kɛttɔ]
cerillas (f pl)	**fiammiferi** (m pl)	[fjam'miferi]
caja (f) de cerillas	**scatola** (f) **di fiammiferi**	['skatɔʎa di fjam'miferi]
encendedor (m)	**accendino** (m)	[atʃen'dinɔ]
cenicero (m)	**portacenere** (m)	[pɔrta'tʃenɛrɛ]
pitillera (f)	**portasigarette** (m)	[pɔrtasiga'rɛttɛ]
boquilla (f)	**bocchino** (m)	[bɔk'kinɔ]
filtro (m)	**filtro** (m)	['fiʎtrɔ]
fumar (vi, vt)	**fumare** (vi, vt)	[fu'marɛ]
encender un cigarrillo	**accendere una sigaretta**	[a'tʃendɛrɛ una siga'rɛtta]
tabaquismo (m)	**fumo** (m)	['fumɔ]
fumador (m)	**fumatore** (m)	[fuma'tɔrɛ]
colilla (f)	**cicca** (f)	['tʃikka]
humo (m)	**fumo** (m)	['fumɔ]
ceniza (f)	**cenere** (f)	['tʃenɛrɛ]

EL AMBIENTE HUMANO

La ciudad

75. La ciudad. La vida en la ciudad

ciudad (f)	città (f)	[tʃit'ta]
capital (f)	capitale (f)	[kapi'tale]
aldea (f)	villaggio (m)	[wi'ʎadʒɔ]
plano (m) de la ciudad	mappa (f) della città	['mappa 'dɛʎa tʃit'ta]
centro (m) de la ciudad	centro (m) della città	['tʃentrɔ 'dɛʎa tʃit'ta]
suburbio (m)	sobborgo (m)	[sɔb'bɔrgɔ]
suburbano (adj)	suburbano	[subur'banɔ]
arrabal (m)	periferia (f)	[pɛrife'ria]
afueras (f pl)	dintorni (m pl)	[din'tɔrni]
barrio (m)	isolato (m)	[izɔ'ʎatɔ]
zona (f) de viviendas	quartiere (m) residenziale	[kuar'tʲerɛ rɛzidɛntsi'ale]
tráfico (m)	traffico (m)	['traffikɔ]
semáforo (m)	semaforo (m)	[sɛ'mafɔrɔ]
transporte (m) urbano	trasporti (m pl) urbani	[tras'pɔrti ur'bani]
cruce (m)	incrocio (m)	[iŋk'rɔtʃɔ]
paso (m) de peatones	passaggio (m) pedonale	[pas'sadʒɔ pɛdɔ'nale]
paso (m) subterráneo	sottopassaggio (m)	[sɔttɔpas'sadʒɔ]
cruzar (vt)	attraversare (vt)	[attravɛr'sarɛ]
peatón (m)	pedone (m)	[pɛ'dɔnɛ]
acera (f)	marciapiede (m)	[martʃa'pjedɛ]
puente (m)	ponte (m)	['pɔntɛ]
muelle (m)	banchina (f)	[ba'ŋkina]
alameda (f)	vialetto (m)	[wia'lettɔ]
parque (m)	parco (m)	['parkɔ]
bulevar (m)	boulevard (m)	[buʎ'var]
plaza (f)	piazza (f)	['pjatsa]
avenida (f)	viale (m), corso (m)	[wi'alɛ], ['kɔrsɔ]
calle (f)	via (f), strada (f)	['wia], ['strada]
callejón (m)	vicolo (m)	['wikɔlɔ]
callejón (m) sin salida	vicolo (m) cieco	['wikɔlɔ 'tʃjekɔ]
casa (f)	casa (f)	['kaza]
edificio (m)	edificio (m)	[ɛdi'fitʃɔ]
rascacielos (m)	grattacielo (m)	[gratta'tʃelɔ]
fachada (f)	facciata (f)	[fa'tʃata]
techo (m)	tetto (m)	['tɛttɔ]

ventana (f)	**finestra** (f)	[fi'nɛstra]
arco (m)	**arco** (m)	['arkɔ]
columna (f)	**colonna** (f)	[kɔ'lɔŋa]
esquina (f)	**angolo** (m)	['aŋɔlɔ]
escaparate (f)	**vetrina** (f)	[vɛt'rina]
letrero (m) (~ luminoso)	**insegna** (f)	[in'sɛɲa]
cartel (m)	**cartellone** (m)	[kartɛl'lɔnɛ]
cartel (m) publicitario	**cartellone** (m) **pubblicitario**	[kartɛl'lɔnɛ pubblitʃi'tariɔ]
valla (f) publicitaria	**tabellone** (m) **pubblicitario**	[tabɛl'lɔnɛ pubblitʃi'tariɔ]
basura (f)	**pattume** (m), **spazzatura** (f)	[pat'tumɛ], [spatsa'tura]
cajón (m) de basura	**pattumiera** (f)	[pattu'mjera]
tirar basura	**sporcare** (vi)	[spɔr'karɛ]
basurero (m)	**discarica** (f) **di rifiuti**	[dis'karika di ri'fjyti]
cabina (f) telefónica	**cabina** (f) **telefonica**	[ka'bina tɛle'fɔnika]
farola (f)	**lampione** (m)	[lam'pʲɔnɛ]
banco (m) (del parque)	**panchina** (f)	[pa'ŋkina]
policía (m)	**poliziotto** (m)	[pɔlitsi'ɔttɔ]
policía (f) (~ nacional)	**polizia** (f)	[pɔli'tsia]
mendigo (m)	**mendicante** (m)	[mendi'kantɛ]
persona (f) sin hogar	**barbone** (m)	[bar'bɔnɛ]

76. Las instituciones urbanas

tienda (f)	**negozio** (m)	[nɛ'gɔtsiɔ]
farmacia (f)	**farmacia** (f)	[farma'tʃia]
óptica (f)	**ottica** (f)	['ɔttika]
centro (m) comercial	**centro** (m) **commerciale**	['tʃentrɔ kɔmmɛr'tʃale]
supermercado (m)	**supermercato** (m)	[supɛrmɛr'katɔ]
panadería (f)	**panetteria** (f)	[panɛttɛ'ria]
panadero (m)	**fornaio** (m)	[fɔr'najo]
pastelería (f)	**pasticceria** (f)	[pastitʃe'ria]
tienda (f) de comestibles	**drogheria** (f)	[drɔgɛ'ria]
carnicería (f)	**macelleria** (f)	[matʃelle'ria]
verdulería (f)	**fruttivendolo** (m)	[frutti'vɛndɔlɔ]
mercado (m)	**mercato** (m)	[mɛr'katɔ]
cafetería (f)	**caffè** (m)	[kaf'fɛ]
restaurante (m)	**ristorante** (m)	[ristɔ'rantɛ]
cervecería (f)	**birreria** (f), **pub** (m)	[birrɛ'ria], [pab]
pizzería (f)	**pizzeria** (f)	[pitsɛ'ria]
peluquería (f)	**salone** (m) **di parrucchiere**	[sa'lɔnɛ di parruk'kjerɛ]
oficina (f) de correos	**ufficio** (m) **postale**	[uf'fitʃɔ pɔs'tale]
tintorería (f)	**lavanderia** (f) **a secco**	[ʎavandɛ'ria a 'sɛkkɔ]
estudio (m) fotográfico	**studio** (m) **fotografico**	['studiɔ fɔtɔg'rafikɔ]
zapatería (f)	**negozio** (m) **di scarpe**	[nɛ'gɔtsiɔ di 'skarpɛ]
librería (f)	**libreria** (f)	[librɛ'ria]

tienda (f) deportiva	negozio (m) sportivo	[nɛˈgotsio sporˈtivɔ]
arreglos (m pl) de ropa	riparazione (f) di abiti	[riparaˈtsʲonɛ di ˈabiti]
alquiler (m) de ropa	noleggio (m) di abiti	[nɔˈledʒɔ di ˈabiti]
videoclub (m)	noleggio DVD (m)	[nɔˈledʒɔ divuˈdi]

circo (m)	circo (m)	[ˈtʃirkɔ]
zoo (m)	zoo (m)	[ˈdzɔ:]
cine (m)	cinema (m)	[ˈtʃinɛma]
museo (m)	museo (m)	[muˈzɛɔ]
biblioteca (f)	biblioteca (f)	[biblioˈtɛka]

teatro (m)	teatro (m)	[tɛˈatrɔ]
ópera (f)	teatro (m) dell'opera	[tɛˈatrɔ dɛʎ ˈɔpera]
club (m) nocturno	nightclub (m)	[ˈnajtklɛb]
casino (m)	casinò (m)	[kaziˈnɔ]

mezquita (f)	moschea (f)	[mɔsˈkɛa]
sinagoga (f)	sinagoga (f)	[sinaˈgoga]
catedral (f)	cattedrale (f)	[kattɛdˈrale]
templo (m)	tempio (m)	[ˈtɛmpʲɔ]
iglesia (f)	chiesa (f)	[ˈkjeza]

instituto (m)	istituto (m)	[istiˈtutɔ]
universidad (f)	università (f)	[univɛrsiˈta]
escuela (f)	scuola (f)	[skuˈɔʎa]

prefectura (f)	prefettura (f)	[prɛfɛtˈtura]
alcaldía (f)	municipio (m)	[muniˈtʃipiɔ]
hotel (m)	albergo (m)	[aʎˈbergɔ]
banco (m)	banca (f)	[ˈbaŋka]

embajada (f)	ambasciata (f)	[ambaˈʃata]
agencia (f) de viajes	agenzia (f) di viaggi	[adʒenˈtsia di wiˈjadʒi]
oficina (f) de información	ufficio (m) informazioni	[ufˈfitʃɔ informatsiˈɔni]
oficina (f) de cambio	ufficio (m) dei cambi	[ufˈfitʃɔ dɛi ˈkambi]

| metro (m) | metropolitana (f) | [metrɔpoliˈtana] |
| hospital (m) | ospedale (m) | [ɔspɛˈdale] |

| gasolinera (f) | distributore (m) di benzina | [distribuˈtɔrɛ di benˈdzina] |
| aparcamiento (m) | parcheggio (m) | [parˈkɛdʒɔ] |

77. El transporte urbano

autobús (m)	autobus (m)	[ˈautɔbus]
tranvía (m)	tram (m)	[tram]
trolebús (m)	filobus (m)	[ˈfilɔbus]
itinerario (m)	itinerario (m)	[itinɛˈrariɔ]
número (m)	numero (m)	[ˈnumɛrɔ]

ir en …	andare in …	[anˈdarɛ in]
tomar (~ el autobús)	salire su …	[saˈlirɛ su]
bajar (~ del tren)	scendere da …	[ˈʃɛndɛrɛ da]
parada (f)	fermata (f)	[fɛrˈmata]

próxima parada (f)	**prossima fermata** (f)	['prɔssima fɛr'mata]
parada (f) final	**capolinea** (m)	[kapo'linɛa]
horario (m)	**orario** (m)	[ɔ'rario]
esperar (aguardar)	**aspettare** (vt)	[aspɛt'tarɛ]

billete (m)	**biglietto** (m)	[bi'ʎjettɔ]
precio (m) del billete	**prezzo** (m) **del biglietto**	['prɛtsɔ dɛʎ bi'ʎjettɔ]

cajero (m)	**cassiere** (m)	[kas'sjerɛ]
control (m) de billetes	**controllo** (m) **dei biglietti**	[kɔnt'rollɔ dei bi'ʎjeti]
cobrador (m)	**bigliettaio** (m)	[biʎjet'tajo]

llegar tarde (vi)	**essere in ritardo**	['ɛssɛrɛ in ri'tardɔ]
perder (~ el tren)	**perdere** (vt)	['pɛrdɛrɛ]
tener prisa	**avere fretta**	[a'vɛrɛ 'frɛtta]

taxi (m)	**taxi** (m)	['taksi]
taxista (m)	**taxista** (m)	[tak'sista]
en taxi	**in taxi**	[in 'taksi]
parada (f) de taxis	**parcheggio** (m) **di taxi**	[par'kɛdʒɔ di 'taksi]
llamar un taxi	**chiamare un taxi**	[kja'marɛ un 'taksi]
tomar un taxi	**prendere un taxi**	['prɛndɛrɛ un 'taksi]

tráfico (m)	**traffico** (m)	['traffikɔ]
atasco (m)	**ingorgo** (m)	[i'ŋɔrgɔ]
horas (f pl) de punta	**ore** (f pl) **di punta**	['ɔrɛ di 'punta]
aparcar (vi)	**parcheggiarsi** (vr)	[parkɛ'dʒarsi]
aparcar (vt)	**parcheggiare** (vt)	[parkɛ'dʒarɛ]
aparcamiento (m)	**parcheggio** (m)	[par'kɛdʒɔ]

metro (m)	**metropolitana** (f)	[metrɔpoli'tana]
estación (f)	**stazione** (f)	[sta'tsɔnɛ]
ir en el metro	**prendere la metropolitana**	['prɛndɛrɛ ʎa metrɔpoli'tana]
tren (m)	**treno** (m)	['trɛnɔ]
estación (f)	**stazione** (f) **ferroviaria**	[sta'tsɔnɛ fɛrrɔ'vʲaria]

78. La exploración del paisaje

monumento (m)	**monumento** (m)	[mɔnu'mɛntɔ]
fortaleza (f)	**fortezza** (f)	[for'tɛtsa]
palacio (m)	**palazzo** (m)	[pa'ʎatsɔ]
castillo (m)	**castello** (m)	[kas'tɛllɔ]
torre (f)	**torre** (f)	['tɔrrɛ]
mausoleo (m)	**mausoleo** (m)	[mauzɔ'leɔ]

arquitectura (f)	**architettura** (f)	[arkitɛt'tura]
medieval (adj)	**medievale**	[mɛdiɛ'vale]
antiguo (adj)	**antico**	[an'tikɔ]
nacional (adj)	**nazionale**	[natsiɔ'nale]
conocido (adj)	**famoso**	[fa'mozɔ]

turista (m)	**turista** (m)	[tu'rista]
guía (m) (persona)	**guida** (f)	[gu'ida]
excursión (f)	**escursione** (f)	[ɛskursi'ɔnɛ]

| mostrar (vt) | fare vedere | ['farɛ vɛ'dɛrɛ] |
| contar (una historia) | raccontare (vt) | [rakkɔn'tarɛ] |

encontrar (hallar)	trovare (vt)	[tro'varɛ]
perderse (vr)	perdersi (vr)	['pɛrdɛrsi]
plano (m) (~ de metro)	mappa (f)	['mappa]
mapa (m) (~ de la ciudad)	piantina (f)	[pjan'tina]

recuerdo (m)	souvenir (m)	[suvɛ'nir]
tienda (f) de regalos	negozio (m)	[nɛ'gotsiɔ
	di articoli da regalo	di ar'tikɔli da rɛ'galɔ]
hacer fotos	fare foto	['farɛ 'fɔtɔ]
fotografiarse (vr)	farsi fotografare	['farsi fotɔgra'farɛ]

79. Las compras

comprar (vt)	comprare (vt)	[kɔmp'rarɛ]
compra (f)	acquisto (m)	[aku'istɔ]
hacer compras	fare acquisti	['farɛ aku'isti]
compras (f pl)	shopping (m)	['ʃɔppiŋ]

| estar abierto (tienda) | essere aperto | ['ɛssɛrɛ a'pɛrtɔ] |
| estar cerrado | essere chiuso | ['ɛssɛrɛ 'kjyzɔ] |

calzado (m)	calzature (f pl)	[kaʎtsa'turɛ]
ropa (f), vestido (m)	abbigliamento (m)	[abbiʎja'mɛntɔ]
cosméticos (m pl)	cosmetica (f)	[kɔz'mɛtika]
productos alimenticios	alimentari (m pl)	[alimɛn'tari]
regalo (m)	regalo (m)	[rɛ'galɔ]

| vendedor (m) | commesso (m) | [kɔm'mɛssɔ] |
| vendedora (f) | commessa (f) | [kɔm'mɛssa] |

caja (f)	cassa (f)	['kassa]
espejo (m)	specchio (m)	['spɛkkiɔ]
mostrador (m)	banco (m)	['baŋkɔ]
probador (m)	camerino (m)	[kamɛ'rinɔ]

probar (un vestido)	provare (vt)	[pro'varɛ]
quedar (una ropa, etc.)	stare bene	['starɛ 'bɛnɛ]
gustar (vi)	piacere (vi)	[pja'tʃɛrɛ]

precio (m)	prezzo (m)	['prɛtsɔ]
etiqueta (f) de precio	etichetta (f) del prezzo	[ɛti'ketta dɛʎ 'prɛtsɔ]
costar (vt)	costare (vt)	[kɔs'tarɛ]
¿Cuánto?	Quanto?	[ku'antɔ]
descuento (m)	sconto (m)	['skɔntɔ]

no costoso (adj)	no muy caro	[nɔ muj 'karɔ]
barato (adj)	a buon mercato	[a bu'ɔn mɛr'katɔ]
caro (adj)	caro	['karɔ]
Es caro	È caro	[ɛ 'karɔ]
alquiler (m)	noleggio (m)	[nɔ'lɛdʒɔ]
alquilar (vt)	noleggiare (vt)	[nɔle'dʒarɛ]

| crédito (m) | credito (m) | ['krɛdito] |
| a crédito (adv) | a credito | [a 'krɛdito] |

80. El dinero

dinero (m)	soldi (m pl)	['sɔʎdi]
cambio (m)	cambio (m)	['kambɔ]
curso (m)	corso (m) di cambio	['kɔrsɔ di 'kambɔ]
cajero (m) automático	bancomat (m)	['baŋkomat]
moneda (f)	moneta (f)	[mɔ'nɛta]

| dólar (m) | dollaro (m) | ['doʎarɔ] |
| euro (m) | euro (m) | ['ɛurɔ] |

lira (f)	lira (f)	['lira]
marco (m) alemán	marco (m)	['markɔ]
franco (m)	franco (m)	['fraŋkɔ]
libra esterlina (f)	sterlina (f)	[stɛr'lina]
yen (m)	yen (m)	[jen]

deuda (f)	debito (m)	['dɛbito]
deudor (m)	debitore (m)	[dɛbi'tɔrɛ]
prestar (vt)	prestare (vt)	[pres'tarɛ]
tomar prestado	prendere in prestito	['prɛndɛrɛ in 'prɛstito]

banco (m)	banca (f)	['baŋka]
cuenta (f)	conto (m)	['kɔntɔ]
ingresar en la cuenta	versare sul conto	[vɛr'sare suʎ 'kɔntɔ]
sacar de la cuenta	prelevare dal conto	[prɛle'varɛ daʎ 'kɔntɔ]

tarjeta (f) de crédito	carta (f) di credito	['karta di 'krɛditɔ]
dinero (m) en efectivo	contanti (m pl)	[kɔn'tanti]
cheque (m)	assegno (m)	[as'sɛɲɔ]
sacar un cheque	emettere un assegno	[ɛ'mɛttɛrɛ un as'sɛɲɔ]
talonario (m)	libretto (m) di assegni	[lib'rɛtto di as'sɛɲi]

cartera (f)	portafoglio (m)	[porta'foʎɔ]
monedero (m)	borsellino (m)	[borsɛl'lino]
portamonedas (m)	portamonete (m)	[portamo'nɛtɛ]
caja (f) fuerte	cassaforte (f)	[kassa'fɔrtɛ]

heredero (m)	erede (m)	[ɛ'rɛdɛ]
herencia (f)	eredità (f)	[ɛrɛdi'ta]
fortuna (f)	fortuna (f)	[for'tuna]

arriendo (m)	affitto (m)	[af'fitto]
alquiler (m) (dinero)	affitto (m)	[af'fitto]
alquilar (~ una casa)	affittare (vt)	[affit'tarɛ]

precio (m)	prezzo (m)	['prɛtsɔ]
coste (m)	costo (m), prezzo (m)	['kɔstɔ], ['prɛtsɔ]
suma (f)	somma (f)	['somma]
gastar (vt)	spendere (vt)	['spɛndɛrɛ]
gastos (m pl)	spese (f pl)	['spɛzɛ]

economizar (vi, vt)	economizzare (vi, vt)	[ɛkɔnɔmi'dzarɛ]
económico (adj)	economico	[ɛkɔ'nɔmikɔ]
pagar (vi, vt)	pagare (vi, vt)	[pa'garɛ]
pago (m)	pagamento (m)	[paga'mɛntɔ]
cambio (m) (devolver el ~)	resto (m)	['rɛstɔ]
impuesto (m)	imposta (f)	[im'pɔsta]
multa (f)	multa (f), ammenda (f)	['muʎta], [am'mɛnda]
multar (vt)	multare (vt)	[muʎ'tarɛ]

81. La oficina de correos

oficina (f) de correos	posta (f), ufficio (m) postale	['pɔsta], [uf'fitʃɔ pɔs'talɛ]
correo (m) (cartas, etc.)	posta (f)	['pɔsta]
cartero (m)	postino (m)	[pɔs'tinɔ]
horario (m) de apertura	orario (m) di apertura	[ɔ'rariɔ di apɛr'tura]
carta (f)	lettera (f)	['lɛttɛra]
carta (f) certificada	raccomandata (f)	[rakkɔman'data]
tarjeta (f) postal	cartolina (f)	[kartɔ'lina]
telegrama (m)	telegramma (m)	[tɛleg'ramma]
paquete (m) postal	pacco (m) postale	['pakkɔ pɔs'talɛ]
giro (m) postal	vaglia (m) postale	['vaʎja pɔs'talɛ]
recibir (vt)	ricevere (vt)	[ri'tʃevɛrɛ]
enviar (vt)	spedire (vt)	[spɛ'dirɛ]
envío (m)	invio (m)	[in'wiɔ]
dirección (f)	indirizzo (m)	[indi'rittsɔ]
código (m) postal	codice (m) postale	['kɔditʃe pɔs'talɛ]
expedidor (m)	mittente (m)	[mit'tɛntɛ]
destinatario (m)	destinatario (m)	[dɛstina'tariɔ]
nombre (m)	nome (m)	['nɔmɛ]
apellido (m)	cognome (m)	[kɔ'ɲɔmɛ]
tarifa (f)	tariffa (f)	[ta'riffa]
ordinario (adj)	ordinario	[ɔrdi'nariɔ]
económico (adj)	standard	['standar]
peso (m)	peso (m)	['pɛzɔ]
pesar (~ una carta)	pesare (vt)	[pɛ'zarɛ]
sobre (m)	busta (f)	['busta]
sello (m)	francobollo (m)	[fraŋkɔ'bɔllɔ]

La vivienda. La casa. El hogar

82. La casa. La vivienda

casa (f)	casa (f)	['kaza]
en casa (adv)	a casa	[a 'kaza]
patio (m)	cortile (m)	[kɔr'tile]
verja (f)	recinto (m)	[rɛ'tʃinto]
ladrillo (m)	mattone (m)	[mat'tonɛ]
de ladrillo (adj)	di mattoni	[di mat'toni]
piedra (f)	pietra (f)	['pjetra]
de piedra (adj)	di pietra	[di 'pjetra]
hormigón (m)	beton (m)	[bɛ'ton]
de hormigón (adj)	di beton	[di bɛ'ton]
nuevo (adj)	nuovo	[nu'ɔvo]
viejo (adj)	vecchio	['vɛkkio]
deteriorado (adj)	fatiscente	[fati'ʃɛntɛ]
moderno (adj)	moderno	[mo'dɛrno]
de muchos pisos	a molti piani	[a 'mɔʎti 'pjani]
alto (adj)	alto	['aʎto]
piso (m)	piano (m)	['pjano]
de un solo piso	di un piano	[di un 'pjano]
piso (m) bajo	pianoterra (m)	[pjano'tɛrra]
piso (m) alto	ultimo piano (m)	['uʎtimo pi'ano]
techo (m)	tetto (m)	['tɛtto]
chimenea (f)	ciminiera (f)	[tʃimi'njera]
tejas (f pl)	tegola (f)	['tɛgoʎa]
de tejas (adj)	di tegole	[di 'tɛgole]
desván (m)	soffitta (f)	[sof'fitta]
ventana (f)	finestra (f)	[fi'nɛstra]
vidrio (m)	vetro (m)	['vɛtro]
alféizar (m)	davanzale (m)	[davan'tsale]
contraventanas (f pl)	imposte (f pl)	[im'postɛ]
pared (f)	muro (m)	['muro]
balcón (m)	balcone (m)	[baʎ'konɛ]
gotera (f)	tubo (m) pluviale	['tubo ply'viale]
arriba (estar ~)	su, di sopra	[su], [di 'sopra]
subir (vi)	andare di sopra	[an'darɛ di 'sopra]
descender (vi)	scendere (vi)	['ʃɛndɛrɛ]
mudarse (vr)	trasferirsi (vr)	[trasfɛ'rirsi]

83. La casa. La entrada. El ascensor

entrada (f)	entrata (f)	[ɛntˈrata]
escalera (f)	scala (f)	[ˈskaʎa]
escalones (m)	gradini (m pl)	[graˈdini]
baranda (f)	ringhiera (f)	[rinʰˈera]
vestíbulo (m)	hall (f)	[ɔʎ]
buzón (m)	cassetta (f) della posta	[kasˈsɛtta ˈdeʎa ˈposta]
contenedor (m) de basura	secchio (m) della spazzatura	[ˈsɛkkiɔ ˈdeʎa spatsaˈtura]
bajante (f) de basura	scivolo (m) per la spazzatura	[ˈʃivɔlɔ per ʎa spatsaˈtura]
ascensor (m)	ascensore (m)	[aʃenˈsɔrɛ]
ascensor (m) de carga	montacarichi (m)	[montaˈkariki]
cabina (f)	cabina (f) di ascensore	[kaˈbina dɛ aʃenˈsɔrɛ]
ir en el ascensor	prendere l'ascensore	[ˈprɛndɛrɛ ʎaʃenˈsɔrɛ]
apartamento (m)	appartamento (m)	[appartaˈmɛntɔ]
inquilinos (m)	inquilini (m pl)	[inkuiˈlini]
vecinos (m pl)	vicini (m pl)	[wiˈtʃini]

84. La casa. Las puertas. Los candados

puerta (f)	porta (f)	[ˈpɔrta]
portón (m)	cancello (m)	[kanˈtʃɛllɔ]
tirador (m)	maniglia (f)	[maˈniʎja]
abrir el cerrojo	togliere il catenaccio	[ˈtoʎjerɛ iʎ katɛˈnatʃɔ]
abrir (vt)	aprire (vt)	[apˈrirɛ]
cerrar (vt)	chiudere (vt)	[ˈkjydɛrɛ]
llave (f)	chiave (f)	[ˈkjavɛ]
manojo (m) de llaves	mazzo (m)	[ˈmatsɔ]
crujir (vi)	cigolare (vi)	[tʃigoˈʎarɛ]
crujido (m)	cigolio (m)	[tʃigoˈliɔ]
gozne (m)	cardine (m)	[ˈkardinɛ]
felpudo (m)	zerbino (m)	[dzɛrˈbinɔ]
cerradura (f)	serratura (f)	[sɛrraˈtura]
ojo (m) de cerradura	buco (m) della serratura	[ˈbukɔ ˈdeʎa sɛrraˈtura]
cerrojo (m)	chiavistello (m)	[kjawisˈtɛllɔ]
pestillo (m)	catenaccio (m)	[katɛˈnatʃɔ]
candado (m)	lucchetto (m)	[lykˈkɛttɔ]
tocar el timbre	suonare (vt)	[suɔˈnarɛ]
campanillazo (f)	suono (m)	[suˈɔnɔ]
timbre (m)	campanello (m)	[kampaˈnɛllɔ]
botón (m)	pulsante (m)	[puʎˈsantɛ]
llamada (f) (golpes)	bussata (f)	[busˈsata]
llamar (golpear)	bussare (vi)	[busˈsarɛ]
código (m)	codice (m)	[ˈkɔditʃe]
cerradura (f) de contraseña	serratura (f) a codice	[sɛrraˈtura a ˈkɔditʃe]

telefonillo (m)	citofono (m)	[ʧi'tɔfɔnɔ]
número (m)	numero (m)	['numɛrɔ]
placa (f) de puerta	targhetta (f)	[tar'getta]
mirilla (f)	spioncino (m)	[spiɔn'ʧinɔ]

85. La casa de campo

aldea (f)	villaggio (m)	[wi'ʎadʒɔ]
huerta (f)	orto (m)	['ɔrtɔ]
empalizada (f)	recinto (m)	[rɛ'ʧintɔ]
valla (f)	steccato (m)	[stɛk'katɔ]
puertecilla (f)	cancelletto (m)	[kanʧel'lɛttɔ]
granero (m)	granaio (m)	[gra'najo]
sótano (m)	cantina (f), scantinato (m)	[kan'tina], [skanti'natɔ]
cobertizo (m)	capanno (m)	[ka'paŋɔ]
pozo (m)	pozzo (m)	['pɔʦɔ]
estufa (f)	stufa (f)	['stufa]
calentar la estufa	attizzare (vt)	[atti'dzarɛ]
leña (f)	legna (f) da ardere	['leɲja da 'ardɛrɛ]
leño (m)	ciocco (m)	['ʧɔkkɔ]
veranda (f)	veranda (f)	[vɛ'randa]
terraza (f)	terrazza (f)	[tɛr'raʦa]
porche (m)	scala (f) d'ingresso	['skaʎa diŋ'rɛssɔ]
columpio (m)	altalena (f)	[aʎta'lena]

86. El castillo. El palacio

castillo (m)	castello (m)	[kas'tɛllɔ]
palacio (m)	palazzo (m)	[pa'ʎaʦɔ]
fortaleza (f)	fortezza (f)	[for'tɛʦa]
muralla (f)	muro (m)	['murɔ]
torre (f)	torre (f)	['tɔrrɛ]
torre (f) principal	torre (f) principale	['tɔrrɛ prinʧi'pale]
rastrillo (m)	saracinesca (f)	[saraʧi'nɛska]
pasaje (m) subterráneo	tunnel (m)	['tuŋɛl]
foso (m) del castillo	fossato (m)	[fɔs'satɔ]
cadena (f)	catena (f)	[ka'tɛna]
aspillera (f)	feritoia (f)	[fɛri'tɔja]
magnífico (adj)	magnifico	[ma'ɲifikɔ]
majestuoso (adj)	maestoso	[maɛs'tɔzɔ]
inexpugnable (adj)	inespugnabile	[inɛspu'ɲjabile]
caballeresco (adj)	cavalleresco	[kavalle'rɛskɔ]
medieval (adj)	medievale	[mɛdiɛ'vale]

87. El apartamento

apartamento (m)	appartamento (m)	[apparta'mɛnto]
habitación (f)	camera (f), stanza (f)	['kamɛra], ['stantsa]
dormitorio (m)	camera (f) da letto	['kamɛra da 'lettɔ]
comedor (m)	sala (f) da pranzo	['saʎa da 'prantsɔ]
salón (m)	salotto (m)	[sa'lɔttɔ]
despacho (m)	studio (m)	['studiɔ]
antecámara (f)	ingresso (m)	[iŋ'rɛssɔ]
cuarto (m) de baño	bagno (m)	['baɲ'ɔ]
servicio (m)	gabinetto (m)	[gabi'nɛttɔ]
techo (m)	soffitto (m)	[sof'fittɔ]
suelo (m)	pavimento (m)	[pawi'mɛntɔ]
rincón (m)	angolo (m)	['aŋɔlɔ]

88. El apartamento. La limpieza

hacer la limpieza	pulire (vt)	[pu'lirɛ]
quitar (retirar)	mettere via	['mɛttɛrɛ 'wia]
polvo (m)	polvere (f)	['pɔʎvɛrɛ]
polvoriento (adj)	impolverato	[impoʎve'ratɔ]
limpiar el polvo	spolverare (vt)	[spoʎve'rarɛ]
aspirador (m)	aspirapolvere (m)	[aspira'pɔʎvɛrɛ]
limpiar con la aspiradora	passare l'aspirapolvere	[pas'sarɛ ʎaspira'pɔʎvɛrɛ]
barrer (vi, vt)	spazzare (vi, vt)	[spa'tsarɛ]
barreduras (f pl)	spazzatura (f)	[spatsa'tura]
orden (m)	ordine (m)	['ɔrdinɛ]
desorden (m)	disordine (m)	[di'sɔrdinɛ]
fregona (f)	frettazzo (m)	[frɛt'tatsɔ]
trapo (m)	strofinaccio (m)	[strofi'natʃɔ]
escoba (f)	scopa (f)	['skɔpa]
cogedor (m)	paletta (f)	[pa'letta]

89. Los muebles. El interior

muebles (m pl)	mobili (m pl)	['mɔbili]
mesa (f)	tavolo (m)	['tavɔlɔ]
silla (f)	sedia (f)	['sɛdia]
cama (f)	letto (m)	['lettɔ]
sofá (m)	divano (m)	[di'vanɔ]
sillón (m)	poltrona (f)	[poʎt'rona]
librería (f)	libreria (f)	[librɛ'ria]
estante (m)	ripiano (m)	[ri'pjanɔ]
estantería (f)	scaffale (m)	[ska'falɛ]
armario (m)	armadio (m)	[ar'madiɔ]
percha (f)	attaccapanni (m) da parete	[attakka'paɲi da pa'rɛtɛ]

perchero (m) de pie	appendiabiti (m) da terra	[apendi'abiti da tɛrra]
cómoda (f)	comò (m)	[kɔ'mɔ]
mesa (f) de café	tavolino (m) da salotto	[tavo'lina da sa'lɔttɔ]

espejo (m)	specchio (m)	['spɛkkiɔ]
tapiz (m)	tappeto (m)	[tap'pɛtɔ]
alfombra (f)	tappetino (m)	[tap'pɛtinɔ]

chimenea (f)	camino (m)	[ka'minɔ]
candela (f)	candela (f)	[kan'dɛʎa]
candelero (m)	candeliere (m)	[kandɛ'ʎjerɛ]

cortinas (f pl)	tende (f pl)	['tɛndɛ]
empapelado (m)	carta (f) da parati	['karta da pa'rati]
estor (m) de láminas	tende (f pl) alla veneziana	['tɛndɛ aʎa vɛnɛtsi'ana]

lámpara (f) de mesa	lampada (f) da tavolo	['ʎampada da 'tavɔlɔ]
candil (m)	lampada (f) da parete	['ʎampada da pa'rɛtɛ]
lámpara (f) de pie	lampada (f) a stelo	['ʎampada a 'stɛlɔ]
lámpara (f) de araña	lampadario (m)	[ʎampa'dariɔ]

pata (f) (~ de la mesa)	gamba (f)	['gamba]
brazo (m)	bracciolo (m)	['bratʃɔlɔ]
espaldar (m)	spalliera (f)	[spa'ʎjera]
cajón (m)	cassetto (m)	[kas'sɛttɔ]

90. Los accesorios de la cama

ropa (f) de cama	biancheria (f) da letto	[bˈaŋke'ria da 'lɛttɔ]
almohada (f)	cuscino (m)	[ku'ʃinɔ]
funda (f)	federa (f)	['fɛdɛra]
manta (f)	coperta (f)	[kɔ'pɛrta]
sábana (f)	lenzuolo (m)	[lentsu'ɔlɔ]
sobrecama (f)	copriletto (m)	[kɔpri'lettɔ]

91. La cocina

cocina (f)	cucina (f)	[ku'tʃina]
gas (m)	gas (m)	[gas]
cocina (f) de gas	fornello (m) a gas	[for'nɛllo a gas]
cocina (f) eléctrica	fornello (m) elettrico	[for'nɛllo ɛ'lettrikɔ]
horno (m)	forno (m)	['fornɔ]
horno (m) microondas	forno (m) a microonde	['fornɔ a mikrɔ'ɔndɛ]

frigorífico (m)	frigorifero (m)	[frigo'rifɛrɔ]
congelador (m)	congelatore (m)	[kondʒeʎa'tɔrɛ]
lavavajillas (m)	lavastoviglie (f)	[ʎavastɔ'wiʎje]

picadora (f) de carne	tritacarne (m)	[trita'karnɛ]
exprimidor (m)	spremifrutta (m)	[sprɛmif'rutta]
tostador (m)	tostapane (m)	[tɔsta'panɛ]
batidora (f)	mixer (m)	['miksɛr]

cafetera (f) (preparar café)	macchina (f) da caffè	['makkina da kaf'fɛ]
cafetera (f) (servir café)	caffettiera (f)	[kaffɛt't'era]
molinillo (m) de café	macinacaffè (m)	[matʃinakaf'fɛ]
hervidor (m) de agua	bollitore (m)	[bɔlli'tɔrɛ]
tetera (f)	teiera (f)	[tɛ'jera]
tapa (f)	coperchio (m)	[kɔ'pɛrkiɔ]
colador (m) de té	colino (m) da tè	[kɔ'linɔ da tɛ]
cuchara (f)	cucchiaio (m)	[kuk'kjajo]
cucharilla (f)	cucchiaino (m) da tè	[kukkia'inɔ da 'tɛ]
cuchara (f) de sopa	cucchiaio (m)	[kuk'kjajo]
tenedor (m)	forchetta (f)	[for'kɛtta]
cuchillo (m)	coltello (m)	[kɔʎ'tɛllo]
vajilla (f)	stoviglie (f pl)	[stɔ'wiʎje]
plato (m)	piatto (m)	['pjattɔ]
platillo (m)	piattino (m)	[pjat'tinɔ]
vaso (m) de chupito	bicchiere (m) da vino	[bik'kjerɛ da 'winɔ]
vaso (m) (~ de agua)	bicchiere (m)	[bik'kjerɛ]
taza (f)	tazzina (f)	[ta'tsina]
azucarera (f)	zuccheriera (f)	[dzukkɛ'rjera]
salero (m)	saliera (f)	[sa'ʎjera]
pimentero (m)	pepiera (f)	[pɛpi'ɛra]
mantequera (f)	burriera (f)	[bur'rjera]
cacerola (f)	pentola (f)	['pɛntoʎa]
sartén (f)	padella (f)	[pa'dɛʎa]
cucharón (m)	mestolo (m)	['mɛstolo]
colador (m)	colapasta (m)	[kɔʎa'pasta]
bandeja (f)	vassoio (m)	[vas'sojo]
botella (f)	bottiglia (f)	[bɔt'tiʎja]
tarro (m) de vidrio	barattolo (m) di vetro	[ba'rattolo di 'vɛtrɔ]
lata (f) de hojalata	latta (f), lattina (f)	['ʎatta], [lat'tina]
abrebotellas (m)	apribottiglie (m)	[apribɔt'tiʎje]
abrelatas (m)	apriscatole (m)	[apris'katole]
sacacorchos (m)	cavatappi (m)	[kava'tappi]
filtro (m)	filtro (m)	['fiʎtrɔ]
filtrar (vt)	filtrare (vt)	[fiʎt'rarɛ]
basura (f)	spazzatura (f)	[spatsa'tura]
cubo (m) de basura	pattumiera (f)	[pattu'mjera]

92. El baño

cuarto (m) de baño	bagno (m)	['baɲɔ]
agua (f)	acqua (f)	['akua]
grifo (m)	rubinetto (m)	[rubi'nɛttɔ]
agua (f) caliente	acqua (f) calda	['akua 'kaʎda]
agua (f) fría	acqua (f) fredda	['akua 'frɛdda]

| pasta (f) de dientes | dentifricio (m) | [dɛntif'ritʃɔ] |
| limpiarse los dientes | lavarsi i denti | [ʎa'varsi i 'dɛnti] |

afeitarse (vr)	rasarsi (vr)	[ra'zarsi]
espuma (f) de afeitar	schiuma (f) da barba	[ski'juma da 'barba]
maquinilla (f) de afeitar	rasoio (m)	[ra'zɔjo]

lavar (vt)	lavare (vt)	[ʎa'varɛ]
darse un baño	fare un bagno	['farɛ un 'baɲɔ]
ducha (f)	doccia (f)	['dotʃa]
darse una ducha	fare una doccia	['farɛ una 'dotʃa]

baño (m)	vasca (f) da bagno	['vaska da 'baɲɔ]
inodoro (m)	water (m)	['vatɛr]
lavabo (m)	lavandino (m)	[ʎavan'dino]

| jabón (m) | sapone (m) | [sa'pɔnɛ] |
| jabonera (f) | porta (m) sapone | ['pɔrta sa'pɔnɛ] |

esponja (f)	spugna (f)	['spuɲja]
champú (m)	shampoo (m)	['ʃampɔ]
toalla (f)	asciugamano (m)	[aʃuga'manɔ]
bata (f) de baño	accappatoio (m)	[akkappa'tojo]

colada (f), lavado (m)	bucato (m)	[bu'kato]
lavadora (f)	lavatrice (f)	[ʎavat'ritʃe]
lavar la ropa	fare il bucato	['farɛ iʎ bu'kato]
detergente (m) en polvo	detersivo (m) per il bucato	[dɛtɛr'sivɔ pɛr iʎ bu'kato]

93. Los aparatos domésticos

televisor (m)	televisore (m)	[tɛlewi'zɔrɛ]
magnetófono (m)	registratore (m) a nastro	[rɛdʒistra'torɛ a 'nastrɔ]
vídeo (m)	videoregistratore (m)	[widɛɔrɛdʒistra'torɛ]
radio (f)	radio (f)	['radiɔ]
reproductor (m) (~ MP3)	lettore (m)	[let'tɔrɛ]

proyector (m) de vídeo	videoproiettore (m)	[widɛɔprɔjet'tɔrɛ]
sistema (m) home cinema	home cinema (m)	['ɔum 'tʃinɛma]
reproductor DVD (m)	lettore (m) DVD	[let'tɔrɛ divu'di]
amplificador (m)	amplificatore (m)	[amplifika'torɛ]
videoconsola (f)	console (f) video giochi	['kɔnsole 'widɛɔ 'dʒɔki]

cámara (f) de vídeo	videocamera (f)	[widɛɔ'kamɛra]
cámara (f) fotográfica	macchina (f) fotografica	['makkina fotɔg'rafika]
cámara (f) digital	fotocamera (f) digitale	[fotɔ'kamɛra didʒi'tale]

aspirador (m)	aspirapolvere (m)	[aspira'pɔʎvɛrɛ]
plancha (f)	ferro (m) da stiro	['fɛrrɔ da 'stirɔ]
tabla (f) de planchar	asse (f) da stiro	['assɛ da 'stirɔ]

teléfono (m)	telefono (m)	[tɛ'lefono]
teléfono (m) móvil	telefonino (m)	[tɛlefo'nino]
máquina (f) de escribir	macchina (f) da scrivere	['makkina da 'skrivɛrɛ]

máquina (f) de coser	**macchina** (f) **da cucire**	['makkina da ku'ʧirɛ]
micrófono (m)	**microfono** (m)	[mik'rɔfɔnɔ]
auriculares (m pl)	**cuffia** (f)	['kuffia]
mando (m) a distancia	**telecomando** (m)	[tɛlekɔ'mandɔ]
CD (m)	**CD** (m)	[ʧi'di]
casete (m)	**cassetta** (f)	[kas'sɛtta]
disco (m) de vinilo	**disco** (m)	['diskɔ]

94. Los arreglos. La renovación

renovación (f)	**lavori** (m pl) **di restauro**	[la'vori di rɛs'tauro]
renovar (vt)	**rinnovare** (vt)	[rinɔ'varɛ]
reparar (vt)	**riparare** (vt)	[ripa'rarɛ]
poner en orden	**mettere in ordine**	['mɛttɛrɛ in 'ordinɛ]
rehacer (vt)	**rifare** (vt)	[ri'farɛ]
pintura (f)	**vernice** (f), **pittura** (f)	[vɛr'niʧɛ], [pit'tura]
pintar (las paredes)	**pitturare** (vt)	[pittu'rarɛ]
pintor (m)	**imbianchino** (m)	[imbja'ŋkino]
brocha (f)	**pennello** (m)	[pɛ'ŋɛllo]
cal (f)	**imbiancatura** (f)	[imbjaŋka'tura]
encalar (vt)	**imbiancare** (vt)	[imbja'ŋkarɛ]
empapelado (m)	**carta** (f) **da parati**	['karta da pa'rati]
empapelar (vt)	**tappezzare** (vt)	[tappɛ'tsarɛ]
barniz (m)	**vernice** (f)	[vɛr'niʧe]
cubrir con barniz	**verniciare** (vt)	[vɛrni'ʧarɛ]

95. La plomería

agua (f)	**acqua** (f)	['akua]
agua (f) caliente	**acqua** (f) **calda**	['akua 'kaʎda]
agua (f) fría	**acqua** (f) **fredda**	['akua 'frɛdda]
grifo (m)	**rubinetto** (m)	[rubi'nɛttɔ]
gota (f)	**goccia** (f)	['gɔʧa]
gotear (el grifo)	**gocciolare** (vi)	[gɔʧɔ'ʎarɛ]
gotear (cañería)	**perdere** (vi)	['pɛrdɛrɛ]
escape (f) de agua	**perdita** (f)	['pɛrdita]
charco (m)	**pozza** (f)	['pɔtsa]
tubo (m)	**tubo** (m)	['tubɔ]
válvula (f)	**valvola** (f)	['vaʎvɔʎa]
estar atascado	**intasarsi** (vr)	[inta'zarsi]
instrumentos (m pl)	**strumenti** (m pl)	[stru'mɛnti]
llave (f) inglesa	**chiave** (f) **inglese**	[ki'javɛ iŋ'lezɛ]
destornillar (vt)	**svitare** (vt)	[zwi'tarɛ]
atornillar (vt)	**avvitare** (vt)	[avwi'tarɛ]
desatascar (vt)	**stasare** (vt)	[sta'zarɛ]

fontanero (m)	idraulico (m)	[id'rauliko]
sótano (m)	seminterrato (m)	[sɛminter'rato]
alcantarillado (m)	fognatura (f)	[foɲja'tura]

96. El fuego. El Incendio

fuego (m)	fuoco (m)	[fu'ɔko]
llama (f)	fiamma (f)	['fjamma]
chispa (f)	scintilla (f)	[ʃin'tiʎa]
humo (m)	fumo (m)	['fumo]
antorcha (f)	fiaccola (f)	['fjakkoʎa]
hoguera (f)	falò (m)	[fa'lɔ]

gasolina (f)	benzina (f)	[ben'dzina]
queroseno (m)	cherosene (m)	[kɛro'zɛnɛ]
inflamable (adj)	combustibile	[kombus'tibile]
explosivo (adj)	esplosivo	[ɛsplo'zivo]
PROHIBIDO FUMAR	VIETATO FUMARE!	[vje'tato fu'marɛ]

seguridad (f)	sicurezza (f)	[siku'rɛtsa]
peligro (m)	pericolo (m)	[pɛ'rikolo]
peligroso (adj)	pericoloso	[pɛriko'lɔzo]

prenderse fuego	prendere fuoco	['prɛndɛrɛ fu'ɔko]
explosión (f)	esplosione (f)	[ɛsplozi'onɛ]
incendiar (vt)	incendiare (vt)	[intʃen'diarɛ]
incendiario (m)	incendiario (m)	[intʃendi'ario]
incendio (m) provocado	incendio (m) doloso	[in'tʃendio do'lɔzo]

estar en llamas	divampare (vi)	[divam'parɛ]
arder (vi)	bruciare (vi)	[bru'tʃarɛ]
incendiarse (vr)	bruciarsi (vr)	[bru'tʃarsi]

llamar a los bomberos	chiamare i pompieri	[kja'marɛ i pom'pjeri]
bombero (m)	pompiere (m)	[pom'pjerɛ]
coche (m) de bomberos	autopompa (f)	[auto'pompa]
cuerpo (m) de bomberos	corpo (m) dei pompieri	['korpo dɛi pom'pjeri]
escalera (f) de bomberos	autoscala (f) da pompieri	[autos'kala da pom'pjeri]

manguera (f)	manichetta (f)	[mani'kɛtta]
extintor (m)	estintore (m)	[ɛstin'torɛ]
casco (m)	casco (m)	['kasko]
sirena (f)	sirena (f)	[si'rɛna]

gritar (vi)	gridare (vi)	[gri'darɛ]
pedir socorro	chiamare in aiuto	[kja'marɛ in a'juto]
socorrista (m)	soccorritore (m)	[sokkorri'torɛ]
salvar (vt)	salvare (vt)	[saʎ'varɛ]

llegar (vi)	arrivare (vi)	[arri'varɛ]
apagar (~ el incendio)	spegnere (vt)	['spɛɲjerɛ]
agua (f)	acqua (f)	['akua]
arena (f)	sabbia (f)	['sabbja]
ruinas (f pl)	rovine (f pl)	[ro'winɛ]

colapsarse (vr)	**crollare** (vi)	[krɔ'ʎarɛ]
hundirse (vr)	**cadere** (vi)	[ka'dɛrɛ]
derrumbarse (vr)	**collassare** (vi)	[koʎa'sarɛ]
trozo (m) (~ del muro)	**frammento** (m)	[fram'mɛntɔ]
ceniza (f)	**cenere** (f)	['ʧɛnɛrɛ]
morir asfixiado	**asfissiare** (vi)	[asfis'sjarɛ]
perecer (vi)	**morire, perire** (vi)	[mo'rirɛ], [pɛ'rirɛ]

LAS ACTIVIDADES DE LA GENTE

El trabajo. Los negocios. Unidad 1

97. La banca

banco (m)	banca (f)	['baŋka]
sucursal (f)	filiale (f)	[fili'ale]
asesor (m) (~ fiscal)	consulente (m)	[kɔnsu'lentɛ]
gerente (m)	direttore (m)	[dirɛt'tɔrɛ]
cuenta (f)	conto (m) bancario	['kɔntɔ ba'ŋkariɔ]
numero (m) de la cuenta	numero (m) del conto	['numɛrɔ dɛʎ 'kɔntɔ]
cuenta (f) corriente	conto (m) corrente	['kɔntɔ kɔr'rɛntɛ]
cuenta (f) de ahorros	conto (m) di risparmio	['kɔntɔ di ris'parmiɔ]
abrir una cuenta	aprire un conto	[ap'rirɛ un 'kɔntɔ]
cerrar la cuenta	chiudere il conto	['kjydɛrɛ iʎ 'kɔntɔ]
ingresar en la cuenta	versare sul conto	[vɛr'sarɛ suʎ 'kɔntɔ]
sacar de la cuenta	prelevare dal conto	[prɛle'varɛ daʎ 'kɔntɔ]
depósito (m)	deposito (m)	[dɛ'pozitɔ]
hacer un depósito	depositare (vt)	[dɛpozi'tarɛ]
giro (m) bancario	trasferimento (m) telegrafico	[trasfɛri'mɛntɔ tɛleg'rafikɔ]
hacer un giro	rimettere i soldi	[ri'mɛttɛrɛ i 'soʎdi]
suma (f)	somma (f)	['sɔmma]
¿Cuánto?	Quanto?	[ku'antɔ]
firma (f) (nombre)	firma (f)	['firma]
firmar (vt)	firmare (vt)	[fir'marɛ]
tarjeta (f) de crédito	carta (f) di credito	['karta di 'krɛditɔ]
código (m)	codice (m)	['kɔditʃe]
número (m) de tarjeta	numero (m)	['numɛrɔ
de crédito	della carta di credito	'dɛʎa 'karta di 'krɛditɔ]
cajero (m) automático	bancomat (m)	['baŋkɔmat]
cheque (m)	assegno (m)	[as'sɛɲɔ]
sacar un cheque	emettere un assegno	[ɛ'mɛttɛrɛ un as'sɛɲɔ]
talonario (m)	libretto (m) di assegni	[lib'rɛttɔ di as'sɛɲi]
crédito (m)	prestito (m)	['prɛstitɔ]
pedir el crédito	fare domanda	['farɛ dɔ'manda
	per un prestito	pɛr un 'prɛstitɔ]
obtener un crédito	ottenere un prestito	[ɔttɛ'nɛrɛ un 'prɛstitɔ]
conceder un crédito	concedere un prestito	[kɔn'tʃedɛrɛ un 'prɛstitɔ]
garantía (f)	garanzia (f)	[garan'ʦia]

98. El teléfono. Las conversaciones telefónicas

teléfono (m)	telefono (m)	[tɛ'lefɔnɔ]
teléfono (m) móvil	telefonino (m)	[tɛlefo'ninɔ]
contestador (m)	segreteria (f) telefonica	[sɛgrɛtɛ'ria tɛle'fɔnika]
llamar, telefonear	telefonare (vi, vt)	[tɛlefo'narɛ]
llamada (f)	chiamata (f)	[kja'mata]
marcar un número	comporre un numero	[kɔm'pɔrrɛ un 'numɛrɔ]
¿Sí?, ¿Dígame?	Pronto!	['prɔntɔ]
preguntar (vt)	chiedere, domandare	['kjedɛrɛ], [dɔman'darɛ]
responder (vi, vt)	rispondere (vi, vt)	[ris'pɔndɛrɛ]
oír (vt)	udire, sentire (vt)	[u'dirɛ], [sɛn'tirɛ]
bien (adv)	bene	['bɛnɛ]
mal (adv)	male	['male]
ruidos (m pl)	disturbi (m pl)	[dis'turbi]
auricular (m)	cornetta (f)	[kɔr'nɛtta]
descolgar (el teléfono)	alzare la cornetta	[aʎ'tsarɛ ʎa kɔr'nɛtta]
colgar el auricular	riattaccare la cornetta	[riattak'karɛ ʎa kɔr'nɛtta]
ocupado (adj)	occupato	[ɔkku'patɔ]
sonar (teléfono)	squillare (vi)	[skui'ʎarɛ]
guía (f) de teléfonos	elenco (m) telefonico	[ɛ'leŋkɔ tɛle'fɔnikɔ]
local (adj)	locale	[lɔ'kale]
de larga distancia	interurbano	[intɛrur'banɔ]
internacional (adj)	internazionale	[intɛrnatsˈɔ'nale]

99. El teléfono celular

teléfono (m) móvil	telefonino (m)	[tɛlefo'ninɔ]
pantalla (f)	schermo (m)	['skɛrmɔ]
botón (m)	tasto (m)	['tastɔ]
tarjeta SIM (f)	scheda SIM (f)	['skɛda 'sim]
pila (f)	pila (f)	['piʎa]
descargarse (vr)	essere scarico	['ɛssɛrɛ 'skarikɔ]
cargador (m)	caricabatteria (m)	[karikabattɛ'ria]
menú (m)	menù (m)	[me'nu]
preferencias (f pl)	impostazioni (f pl)	[impostaˈtsˈɔni]
melodía (f)	melodia (f)	[mɛlɔ'dia]
seleccionar (vt)	scegliere (vt)	['ʃɛʎjerɛ]
calculadora (f)	calcolatrice (f)	[kaʎkɔʎat'ritʃe]
contestador (m)	segreteria (f) telefonica	[sɛgrɛtɛ'ria tɛle'fɔnika]
despertador (m)	sveglia (f)	['zvɛʎja]
contactos (m pl)	contatti (m pl)	[kɔn'tatti]
mensaje (m) de texto	messaggio (m) SMS	[mes'sadʒɔ ɛsɛ'mɛsɛ]
abonado (m)	abbonato (m)	[abbɔ'natɔ]

100. Los artículos de escritorio

bolígrafo (m)	**penna** (f) **a sfera**	[peɲa a 'sfɛra]
pluma (f) estilográfica	**penna** (f) **stilografica**	['pɛɲa stilɔg'rafika]
lápiz (f)	**matita** (f)	[ma'tita]
marcador (m)	**evidenziatore** (m)	[ɛwidɛntsja'torɛ]
rotulador (m)	**pennarello** (m)	[pɛɲa'rɛllɔ]
bloc (m) de notas	**taccuino** (m)	[takku'inɔ]
agenda (f)	**agenda** (f)	[a'dʒɛnda]
regla (f)	**righello** (m)	[ri'gɛllɔ]
calculadora (f)	**calcolatrice** (f)	[kaʎkoʎat'ritʃe]
goma (f) de borrar	**gomma** (f) **per cancellare**	['gɔmma pɛr kantʃe'ʎarɛ]
chincheta (f)	**puntina** (f)	[pun'tina]
clip (m)	**graffetta** (f)	[graf'fɛtta]
pegamento (m)	**colla** (f)	['kɔʎa]
grapadora (f)	**pinzatrice** (f)	[pintsat'ritʃe]
perforador (m)	**perforatrice** (f)	[pɛrforat'ritʃɛ]
sacapuntas (m)	**temperamatite** (m)	[tɛmpɛrama'titɛ]

El trabajo. Los negocios. Unidad 2

101. Los medios masivos

periódico (m)	giornale (m)	[dʒor'nale]
revista (f)	rivista (f)	[ri'wista]
prensa (f)	stampa (f)	['stampa]
radio (f)	radio (f)	['radiɔ]
estación (f) de radio	stazione (f) radio	[sta'tsʲɔnɛ 'radiɔ]
televisión (f)	televisione (f)	[tɛlewizi'ɔnɛ]
presentador (m)	presentatore (m)	[prɛzɛnta'torɛ]
presentador (m) de noticias	annunciatore (m)	[aɲuntʃa'tɔrɛ]
comentarista (m)	commentatore (m)	[kɔmmɛnta'torɛ]
periodista (m)	giornalista (m)	[dʒorna'lista]
corresponsal (m)	corrispondente (m)	[korrispon'dɛntɛ]
corresponsal (m) fotográfico	fotocronista (m)	[fotokrɔ'nista]
reportero (m)	cronista (m)	[krɔ'nista]
redactor (m)	redattore (m)	[rɛdat'torɛ]
redactor jefe (m)	redattore capo (m)	[rɛdat'tɔrɛ 'kapɔ]
suscribirse (vr)	abbonarsi a ...	[abbɔ'narsi]
suscripción (f)	abbonamento (m)	[abbona'mɛntɔ]
suscriptor (m)	abbonato (m)	[abbɔ'natɔ]
leer (vi, vt)	leggere (vi, vt)	['lɛdʒɛrɛ]
lector (m)	lettore (m)	[let'tɔrɛ]
tirada (f)	tiratura (f)	[tira'tura]
mensual (adj)	mensile	[men'sile]
semanal (adj)	settimanale	[sɛttima'nale]
número (m)	numero (m)	['numɛrɔ]
nuevo (~ número)	fresco (m)	['frɛskɔ]
titular (m)	testata (f)	[tɛs'tata]
noticia (f)	trafiletto (m)	[trafi'lettɔ]
columna (f)	rubrica (f)	[rub'rika]
artículo (m)	articolo (m)	[ar'tikɔlɔ]
página (f)	pagina (f)	['padʒina]
reportaje (m)	servizio (m)	[sɛr'witsʲɔ]
evento (m)	evento (m)	[ɛ'vɛntɔ]
sensación (f)	sensazione (f)	[sɛnsa'tsʲɔnɛ]
escándalo (m)	scandalo (m)	['skandalɔ]
escandaloso (adj)	scandaloso	[skanda'lɔzɔ]
gran (~ escándalo)	enorme, grande	[ɛ'nɔrmɛ], ['grandɛ]
emisión (f)	trasmissione (f)	[trazmissi'ɔnɛ]
entrevista (f)	intervista (f)	[intɛr'wista]

| transmisión (f) en vivo | trasmissione (f) in diretta | [trazmissi'ɔnɛ in di'rɛtta] |
| canal (m) | canale (m) | [ka'nale] |

102. La agricultura

agricultura (f)	agricoltura (f)	[agrikoʎ'tura]
campesino (m)	contadino (m)	[kɔnta'dinɔ]
campesina (f)	contadina (f)	[kɔnta'dina]
granjero (m)	fattore (m)	[fat'tɔrɛ]

| tractor (m) | trattore (m) | [trat'tɔrɛ] |
| cosechadora (f) | mietitrebbia (f) | [mjetit'rɛbbʲa] |

arado (m)	aratro (m)	[a'ratrɔ]
arar (vi, vt)	arare (vt)	[a'rarɛ]
labrado (m)	terreno (m) coltivato	[tɛr'rɛnɔ kɔʎti'vatɔ]
surco (m)	solco (m)	['sɔʎkɔ]

sembrar (vi, vt)	seminare (vt)	[sɛmi'narɛ]
sembradora (f)	seminatrice (f)	[sɛminat'ritʃe]
siembra (f)	semina (f)	['sɛmina]

| guadaña (f) | falce (f) | ['faʎtʃɛ] |
| segar (vi, vt) | falciare (vt) | [faʎ'tʃarɛ] |

| pala (f) | pala (f) | ['paʎa] |
| layar (vt) | scavare (vt) | [ska'varɛ] |

azada (f)	zappa (f)	['tsappa]
sachar, escardar	zappare (vt)	[tsap'parɛ]
mala hierba (f)	erbaccia (f)	[ɛr'batʃa]

regadera (f)	innaffiatoio (m)	[iɲaffja'tɔjo]
regar (plantas)	innaffiare (vt)	[iɲafˈfʲarɛ]
riego (m)	innaffiamento (m)	[iɲaffʲa'mɛntɔ]

| horquilla (f) | forca (f) | ['fɔrka] |
| rastrillo (m) | rastrello (m) | [rast'rɛllɔ] |

fertilizante (m)	concime (m)	[kɔn'tʃimɛ]
abonar (vt)	concimare (vt)	[kɔntʃi'marɛ]
estiércol (m)	letame (m)	[le'tamɛ]

campo (m)	campo (m)	['kampɔ]
prado (m)	prato (m)	['pratɔ]
huerta (f)	orto (m)	['ɔrtɔ]
jardín (m)	frutteto (m)	[frut'tɛtɔ]

pacer (vt)	pascolare (vt)	[paskɔ'larɛ]
pastor (m)	pastore (m)	[pas'tɔrɛ]
pastadero (m)	pascolo (m)	['paskɔlɔ]

| ganadería (f) | allevamento (m) di bestiame | [alleva'mɛntɔ di bɛs'tʲamɛ] |
| cría (f) de ovejas | allevamento (m) di pecore | [alleva'mɛntɔ di 'pɛkɔrɛ] |

plantación (f)	**piantagione** (f)	[pjanta'dʒɔnɛ]
hilera (f) (~ de cebollas)	**filare** (m)	[fi'ʎarɛ]
invernadero (m)	**serra** (f) **da orto**	['sɛrra da 'ɔrtɔ]
sequía (f)	**siccità** (f)	[sitʃi'ta]
seco, árido (adj)	**secco, arido**	['sɛkkɔ], ['arridɔ]
cereales (m pl)	**cereali** (m pl)	[tʃerɛ'ali]
recolectar (vt)	**raccogliere** (vt)	[rak'koʎjerɛ]
molinero (m)	**mugnaio** (m)	[mu'ɲjajo]
molino (m)	**mulino** (m)	[mu'linɔ]
moler (vt)	**macinare** (vt)	[matʃi'narɛ]
harina (f)	**farina** (f)	[fa'rina]
paja (f)	**paglia** (f)	['paʎja]

103. La construcción. Los métodos de construcción

obra (f)	**cantiere** (m) **edile**	[kan'tʲerɛ 'ɛdile]
construir (vt)	**costruire** (vt)	[kɔstru'irɛ]
albañil (m)	**operaio** (m) **edile**	[opɛ'rajo ɛ'dile]
proyecto (m)	**progetto** (m)	[prɔ'dʒettɔ]
arquitecto (m)	**architetto** (m)	[arki'tɛttɔ]
obrero (m)	**operaio** (m)	[opɛ'rajo]
cimientos (m pl)	**fondamenta** (f pl)	[fɔnda'mɛnta]
techo (m)	**tetto** (m)	['tɛttɔ]
pila (f) de cimentación	**palo** (m) **di fondazione**	['palɔ di fɔnda'tsʲɔnɛ]
muro (m)	**muro** (m)	['murɔ]
armadura (f)	**barre** (f pl) **di rinforzo**	['barrɛ di rin'fortsɔ]
andamio (m)	**impalcatura** (f)	[impaʎka'tura]
hormigón (m)	**beton** (m)	[bɛ'tɔn]
granito (m)	**granito** (m)	[gra'nitɔ]
piedra (f)	**pietra** (f)	['pjetra]
ladrillo (m)	**mattone** (m)	[mat'tɔnɛ]
arena (f)	**sabbia** (f)	['sabbja]
cemento (m)	**cemento** (m)	[tʃe'mɛntɔ]
estuco (m)	**intonaco** (m)	[in'tɔnakɔ]
estucar (vt)	**intonacare** (vt)	[intɔna'karɛ]
pintura (f)	**pittura** (f)	[pit'tura]
pintar (las paredes)	**pitturare** (vt)	[pittu'rarɛ]
barril (m)	**botte** (f)	['bɔttɛ]
grúa (f)	**gru** (f)	[gru]
levantar (vt)	**sollevare** (vt)	[sɔlle'varɛ]
bajar (vt)	**abbassare** (vt)	[abbas'sarɛ]
bulldózer (m)	**bulldozer** (m)	[buʎdɔ'dzɛr]
excavadora (f)	**scavatrice** (f)	[skavat'ritʃe]
cuchara (f)	**cucchiaia** (f)	[kuk'kjaja]

cavar (vt)	**scavare** (vt)	[ska'varɛ]
casco (m)	**casco** (m)	['kaskɔ]

Las profesiones y los oficios

104. La búsqueda de trabajo. El despido del trabajo

trabajo (m)	lavoro (m)	[ʎa'voro]
personal (m)	organico (m)	[ɔr'ganiko]
carrera (f)	carriera (f)	[kar'rjera]
perspectiva (f)	prospettiva (f)	[prɔspɛt'tiva]
maestría (f)	abilità (f pl)	[abili'ta]
selección (f)	selezione (f)	[sɛle'tsjɔnɛ]
agencia (f) de empleo	agenzia (f) di collocamento	[adʒen'tsia di kɔllɔka'mento]
curriculum vitae (m)	curriculum vitae (f)	[kur'rikulym 'witɛ]
entrevista (f)	colloquio (m)	[kɔl'lɔkuiɔ]
vacancia (f)	posto (m) vacante	['posto va'kantɛ]
salario (m)	salario (m)	[sa'ʎariɔ]
salario (m) fijo	stipendio (m) fisso	[sti'pendiɔ 'fissɔ]
remuneración (f)	compenso (m)	[kɔm'pɛnsɔ]
puesto (m) (trabajo)	carica (f)	['karika]
deber (m)	mansione (f)	[mansi'ɔnɛ]
gama (f) de deberes	mansioni (f pl) di lavoro	[mansi'ɔni di ʎa'vɔrɔ]
ocupado (adj)	occupato	[ɔkku'patɔ]
despedir (vt)	licenziare (vt)	[litʃentsi'arɛ]
despido (m)	licenziamento (m)	[litʃentsia'mentɔ]
desempleo (m)	disoccupazione (f)	[disɔkkupa'tsjɔnɛ]
desempleado (m)	disoccupato (m)	[disɔkku'patɔ]
jubilación (f)	pensionamento (m)	[pensiɔna'mentɔ]
jubilarse	andare in pensione	[an'darɛ in pensi'ɔnɛ]

105. Los negociantes

director (m)	direttore (m)	[dirɛt'tɔrɛ]
gerente (m)	dirigente (m)	[diri'dʒentɛ]
jefe (m)	capo (m)	['kapɔ]
superior (m)	capo (m), superiore (m)	['kapɔ], [supɛ'riɔrɛ]
superiores (m pl)	capi (m pl)	['kapi]
presidente (m)	presidente (m)	[prɛzi'dentɛ]
presidente (m) (de compañía)	presidente (m)	[prɛzi'dentɛ]
adjunto (m)	vice (m)	['witʃe]
asistente (m)	assistente (m)	[assis'tentɛ]
secretario, -a (m, f)	segretario (m)	[sɛgrɛ'tariɔ]

secretario (m) particular	assistente (m) personale	[assis'tɛntɛ pɛrsɔ'nalɛ]
hombre (m) de negocios	uomo (m) d'affari	[u'ɔmɔ daf'fari]
emprendedor (m)	imprenditore (m)	[imprɛndi'tɔrɛ]
fundador (m)	fondatore (m)	[fɔnda'tɔrɛ]
fundar (vt)	fondare (vt)	[fon'darɛ]
institutor (m)	socio (m)	['sɔtʃɔ]
compañero (m)	partner (m)	['partnɛr]
accionista (m)	azionista (m)	[atsiɔ'nista]
millonario (m)	milionario (m)	[miʎɔ'nariɔ]
multimillonario (m)	miliardario (m)	[miʎ'ar'dariɔ]
propietario (m)	proprietario (m)	[propriɛ'tariɔ]
terrateniente (m)	latifondista (m)	[ʎatifɔn'dista]
cliente (m)	cliente (m)	[kli'ɛntɛ]
cliente (m) habitual	cliente (m) abituale	[kli'ɛntɛ abitu'alɛ]
comprador (m)	compratore (m)	[kɔmpra'tɔrɛ]
visitante (m)	visitatore (m)	[wizita'tɔrɛ]
profesional (m)	professionista (m)	[profɛssiɔ'nista]
experto (m)	esperto (m)	[ɛs'pɛrtɔ]
especialista (m)	specialista (m)	[spɛtʃa'lista]
banquero (m)	banchiere (m)	[ban'kjɛrɛ]
broker (m)	broker (m)	['brɔkɛr]
cajero (m)	cassiere (m)	[kas'sjɛrɛ]
contable (m)	contabile (m)	[kɔn'tabile]
guardia (m) de seguridad	guardia (f) giurata	[gu'ardia dʒu'rata]
inversionista (m)	investitore (m)	[invɛsti'tɔrɛ]
deudor (m)	debitore (m)	[dɛbi'tɔrɛ]
acreedor (m)	creditore (m)	[krɛdi'tɔrɛ]
prestatario (m)	mutuatario (m)	[mutua'tariɔ]
importador (m)	importatore (m)	[importa'tɔrɛ]
exportador (m)	esportatore (m)	[ɛsporta'tɔrɛ]
productor (m)	produttore (m)	[prɔdut'tɔrɛ]
distribuidor (m)	distributore (m)	[distribu'tɔrɛ]
intermediario (m)	intermediario (m)	[intɛrmɛdi'ariɔ]
asesor (m) (~ fiscal)	consulente (m)	[kɔnsu'lɛntɛ]
representante (m)	rappresentante (m)	[rapprɛzɛn'tantɛ]
agente (m)	agente (m)	[a'dʒɛntɛ]
agente (m) de seguros	assicuratore (m)	[assikura'tɔrɛ]

106. Los trabajos de servicio

cocinero (m)	cuoco (m)	[ku'ɔkɔ]
jefe (m) de cocina	capocuoco (m)	[kapoku'ɔkɔ]
panadero (m)	fornaio (m)	[for'najo]
barman (m)	barista (m)	[ba'rista]

| camarero (m) | cameriere (m) | [kamɛ'rjerɛ] |
| camarera (f) | cameriera (f) | [kamɛ'rjera] |

abogado (m)	avvocato (m)	[avvɔ'katɔ]
jurista (m)	esperto (m) legale	[ɛs'pertɔ le'galɛ]
notario (m)	notaio (m)	[nɔ'tajo]

electricista (m)	elettricista (m)	[ɛlettri'ʧista]
fontanero (m)	idraulico (m)	[id'raulikɔ]
carpintero (m)	falegname (m)	[fale'ɲjamɛ]

masajista (m)	massaggiatore (m)	[massadʒa'torɛ]
masajista (f)	massaggiatrice (f)	[massadʒat'riʧe]
médico (m)	medico (m)	['mɛdikɔ]

taxista (m)	taxista (m)	[tak'sista]
chófer (m)	autista (m)	[au'tista]
repartidor (m)	fattorino (m)	[fattɔ'rinɔ]

camarera (f)	cameriera (f)	[kamɛ'rjera]
guardia (m) de seguridad	guardia (f) giurata	[gu'ardia dʒu'rata]
azafata (f)	hostess (f)	['ɔstɛss]

profesor (m) (~ de baile, etc.)	insegnante (m, f)	[insɛ'ɲjantɛ]
bibliotecario (m)	bibliotecario (m)	[bibliotɛ'kariɔ]
traductor (m)	traduttore (m)	[tradut'torɛ]
intérprete (m)	interprete (m)	[in'tɛrprɛtɛ]
guía (m)	guida (f)	[gu'ida]

peluquero (m)	parrucchiere (m)	[parruk'kjerɛ]
cartero (m)	postino (m)	[pɔs'tinɔ]
vendedor (m)	commesso (m)	[kɔm'messɔ]

jardinero (m)	giardiniere (m)	[dʒardi'ɲjerɛ]
servidor (m)	domestico (m)	[dɔ'mɛstikɔ]
criada (f)	domestica (f)	[dɔ'mɛstika]
mujer (f) de la limpieza	donna (f) delle pulizie	['dɔɲa 'dɛlle puli'ʦiɛ]

107. La profesión militar y los rangos

soldado (m) raso	soldato (m) semplice	[sɔʎ'datɔ 'sɛmpliʧɛ]
sargento (m)	sergente (m)	[sɛr'dʒentɛ]
teniente (m)	tenente (m)	[tɛ'nɛntɛ]
capitán (m)	capitano (m)	[kapi'tanɔ]

mayor (m)	maggiore (m)	[ma'dʒorɛ]
coronel (m)	colonnello (m)	[kɔlɔ'ɲɛllɔ]
general (m)	generale (m)	[dʒenɛ'ralɛ]
mariscal (m)	maresciallo (m)	[marɛ'ʃallɔ]
almirante (m)	ammiraglio (m)	[ammi'raʎɔ]

militar (m)	militare (m)	[mili'tarɛ]
soldado (m)	soldato (m)	[sɔʎ'datɔ]
oficial (m)	ufficiale (m)	[uffi'ʧale]

comandante (m)	comandante (m)	[kɔman'dantɛ]
guardafronteras (m)	guardia (f) di frontiera	[gu'ardia di frɔn'tʲera]
radio-operador (m)	marconista (m)	[markɔ'nista]
explorador (m)	esploratore (m)	[ɛsplɔra'tɔrɛ]
zapador (m)	geniere (m)	[dʒeni'erɛ]
tirador (m)	tiratore (m)	[tira'tɔrɛ]
navegador (m)	navigatore (m)	[nawiga'tɔrɛ]

108. Los oficiales. Los sacerdotes

| rey (m) | re (m) | [rɛ] |
| reina (f) | regina (f) | [rɛ'dʒina] |

| príncipe (m) | principe (m) | ['printʃipɛ] |
| princesa (f) | principessa (f) | [printʃi'pɛssa] |

| zar (m) | zar (m) | [tsar] |
| zarina (f) | zarina (f) | [tsa'rina] |

presidente (m)	presidente (m)	[prɛzi'dɛntɛ]
ministro (m)	ministro (m)	[mi'nistrɔ]
primer ministro (m)	primo ministro (m)	['primo mi'nistrɔ]
senador (m)	senatore (m)	[sɛna'tɔrɛ]

diplomático (m)	diplomatico (m)	[diplɔ'matikɔ]
cónsul (m)	console (m)	['kɔnsɔle]
embajador (m)	ambasciatore (m)	[ambaʃa'tɔrɛ]
consejero (m)	consigliere (m)	[kɔnsi'ʎjerɛ]

funcionario (m)	funzionario (m)	[funtsiɔ'nariɔ]
prefecto (m)	prefetto (m)	[prɛ'fɛttɔ]
alcalde (m)	sindaco (m)	['sindakɔ]

| juez (m) | giudice (m) | ['dʒuditʃe] |
| fiscal (m) | procuratore (m) | [prɔkura'tɔrɛ] |

misionero (m)	missionario (m)	[missiɔ'nariɔ]
monje (m)	monaco (m)	['mɔnakɔ]
abad (m)	abate (m)	[a'batɛ]
rabino (m)	rabbino (m)	[rab'binɔ]

visir (m)	visir (m)	[wi'zir]
sha (m), shah (m)	scià (m)	['ʃa]
jeque (m)	sceicco (m)	[ʃɛ'ikkɔ]

109. Las profesiones agrícolas

apicultor (m)	apicoltore (m)	[apikɔʎ'tɔrɛ]
pastor (m)	pastore (m)	[pas'tɔrɛ]
agrónomo (m)	agronomo (m)	[ag'rɔnɔmɔ]
ganadero (m)	allevatore (m) di bestiame	[alleva'tɔrɛ di bɛs'tʲamɛ]
veterinario (m)	veterinario (m)	[vɛtɛri'nariɔ]

granjero (m)	fattore (m)	[fatˈtɔrɛ]
vinicultor (m)	vinificatore (m)	[winifikaˈtɔrɛ]
zoólogo (m)	zoologo (m)	[dzɔˈɔlɔgɔ]
cowboy (m)	cowboy (m)	[kauˈbɔj]

110. Las profesiones artísticas

actor (m)	attore (m)	[atˈtɔrɛ]
actriz (f)	attrice (f)	[attˈritʃe]
cantante (m)	cantante (m)	[kanˈtantɛ]
cantante (f)	cantante (f)	[kanˈtantɛ]
bailarín (m)	danzatore (m)	[dantsaˈtɔrɛ]
bailarina (f)	ballerina (f)	[balleˈrina]
artista (m)	artista (m)	[arˈtista]
artista (f)	artista (f)	[arˈtista]
músico (m)	musicista (m)	[muziˈtʃista]
pianista (m)	pianista (m)	[piaˈnista]
guitarrista (m)	chitarrista (m)	[kitarˈrista]
director (m) de orquesta	direttore (m) d'orchestra	[dirɛtˈtɔrɛ dorˈkɛstra]
compositor (m)	compositore (m)	[kɔmpoziˈtɔrɛ]
empresario (m)	impresario (m)	[imprɛˈzariɔ]
director (m) de cine	regista (m)	[rɛˈdʒista]
productor (m)	produttore (m)	[produtˈtɔrɛ]
guionista (m)	sceneggiatore (m)	[ʃenedʒaˈtɔrɛ]
crítico (m)	critico (m)	[ˈkritikɔ]
escritor (m)	scrittore (m)	[skritˈtɔrɛ]
poeta (m)	poeta (m)	[pɔˈɛta]
escultor (m)	scultore (m)	[skuʎˈtɔrɛ]
pintor (m)	pittore (m)	[pitˈtɔrɛ]
malabarista (m)	giocoliere (m)	[dʒokoˈʎjerɛ]
payaso (m)	pagliaccio (m)	[paˈʎjatʃo]
acróbata (m)	acrobata (m)	[akˈrobata]
ilusionista (m)	prestigiatore (m)	[prɛstidʒaˈtɔrɛ]

111. Profesiones diversas

médico (m)	medico (m)	[ˈmɛdikɔ]
enfermera (f)	infermiera (f)	[infɛrˈmjera]
psiquiatra (m)	psichiatra (m)	[psikiˈatra]
estomatólogo (m)	dentista (m)	[dɛnˈtista]
cirujano (m)	chirurgo (m)	[kiˈrurgɔ]
astronauta (m)	astronauta (m)	[astrɔˈnauta]
astrónomo (m)	astronomo (m)	[astˈrɔnɔmɔ]

conductor (m) (chófer)	**autista** (m)	[auˈtista]
maquinista (m)	**macchinista** (m)	[makkiˈnista]
mecánico (m)	**meccanico** (m)	[mɛkˈkaniko]
minero (m)	**minatore** (m)	[minaˈtorɛ]
obrero (m)	**operaio** (m)	[ɔpɛˈrajo]
cerrajero (m)	**operaio** (m) **metallurgico**	[ɔpeˈrajo metalˈlurʤiko]
carpintero (m)	**falegname** (m)	[faleˈɲjamɛ]
tornero (m)	**tornitore** (m)	[torniˈtorɛ]
albañil (m)	**operaio** (m) **edile**	[ɔpɛˈrajo ɛˈdile]
soldador (m)	**saldatore** (m)	[saʎdaˈtorɛ]
profesor (m) (título)	**professore** (m)	[profɛsˈsorɛ]
arquitecto (m)	**architetto** (m)	[arkiˈtɛtto]
historiador (m)	**storico** (m)	[ˈstoriko]
científico (m)	**scienziato** (m)	[ʃiɛntsiˈato]
físico (m)	**fisico** (m)	[ˈfiziko]
químico (m)	**chimico** (m)	[ˈkimiko]
arqueólogo (m)	**archeologo** (m)	[arkɛˈɔlogɔ]
geólogo (m)	**geologo** (m)	[ʤeˈɔlogɔ]
investigador (m)	**ricercatore** (m)	[riʧerkaˈtorɛ]
niñera (f)	**baby-sitter** (f)	[bɛbiˈsitɛr]
pedagogo (m)	**insegnante** (m, f)	[insɛˈɲjantɛ]
redactor (m)	**redattore** (m)	[rɛdatˈtorɛ]
redactor jefe (m)	**redattore capo** (m)	[rɛdatˈtorɛ ˈkapo]
corresponsal (m)	**corrispondente** (m)	[korrispɔnˈdɛntɛ]
mecanógrafa (f)	**dattilografa** (f)	[dattiˈlɔgrafa]
diseñador (m)	**designer** (m)	[diˈzajnɛr]
especialista (m) en ordenadores	**esperto** (m) **informatico**	[ɛsˈpɛrtɔ infɔrˈmatiko]
programador (m)	**programmatore** (m)	[prɔgrammaˈtorɛ]
ingeniero (m)	**ingegnere** (m)	[inʤeˈɲjerɛ]
marino (m)	**marittimo** (m)	[maˈrittimɔ]
marinero (m)	**marinaio** (m)	[mariˈnajo]
socorrista (m)	**soccorritore** (m)	[sɔkkɔrriˈtorɛ]
bombero (m)	**pompiere** (m)	[pɔmˈpjerɛ]
policía (m)	**poliziotto** (m)	[politsiˈɔttɔ]
vigilante (m) nocturno	**guardiano** (m)	[guardiˈano]
detective (m)	**detective** (m)	[dɛˈtɛktiv]
aduanero (m)	**doganiere** (m)	[dɔgaˈɲjerɛ]
guardaespaldas (m)	**guardia** (f) **del corpo**	[guˈardia dɛʎ ˈkorpo]
guardia (m) de prisiones	**guardia** (f) **carceraria**	[guˈardia karʧeˈraria]
inspector (m)	**ispettore** (m)	[ispɛtˈtorɛ]
deportista (m)	**sportivo** (m)	[sporˈtivo]
entrenador (m)	**allenatore** (m)	[allenaˈtorɛ]
carnicero (m)	**macellaio** (m)	[matʃeˈʎajo]
zapatero (m)	**calzolaio** (m)	[kaʎtsoˈʎajo]
comerciante (m)	**uomo** (m) **d'affari**	[uˈomo dafˈfari]

cargador (m)	caricatore (m)	[karika'tɔrɛ]
diseñador (m) de modas	stilista (m)	[sti'lista]
modelo (f)	modella (f)	[mɔ'dɛʎa]

112. Los trabajos. El estatus social

| escolar (m) | scolaro (m) | [skɔ'ʎarɔ] |
| estudiante (m) | studente (m) | [stu'dɛntɛ] |

filósofo (m)	filosofo (m)	[fi'lɜzɔfɔ]
economista (m)	economista (m)	[ɛkɔnɔ'mista]
inventor (m)	inventore (m)	[invɛn'tɔrɛ]

desempleado (m)	disoccupato (m)	[disɔkku'patɔ]
jubilado (m)	pensionato (m)	[pɛnsiɔ'natɔ]
espía (m)	spia (f)	['spia]

prisionero (m)	detenuto (m)	[dɛtɛ'nutɔ]
huelguista (m)	scioperante (m)	[ʃɔpɛ'rantɛ]
burócrata (m)	burocrate (m)	[bu'rɔkratɛ]
viajero (m)	viaggiatore (m)	[wiadʒa'tɔrɛ]

homosexual (m)	omosessuale (m)	[ɔmɔsɛssu'ale]
pirata (m) informático	hacker (m)	['akɛr]
hippie (m)	hippy	['ippi]

bandido (m)	bandito (m)	[ban'ditɔ]
sicario (m)	sicario (m)	[si'kariɔ]
drogadicto (m)	drogato (m)	[drɔ'gatɔ]
narcotraficante (m)	trafficante (m) di droga	[traffi'kantɛ di 'drɔga]
prostituta (f)	prostituta (f)	[prɔsti'tuta]
chulo (m), proxeneta (m)	magnaccia (m)	[ma'ɲjatʃa]

brujo (m)	stregone (m)	[strɛ'gɔnɛ]
bruja (f)	strega (f)	['strɛga]
pirata (m)	pirata (m)	[pi'rata]
esclavo (m)	schiavo (m)	['skjavɔ]
samurai (m)	samurai (m)	[samu'raj]
salvaje (m)	selvaggio (m)	[sɛʎ'vadʒɔ]

Los deportes

113. Tipos de deportes. Deportistas

deportista (m)	sportivo (m)	[spor'tivo]
tipo (m) de deporte	sport (m)	[sport]
baloncesto (m)	pallacanestro (m)	[paʎaka'nɛstrɔ]
baloncestista (m)	cestista (m)	[ʧes'tista]
béisbol (m)	baseball (m)	['bɛjzbɔl]
beisbolista (m)	giocatore (m) di baseball	[dʒoka'tɔrɛ di 'bɛjzbɔl]
fútbol (m)	calcio (m)	['kaʎʧo]
futbolista (m)	calciatore (m)	[kaʎʧa'tɔrɛ]
portero (m)	portiere (m)	[por'tʲerɛ]
hockey (m)	hockey (m)	['ɔkkɛj]
jugador (m) de hockey	hockeista (m)	[ɔkkɛ'ista]
voleibol (m)	pallavolo (m)	[paʎa'vɔlɔ]
voleibolista (m)	pallavolista (m)	[paʎavɔ'lista]
boxeo (m)	pugilato (m)	[pudʒi'ʎatɔ]
boxeador (m)	pugile (m)	['pudʒile]
lucha (f)	lotta (f)	['lɔtta]
luchador (m)	lottatore (m)	[lɔtta'tɔrɛ]
kárate (m)	karate (m)	[ka'ratɛ]
karateka (m)	karateka (m)	[kara'tɛka]
judo (m)	judo (m)	['dʒudɔ]
judoka (m)	judoista (m)	[dʒudɔ'ista]
tenis (m)	tennis (m)	['tɛɲis]
tenista (m)	tennista (m)	[tɛ'ɲista]
natación (f)	nuoto (m)	[nu'ɔtɔ]
nadador (m)	nuotatore (m)	[nuɔta'tɔrɛ]
esgrima (f)	scherma (f)	['skɛrma]
esgrimidor (m)	schermitore (m)	[skɛrmi'tɔrɛ]
ajedrez (m)	scacchi (m pl)	['skakki]
ajedrecista (m)	scacchista (m)	[skak'kista]
alpinismo (m)	alpinismo (m)	[aʎpi'nizmɔ]
alpinista (m)	alpinista (m)	[aʎpi'nista]
carrera (f)	corsa (f)	['kɔrsa]

corredor (m)	corridore (m)	[korri'dorɛ]
atletismo (m)	atletica (f) leggera	[at'letika le'dʒera]
atleta (m)	atleta (m)	[at'leta]

| deporte (m) hípico | ippica (f) | ['ippika] |
| jinete (m) | fantino (m) | [fan'tino] |

patinaje (m) artístico	pattinaggio (m) artistico	[patti'nadʒo ar'tistiko]
patinador (m)	pattinatore (m)	[pattina'torɛ]
patinadora (f)	pattinatrice (f)	[pattinat'ritʃe]

levantamiento (m) de pesas	pesistica (f)	[pɛ'zistika]
carreras (f pl) de coches	automobilismo (m)	[automobi'lizmo]
piloto (m) de carreras	pilota (m)	[pi'lota]

| ciclismo (m) | ciclismo (m) | [tʃik'lizmo] |
| ciclista (m) | ciclista (m) | [tʃik'lista] |

salto (m) de longitud	salto (m) in lungo	['saʎto in 'lyŋo]
salto (m) con pértiga	salto (m) con l'asta	['saʎto kon 'ʎasta]
saltador (m)	saltatore (m)	[saʎta'torɛ]

114. Tipos de deportes. Miscelánea

fútbol (m) americano	football (m) americano	['futboʎ amɛri'kano]
bádminton (m)	badminton (m)	['badminton]
biatlón (m)	biathlon (m)	['biatlən]
billar (m)	biliardo (m)	[bi'ʎardo]

bobsleigh (m)	bob (m)	[bob]
culturismo (m)	culturismo (m)	[kuʎtu'rizmo]
waterpolo (m)	pallanuoto (m)	[paʎanu'oto]
balonmano (m)	pallamano (m)	[paʎa'mano]
golf (m)	golf (m)	[goʎf]

remo (m)	canottaggio (m)	[kanot'tadʒo]
buceo (m)	immersione (f) subacquea	[immɛrsi'onɛ su'bakvɛa]
esquí (m) de fondo	sci (m) di fondo	[ɕi di 'fondo]
tenis (m) de mesa	tennis (m) da tavolo	['tɛnis da 'tavolo]

vela (f)	vela (f)	['vɛʎa]
rally (m)	rally (m)	['rɛlli]
rugby (m)	rugby (m)	['ragbi]
snowboarding (m)	snowboard (m)	['znoubord]
tiro (m) con arco	tiro (m) con l'arco	['tiro kon 'ʎarko]

115. El gimnasio

barra (f) de pesas	bilanciere (m)	[biʎan'tʃerɛ]
pesas (f pl)	manubri (m pl)	[ma'nubri]
aparato (m) de ejercicios	attrezzo (m) sportivo	[att'rɛtso spor'tivo]
bicicleta (f) estática	cyclette (f)	[sik'lett]

cinta (f) de correr	tapis roulant (m)	[tapiru'ʎan]
barra (f) fija	sbarra (f)	['zbarra]
barras (f pl) paralelas	parallele (f pl)	[paral'lele]
potro (m)	cavallo (m)	[ka'vallɔ]
colchoneta (f)	materassino (m)	[matɛras'sinɔ]
comba (f)	corda (f) per saltare	['kɔrda pɛr saʎ'tarɛ]
aeróbica (f)	aerobica (f)	[aɛ'rɔbika]
yoga (m)	yoga (m)	['joga]

116. Los deportes. Miscelánea

Juegos (m pl) Olímpicos	Giochi (m pl) Olimpici	['dʒɔki ɔ'limpitʃi]
vencedor (m)	vincitore (m)	[wintʃi'tɔrɛ]
vencer (vi)	ottenere la vittoria	[ɔttɛ'nɛrɛ ʎa wit'tɔrija]
ganar (vi)	vincere (vi)	['wintʃɛrɛ]
líder (m)	leader (m), capo (m)	['lidɛr], ['kapɔ]
llevar la delantera	essere alla guida	['ɛssɛrɛ 'aʎa gu'ida]
primer puesto (m)	primo posto (m)	['primɔ 'pɔstɔ]
segundo puesto (m)	secondo posto (m)	[sɛ'kɔndɔ 'pɔstɔ]
tercer puesto (m)	terzo posto (m)	['tɛrtsɔ 'pɔstɔ]
medalla (f)	medaglia (f)	[mɛ'daʎja]
trofeo (m)	trofeo (m)	[trɔ'fɛɔ]
copa (f) (trofeo)	coppa (f)	['kɔppa]
premio (m)	premio (m)	['prɛmiɔ]
premio (m) principal	primo premio (m)	['primɔ 'prɛmiɔ]
record (m)	record (m)	['rɛkɔrd]
establecer un record	stabilire un record	[stabi'lirɛ un 'rɛkɔrd]
final (m)	finale (m)	[fi'nale]
de final (adj)	finale	[fi'nale]
campeón (m)	campione (m)	[kampi'ɔnɛ]
campeonato (m)	campionato (m)	[kampio'natɔ]
estadio (m)	stadio (m)	['stadiɔ]
gradería (f)	tribuna (f)	[tri'buna]
hincha (m)	tifoso (m), fan (m)	[ti'fɔzɔ], [fan]
adversario (m)	avversario (m)	[avvɛr'sariɔ]
arrancadero (m)	partenza (f)	[par'tɛntsa]
línea (f) de meta	traguardo (m)	[tragu'ardɔ]
derrota (f)	sconfitta (f)	[skɔn'fitta]
perder (vi)	perdere (vt)	['pɛrdɛrɛ]
árbitro (m)	arbitro (m)	['arbitrɔ]
jurado (m)	giuria (f)	[dʒu'ria]
cuenta (f)	punteggio (m)	[pun'tɛdʒɔ]
empate (m)	pareggio (m)	[pa'rɛdʒɔ]

empatar (vi)	**pareggiare** (vi)	[parɛ'dʒarɛ]
punto (m)	**punto** (m)	['puntɔ]
resultado (m)	**risultato** (m)	[rizuʎ'tatɔ]
descanso (m)	**intervallo** (m)	[intɛr'vallɔ]
droga (f), doping (m)	**doping** (m)	['dɔpiŋ]
penalizar (vt)	**penalizzare** (vt)	[penali'dzarɛ]
descalificar (vt)	**squalificare** (vt)	[skualifi'karɛ]
aparato (m)	**attrezzatura** (f)	[attrɛtsa'tura]
jabalina (f)	**giavellotto** (m)	[dʒavɛl'lɔttɔ]
peso (m) (lanzamiento de ~)	**peso** (m)	['pɛzɔ]
bola (f) (billar, etc.)	**biglia** (f)	['biʎja]
objetivo (m)	**obiettivo** (m)	[ɔbjet'tivɔ]
blanco (m)	**bersaglio** (m)	[bɛr'saʎɔ]
tirar (vi)	**sparare** (vi)	[spa'rarɛ]
preciso (~ disparo)	**preciso**	[prɛ'tʃizɔ]
entrenador (m)	**allenatore** (m)	[allena'torɛ]
entrenar (vt)	**allenare** (vt)	[alle'narɛ]
entrenarse (vr)	**allenarsi** (vr)	[alle'narsi]
entrenamiento (m)	**allenamento** (m)	[allena'mɛntɔ]
gimnasio (m)	**palestra** (f)	[pa'lestra]
ejercicio (m)	**esercizio** (m)	[ɛzɛr'tʃitsiɔ]
calentamiento (m)	**riscaldamento** (m)	[riskaʎda'mɛntɔ]

La educación

117. La escuela

| escuela (f) | scuola (f) | [skuˈɔʎa] |
| director (m) de escuela | direttore (m) di scuola | [diretˈtɔrɛ di skuˈɔʎa] |

alumno (m)	allievo (m)	[aˈʎjevɔ]
alumna (f)	allieva (f)	[aˈʎjeva]
escolar (m)	scolaro (m)	[skɔˈʎarɔ]
escolar (f)	scolara (f)	[skɔˈʎara]

enseñar (vt)	insegnare	[insɛˈɲjarɛ]
aprender (ingles, etc.)	imparare (vt)	[impaˈrarɛ]
aprender de memoria	imparare a memoria	[impaˈrarɛ a mɛˈmɔria]

aprender (a leer, etc.)	studiare (vi)	[studiˈarɛ]
estar en la escuela	frequentare la scuola	[frɛkuɛnˈtarɛ la skuˈɔʎa]
ir a la escuela	andare a scuola	[anˈdarɛ a skuˈɔʎa]

| alfabeto (m) | alfabeto (m) | [aʎfaˈbɛtɔ] |
| materia (f) | materia (f) | [maˈtɛria] |

clase (f), aula (f)	classe (f)	[ˈkʎassɛ]
lección (f)	lezione (f)	[leˈtsʲɔnɛ]
recreo (m)	ricreazione (f)	[rikreaˈtsʲɔnɛ]
campana (f)	campanella (f)	[kampaˈnɛʎa]
pupitre (m)	banco (m)	[ˈbaŋkɔ]
pizarra (f)	lavagna (f)	[ʎaˈvaɲja]

nota (f)	voto (m)	[ˈvɔtɔ]
buena nota (f)	voto (m) alto	[ˈvɔtɔ ˈaʎtɔ]
mala nota (f)	voto (m) basso	[ˈvɔtɔ ˈbassɔ]
poner una nota	dare un voto	[ˈdarɛ un ˈvɔtɔ]

falta (f)	errore (m)	[ɛrˈrɔrɛ]
hacer faltas	fare errori	[ˈfarɛ ɛrˈrɔri]
corregir (un error)	correggere (vt)	[kɔrˈrɛdʒɛrɛ]
chuleta (f)	bigliettino (m)	[biʎjetˈtinɔ]

| deberes (m pl) de casa | compiti (m pl) | [ˈkɔmpiti] |
| ejercicio (m) | esercizio (m) | [ɛzerˈtʃitsio] |

estar presente	essere presente	[ˈɛssɛrɛ prɛˈzɛntɛ]
estar ausente	essere assente	[ˈɛssɛrɛ asˈsɛntɛ]
faltar a las clases	mancare le lezioni	[maˈŋkarɛ le leˈtsʲɔni]

castigar (vt)	punire (vt)	[puˈnirɛ]
castigo (m)	punizione (f)	[puniˈtsʲɔnɛ]
conducta (f)	comportamento (m)	[kɔmpɔrtaˈmɛntɔ]

libreta (f) de notas	**pagella** (f)	[pa'dʒɛlla]
lápiz (f)	**matita** (f)	[ma'tita]
goma (f) de borrar	**gomma** (f) **per cancellare**	['gomma pɛr kantʃe'ʎarɛ]
tiza (f)	**gesso** (m)	['dʒessɔ]
cartuchera (f)	**astuccio** (m) **portamatite**	[as'tutʃɔ pɔrtama'titɛ]

mochila (f)	**cartella** (f)	[kar'tɛʎa]
bolígrafo (m)	**penna** (f)	['pɛŋa]
cuaderno (m)	**quaderno** (m)	[kua'dɛrnɔ]
manual (m)	**manuale** (m)	[manu'ale]
compás (m)	**compasso** (m)	[kɔm'passɔ]

trazar (vi, vt)	**disegnare** (vt)	[dizɛ'ɲjarɛ]
dibujo (m) técnico	**disegno** (m) **tecnico**	[di'zeɲɔ 'tɛknikɔ]

poema (m), poesía (f)	**poesia** (f)	[poɛ'zia]
de memoria (adv)	**a memoria**	[a mɛ'mɔria]
aprender de memoria	**imparare a memoria**	[impa'rarɛ a mɛ'mɔria]

vacaciones (f pl)	**vacanze** (f pl) **scolastiche**	[va'kantsɛ skɔ'ʎastikɛ]
estar de vacaciones	**essere in vacanza**	['ɛssɛrɛ in va'kantsa]
pasar las vacaciones	**passare le vacanze**	[pas'sarɛ le va'kantsɛ]

prueba (f) escrita	**prova** (f) **scritta**	['prɔva 'skritta]
composición (f)	**composizione** (f)	[kɔmpozi'tsjɔnɛ]
dictado (m)	**dettato** (m)	[dɛt'tatɔ]
examen (m)	**esame** (m)	[ɛ'zamɛ]
hacer un examen	**sostenere un esame**	[sɔstɛ'nɛmɛ un ɛ'zamɛ]
experimento (m)	**esperimento** (m)	[ɛspɛri'mɛntɔ]

118. Los institutos. La Universidad

academia (f)	**accademia** (f)	[akka'dɛmia]
universidad (f)	**università** (f)	[univɛrsi'ta]
facultad (f)	**facoltà** (f)	[fakɔʎ'ta]

estudiante (m)	**studente** (m)	[stu'dɛntɛ]
estudiante (f)	**studentessa** (f)	[studɛn'tɛssa]
profesor (m)	**docente** (m, f)	[dɔ'tʃɛntɛ]

aula (f)	**aula** (f)	['auʎa]
graduado (m)	**diplomato** (m)	[diplɔ'matɔ]

diploma (m)	**diploma** (m)	[dip'lɔma]
tesis (f) de grado	**tesi** (f)	['tɛzi]

estudio (m)	**ricerca** (f)	[ri'tʃerka]
laboratorio (m)	**laboratorio** (m)	[ʎabɔra'tɔriɔ]

clase (f)	**lezione** (f)	[le'tsjɔnɛ]
compañero (m) de curso	**compagno** (m) **di corso**	[kɔm'paɲɔ di 'kɔrsɔ]

beca (f)	**borsa** (f) **di studio**	['bɔrsa di 'studiɔ]
grado (m) académico	**titolo** (m) **accademico**	['titɔlɔ akka'dɛmikɔ]

119. Las ciencias. Las disciplinas

matemáticas (f pl)	matematica (f)	[matɛ'matika]
álgebra (f)	algebra (f)	['aʎʤebra]
geometría (f)	geometria (f)	[ʤeɔmɛt'ria]
astronomía (f)	astronomia (f)	[astrɔnɔ'mia]
biología (f)	biologia (f)	[biɔlɜ'ʤia]
geografía (f)	geografia (f)	[ʤeɔgra'fia]
geología (f)	geologia (f)	[ʤeɔlɜ'ʤia]
historia (f)	storia (f)	['stɔria]
medicina (f)	medicina (f)	[mɛdi'ʧina]
pedagogía (f)	pedagogia (f)	[pɛdagɔ'ʤia]
derecho (m)	diritto (m)	[di'rittɔ]
física (f)	fisica (f)	['fizika]
química (f)	chimica (f)	['kimika]
filosofía (f)	filosofia (f)	[filɜzɔ'fia]
psicología (f)	psicologia (f)	[psikɔlɜ'ʤia]

120. Los sistemas de escritura. La ortografía

gramática (f)	grammatica (f)	[gram'matika]
vocabulario (m)	lessico (m)	['lessikɔ]
fonética (f)	fonetica (f)	[fɔ'nɛtika]
sustantivo (m)	sostantivo (m)	[sɔstan'tivɔ]
adjetivo (m)	aggettivo (m)	[aʤet'tivɔ]
verbo (m)	verbo (m)	['vɛrbɔ]
adverbio (m)	avverbio (m)	[av'vɛrbiɔ]
pronombre (m)	pronome (m)	[prɔ'nɔmɛ]
interjección (f)	interiezione (f)	[intɛrje'ʦɔnɛ]
preposición (f)	preposizione (f)	[prɛpozi'ʦɔnɛ]
raíz (f), radical (m)	radice (f)	[ra'diʧe]
desinencia (f)	desinenza (f)	[dɛzi'nɛnʦa]
prefijo (m)	prefisso (m)	[prɛ'fissɔ]
sílaba (f)	sillaba (f)	['siʎaba]
sufijo (m)	suffisso (m)	[suf'fissɔ]
acento (m)	accento (m)	[a'ʧentɔ]
apóstrofo (m)	apostrofo (m)	[a'pɔstrɔfɔ]
punto (m)	punto (m)	['puntɔ]
coma (f)	virgola (f)	['wirgɔʎa]
punto y coma	punto (m) e virgola	['puntɔ ɛ 'wirgɔʎa]
dos puntos (m pl)	due punti	['duɛ 'punti]
puntos (m pl) suspensivos	puntini (m pl) di sospensione	[pun'tini di sɔspɛn'sɔnɛ]
signo (m) de interrogación	punto (m) interrogativo	['puntɔ intɛrrɔga'tivɔ]
signo (m) de admiración	punto (m) esclamativo	['puntɔ ɛskʎama'tivɔ]

comillas (f pl)	virgolette (f pl)	[wirgɔ'lettɛ]
entre comillas	tra virgolette	[tra wirgɔ'lettɛ]
paréntesis (m)	parentesi (f pl)	[pa'rɛntɛzi]
entre paréntesis	tra parentesi	[tra pa'rɛntɛzi]

guión (m)	trattino (m)	[trat'tinɔ]
raya (f)	lineetta (f)	[linɛ'ɛtta]
blanco (m)	spazio (m)	['spatsiɔ]

| letra (f) | lettera (f) | ['lettɛra] |
| letra (f) mayúscula | lettera (f) maiuscola | ['lettɛra ma'juskɔla] |

| vocal (f) | vocale (f) | [vɔ'kale] |
| consonante (m) | consonante (f) | [kɔnsɔ'nantɛ] |

oración (f)	proposizione (f)	[prɔpɔzi'tsʲɔnɛ]
sujeto (m)	soggetto (m)	[sɔ'dʒettɔ]
predicado (m)	predicato (m)	[prɛdi'katɔ]

línea (f)	riga (f)	['riga]
en una nueva línea	a capo	[a 'kapɔ]
párrafo (m)	capoverso (m)	[kapɔ'vɛrsɔ]

palabra (f)	parola (f)	[pa'rɔʎa]
combinación (f) de palabras	gruppo (m) di parole	['gruppo di pa'rɔle]
expresión (f)	espressione (f)	[ɛsprɛssi'ɔnɛ]
sinónimo (m)	sinonimo (m)	[si'nɔnimɔ]
antónimo (m)	antonimo (m)	[an'tɔnimɔ]

regla (f)	regola (f)	['rɛgɔʎa]
excepción (f)	eccezione (f)	[ɛtʃe'tsʲɔnɛ]
correcto (adj)	corretto	[kɔ'rɛttɔ]

conjugación (f)	coniugazione (f)	[kɔnjyga'tsʲɔnɛ]
declinación (f)	declinazione (f)	[dɛklina'tsʲɔnɛ]
caso (m)	caso (m) nominativo	['kazɔ nɔmina'tivɔ]
pregunta (f)	domanda (f)	[dɔ'manda]
subrayar (vt)	sottolineare (vt)	[sottoline'arɛ]
línea (f) de puntos	linea (f) tratteggiata	['linɛa trattɛ'dʒata]

121. Los idiomas extranjeros

lengua (f)	lingua (f)	['liŋua]
extranjero (adj)	straniero	[stra'ɲjerɔ]
estudiar (vt)	studiare (vt)	[studi'arɛ]
aprender (ingles, etc.)	imparare (vt)	[impa'rarɛ]

leer (vi, vt)	leggere (vi, vt)	['ledʒerɛ]
hablar (vi, vt)	parlare (vi, vt)	[par'ʎarɛ]
comprender (vt)	capire (vt)	[ka'pirɛ]
escribir (vt)	scrivere (vi, vt)	['skrivɛrɛ]

| rápidamente (adv) | rapidamente | [rapida'mɛntɛ] |
| lentamente (adv) | lentamente | [lenta'mɛntɛ] |

con fluidez (adv)	correntemente	[kɔrrɛntɛ'mɛntɛ]
reglas (f pl)	regole (f pl)	['rɛgɔle]
gramática (f)	grammatica (f)	[gram'matika]
vocabulario (m)	lessico (m)	['lessikɔ]
fonética (f)	fonetica (f)	[fɔ'nɛtika]
manual (m)	manuale (m)	[manu'ale]
diccionario (m)	dizionario (m)	[ditsʲɔ'nariɔ]
manual (m) autodidáctico	manuale (m) autodidattico	[manu'ale autɔdi'dattikɔ]
guía (f) de conversación	frasario (m)	[fra'zariɔ]
casete (m)	cassetta (f)	[kas'sɛtta]
videocasete (f)	videocassetta (f)	[widɛɔkas'sɛtta]
CD (m)	CD (m)	[ʧi'di]
DVD (m)	DVD (m)	[divu'di]
alfabeto (m)	alfabeto (m)	[aʎfa'bɛtɔ]
deletrear (vt)	compitare (vt)	[kɔmpi'tarɛ]
pronunciación (f)	pronuncia (f)	[prɔ'nunʧa]
acento (m)	accento (m)	[a'ʧentɔ]
con acento	con un accento	[kɔn un a'ʧentɔ]
sin acento	senza accento	['sɛntsa a'ʧentɔ]
palabra (f)	vocabolo (m)	[vɔ'kabɔlɔ]
significado (m)	significato (m)	[siɲʲifi'katɔ]
cursos (m pl)	corso (m)	['kɔrsɔ]
inscribirse (vr)	iscriversi (vr)	[isk'rivɛrsi]
profesor (m) (~ de inglés)	insegnante (m, f)	[insɛ'ɲjantɛ]
traducción (f) (proceso)	traduzione (f)	[tradu'tsʲɔnɛ]
traducción (f) (texto)	traduzione (f)	[tradu'tsʲɔnɛ]
traductor (m)	traduttore (m)	[tradut'tɔrɛ]
intérprete (m)	interprete (m)	[in'tɛrprɛtɛ]
políglota (m)	poliglotta (m)	[pɔlig'lɔtta]
memoria (f)	memoria (f)	[mɛ'mɔria]

122. Los personajes de los cuentos de hadas

Papá Noel (m)	Babbo Natale (m)	['babbɔ na'tale]
Cenicienta (f)	Cenerentola (f)	[ʧenɛ'rɛntɔʎa]
sirena (f)	sirena (f)	[si'rɛna]
Neptuno (m)	Nettuno (m)	[nɛt'tunɔ]
mago (m)	mago (m)	['magɔ]
maga (f)	fata (f)	['fata]
mágico (adj)	magico	['madʒikɔ]
varita (f) mágica	bacchetta (f) magica	[bak'kɛtta 'madʒika]
cuento (m) de hadas	fiaba (f), favola (f)	['fjaba], ['favɔʎa]
milagro (m)	miracolo (m)	[mi'rakɔlɔ]
enano (m)	nano (m)	['nanɔ]

transformarse en ...   **trasformarsi in ...**   [trasfor'marsi in]
espíritu (m) (fantasma)   **fantasma** (m)   [fan'tazma]
fantasma (m)   **spettro** (m)   ['spɛttrɔ]
monstruo (m)   **mostro** (m)   ['mɔstrɔ]
dragón (m)   **drago** (m)   ['dragɔ]
gigante (m)   **gigante** (m)   [dʒi'gantɛ]

123. Los signos de zodiaco

Aries (m)   **Ariete** (m)   [ari'ɛtɛ]
Tauro (m)   **Toro** (m)   ['tɔrɔ]
Géminis (m pl)   **Gemelli** (m pl)   [dʒe'mɛlli]
Cáncer (m)   **Cancro** (m)   ['kaŋkrɔ]
Leo (m)   **Leone** (m)   [le'ɔnɛ]
Virgo (m)   **Vergine** (f)   ['vɛrdʒinɛ]

Libra (f)   **Bilancia** (f)   [bi'ʎantʃa]
Escorpio (m)   **Scorpione** (m)   [skɔr'pjɔnɛ]
Sagitario (m)   **Sagittario** (m)   [sadʒit'tariɔ]
Capricornio (m)   **Capricorno** (m)   [kapri'kɔrnɔ]
Acuario (m)   **Acquario** (m)   [aku'ariɔ]
Piscis (m pl)   **Pesci** (m pl)   ['pɛʃi]

carácter (m)   **carattere** (m)   [ka'rattɛrɛ]
rasgos (m pl) de carácter **tratti** (m pl) **del carattere** ['tratti dɛʎ ka'rattɛrɛ]
conducta (f)   **comportamento** (m)   [kɔmpɔrta'mɛntɔ]
decir la buenaventura   **predire il futuro**   [prɛ'dirɛ iʎ fu'turɔ]
adivinadora (f)   **cartomante** (f)   [kartɔ'mantɛ]
horóscopo (m)   **oroscopo** (m)   [ɔ'rɔskɔpɔ]

El arte

124. El teatro

teatro (m)	teatro (m)	[tɛ'atrɔ]
ópera (f)	opera (f)	['ɔpɛra]
opereta (f)	operetta (f)	[ɔpɛ'rɛtta]
ballet (m)	balletto (m)	[bal'lettɔ]
cartelera (f)	cartellone (m)	[kartɛl'lɔnɛ]
compañía (f) de teatro	compagnia (f) teatrale	[kɔmpa'nia tɛat'ralɛ]
gira (f) artística	tournée (f)	[tur'nɛ]
hacer una gira artística	andare in tournèe	[an'darɛ in tur'nɛ]
ensayar (vi, vt)	fare le prove	['farɛ le 'prɔvɛ]
ensayo (m)	prova (f)	['prɔva]
repertorio (m)	repertorio (m)	[rɛpɛr'tɔriɔ]
pieza (f) de teatro	opera (f) teatrale	['ɔpɛra teat'ralɛ]
billet (m)	biglietto (m)	[bi'ʎjettɔ]
taquilla (f)	botteghino (m)	[bottɛ'ginɔ]
vestíbulo (m)	hall (m)	[ɔʎ]
guardarropa (f)	guardaroba (f)	[guarda'rɔba]
ficha (f) de guardarropa	cartellino (m) del guardaroba	[kartɛl'linɔ deʎ guarda'rɔba]
gemelos (m pl)	binocolo (m)	[bi'nɔkɔlɔ]
acomodador (m)	maschera (f)	['maskɛra]
patio (m) de butacas	platea (f)	['pʎatɛa]
balconcillo (m)	balconata (f)	[baʎkɔ'nata]
entresuelo (m)	prima galleria (f)	['prima galle'ria]
palco (m)	palco (m)	['paʎkɔ]
fila (f)	fila (f)	['fiʎa]
asiento (m)	posto (m)	['pɔstɔ]
público (m)	pubblico (m)	['pubblikɔ]
espectador (m)	spettatore (m)	[spɛtta'tɔrɛ]
aplaudir (vi, vt)	battere le mani	['battɛrɛ le 'mani]
aplausos (m pl)	applauso (m)	[app'ʎauzɔ]
ovación (f)	ovazione (f)	[ɔva'ʦjɔnɛ]
escenario (m)	palcoscenico (m)	[paʎkɔ'ʃɛnikɔ]
telón (m)	sipario (m)	[si'pariɔ]
decoración (f)	scenografia (f)	[ʃɛnɔgra'fia]
bastidores (m pl)	quinte (f pl)	[ku'intɛ]
escena (f)	scena (f)	['ʃɛna]
acto (m)	atto (m)	['attɔ]
entreacto (m)	intervallo (m)	[intɛr'vallɔ]

125. El cine

actor (m)	attore (m)	[at'tɔrɛ]
actriz (f)	attrice (f)	[att'ritʃe]
cine (m) (industria)	cinema (m)	['tʃinɛma]
película (f)	film (m)	[fiʎm]
episodio (m)	puntata (f)	[pun'tata]
película (f) policíaca	film (m) giallo	[film 'dʒiallɔ]
película (f) de acción	film (m) d'azione	[fiʎm da'tsiɔnɛ]
película (f) de aventura	film (m) d'avventure	[fiʎm davvɛn'turɛ]
película (f) de ciencia ficción	film (m) di fantascienza	['fiʎm dɛ fanta'ʃɛntsa]
película (f) de horror	film (m) d'orrore	[fiʎm dor'rɔrɛ]
película (f) cómica	film (m) comico	[fiʎm 'kɔmikɔ]
melodrama (m)	melodramma (m)	[mɛlɜd'ramma]
drama (m)	dramma (m)	['dramma]
película (f) de ficción	film (m) a soggetto	[fiʎm a sɔ'dʒettɔ]
documental (m)	documentario (m)	[dɔkumɛn'tariɔ]
dibujos (m pl) animados	cartoni (m pl) animati	[kar'tɔni ani'mati]
cine (m) mudo	cinema (m) muto	['tʃinɛma 'mutɔ]
papel (m)	parte (f)	['partɛ]
papel (m) principal	parte (f) principale	['partɛ printʃi'pale]
interpretar (vt)	recitare (vi, vt)	[rɛtʃi'tarɛ]
estrella (f) de cine	star (f), stella (f)	[star], ['stɛʎa]
conocido (adj)	noto	['nɔtɔ]
famoso (adj)	famoso	[fa'mɔzɔ]
popular (adj)	popolare	[pɔpɔ'ʎarɛ]
guión (m) de cine	sceneggiatura (m)	[ʃɛnɛdʒa'tura]
guionista (m)	sceneggiatore (m)	[ʃɛnɛdʒa'tɔrɛ]
director (m) de cine	regista (m)	[rɛ'dʒista]
productor (m)	produttore (m)	[prɔdut'tɔrɛ]
asistente (m)	assistente (m)	[assis'tɛntɛ]
operador (m)	cameraman (m)	[kamera'mɛn]
doble (m) de riesgo	controfigura (f)	[kɔntrofi'gura]
filmar una película	girare un film	[dʒi'rarɛ un fiʎm]
audición (f)	provino (m)	[prɔ'winɔ]
rodaje (m)	ripresa (f)	[rip'rɛza]
equipo (m) de rodaje	troupe (f) cinematografica	[trup tʃinɛmatɔg'rafika]
plató (m) de rodaje	set (m)	[sɛt]
cámara (f)	cinepresa (f)	[tʃinɛp'rɛza]
cine (m) (iremos al ~)	cinema (m)	['tʃinɛma]
pantalla (f)	schermo (m)	['skɛrmɔ]
mostrar la película	proiettare un film	[prɔjet'tarɛ un fiʎm]
pista (f) sonora	colonna (f) sonora	[kɔ'lɜŋa sɔ'nɔra]
efectos (m pl) especiales	effetti (m pl) speciali	[ɛf'fɛtti spɛ'tʃali]
subtítulos (m pl)	sottotitoli (m pl)	[sɔttɔ'titɔli]

créditos (m pl)	**titoli** (m pl) **di coda**	['titɔli di 'kɔda]
traducción (f)	**traduzione** (f)	[tradu'tsʲɔnɛ]

126. La pintura

arte (m)	**arte** (f)	['artɛ]
bellas artes (f pl)	**belle arti** (f pl)	['bɛllɛ 'arti]
galería (f) de arte	**galleria** (f) **d'arte**	[galle'ria 'dartɛ]
exposición (f) de arte	**mostra** (f)	['mɔstra]
pintura (f)	**pittura** (f)	[pit'tura]
gráfica (f)	**grafica** (f)	['grafika]
abstraccionismo (m)	**astrattismo** (m)	[astrat'tizmɔ]
impresionismo (m)	**impressionismo** (m)	[imprɛssiɔ'nizmɔ]
pintura (f)	**quadro** (m)	[ku'adrɔ]
dibujo (m)	**disegno** (m)	[di'zɛɲʲɔ]
pancarta (f)	**cartellone** (m)	[kartɛl'lɔnɛ]
ilustración (f)	**illustrazione** (f)	[illystra'tsʲɔnɛ]
miniatura (f)	**miniatura** (f)	[minia'tura]
copia (f)	**copia** (f)	['kɔpia]
reproducción (f)	**riproduzione** (f)	[riprɔdu'tsʲɔnɛ]
mosaico (m)	**mosaico** (m)	[mɔ'zaikɔ]
vidriera (f)	**vetrata** (f)	[vɛt'rata]
fresco (m)	**affresco** (m)	[aff'rɛskɔ]
grabado (m)	**incisione** (f)	[intʃizi'ɔnɛ]
busto (m)	**busto** (m)	['bustɔ]
escultura (f)	**scultura** (f)	[skuʎ'tura]
estatua (f)	**statua** (f)	['statua]
yeso (m)	**gesso** (m)	['dʒessɔ]
en yeso (adj)	**in gesso**	[in 'dʒessɔ]
retrato (m)	**ritratto** (m)	[rit'rattɔ]
autorretrato (m)	**autoritratto** (m)	[autorit'rattɔ]
paisaje (m)	**paesaggio** (m)	[paɛ'zadʒɔ]
naturaleza (f) muerta	**natura** (f) **morta**	[na'tura 'mɔrta]
caricatura (f)	**caricatura** (f)	[karika'tura]
boceto (m)	**abbozzo** (m)	[ab'bɔtsɔ]
pintura (f)	**colore** (m)	[kɔ'lɔrɛ]
acuarela (f)	**acquerello** (m)	[akuɛ'rɛllɔ]
óleo (m)	**olio** (m)	['ɔʎʲɔ]
lápiz (f)	**matita** (f)	[ma'tita]
tinta (f) china	**inchiostro** (m) **di china**	[in'kʲɔstrɔ di 'kina]
carboncillo (m)	**carbone** (m)	[kar'bɔnɛ]
dibujar (vi, vt)	**disegnare** (vt)	[dizɛ'ɲjarɛ]
pintar (vi, vt)	**dipingere** (vt)	[di'pindʒɛrɛ]
posar (vi)	**posare** (vi)	[pɔ'zarɛ]
modelo (m)	**modello** (m)	[mɔ'dɛllɔ]

modelo (f)	**modella** (f)	[mɔ'dɛʎa]
pintor (m)	**pittore** (m)	[pit'tɔrɛ]
obra (f) de arte	**opera** (f) **d'arte**	['ɔpɛra 'dartɛ]
obra (f) maestra	**capolavoro** (m)	[kapɔʎa'vɔrɔ]
estudio (m) (de un artista)	**laboratorio** (m)	[ʎabɔra'tɔriɔ]
lienzo (m)	**tela** (f)	['tɛʎa]
caballete (m)	**cavalletto** (m)	[kaval'lettɔ]
paleta (f)	**tavolozza** (f)	[tavɔ'lɜʦa]
marco (m)	**cornice** (f)	[kɔr'niʧe]
restauración (f)	**restauro** (m)	[rɛs'taurɔ]
restaurar (vt)	**restaurare** (vt)	[rɛstau'rarɛ]

127. La literatura y la poesía

literatura (f)	**letteratura** (f)	[lettɛra'tura]
autor (m) (escritor)	**autore** (m)	[au'tɔrɛ]
seudónimo (m)	**pseudonimo** (m)	[psɛu'dɔnimɔ]
libro (m)	**libro** (m)	['librɔ]
tomo (m)	**volume** (m)	[vɔ'lymɛ]
tabla (f) de contenidos	**sommario** (m), **indice** (m)	[sɔm'mariɔ], ['indiʧɛ]
página (f)	**pagina** (f)	['paʤina]
héroe (m) principal	**protagonista** (m)	[prɔtagɔ'nista]
autógrafo (m)	**autografo** (m)	[au'tɔgrafɔ]
relato (m) corto	**racconto** (m)	[rak'kɔntɔ]
cuento (m)	**romanzo** (m) **breve**	[rɔ'manʣɔ 'brɛvɛ]
novela (f)	**romanzo** (m)	[rɔ'manʣɔ]
obra (f) literaria	**opera** (f)	['ɔpɛra]
fábula (f)	**favola** (f)	['favɔʎa]
novela (f) policíaca	**giallo** (m)	['ʤallɔ]
verso (m)	**verso** (m)	['vɛrsɔ]
poesía (f)	**poesia** (f)	[pɔɛ'zia]
poema (f)	**poema** (m)	[pɔ'ɛma]
poeta (m)	**poeta** (m)	[pɔ'ɛta]
bellas letras (f pl)	**narrativa** (f)	[narra'tiva]
ciencia ficción (f)	**fantascienza** (f)	[fanta'ʃɛnʦa]
aventuras (f pl)	**avventure** (f pl)	[avvɛn'turɛ]
literatura (f) didáctica	**letteratura** (f) **formativa**	[lettɛra'tura fɔrma'tiva]
literatura (f) infantil	**libri** (m pl) **per l'infanzia**	['libri per lin'fansia]

128. El circo

circo (m)	**circo** (m)	['ʧirkɔ]
circo (m) ambulante	**tendone** (m) **del circo**	[tɛn'dɔnɛ dɛʎ 'ʧirkɔ]
programa (m)	**programma** (m)	[prɔg'ramma]
representación (f)	**spettacolo** (m)	[spɛt'takɔlɔ]
número (m)	**numero** (m)	['numɛrɔ]

arena (f)	arena (f)	[a'rɛna]
pantomima (f)	pantomima (m)	[pantɔ'mima]
payaso (m)	pagliaccio (m)	[pa'ʎjatʃɔ]

acróbata (m)	acrobata (m)	[ak'rɔbata]
acrobacia (f)	acrobatica (f)	[akrɔ'batika]
gimnasta (m)	ginnasta (m)	[dʒi'ŋasta]
gimnasia (f)	ginnastica (m)	[dʒi'ŋastika]
salto (m)	salto (m) mortale	['saʎtɔ mɔr'tale]

forzudo (m)	forzuto (m)	[fɔr'tsutɔ]
domador (m)	domatore (m)	[dɔma'tɔrɛ]
caballista (m)	cavallerizzo (m)	[kavalle'ridzɔ]
asistente (m)	assistente (m)	[assis'tɛntɛ]

truco (m)	acrobazia (f)	[akrɔba'tsia]
truco (m) de magia	gioco (m) di prestigio	['dʒɔkɔ di prɛs'tidʒɔ]
ilusionista (m)	prestigiatore (m)	[prɛstidʒa'tɔrɛ]

malabarista (m)	giocoliere (m)	[dʒɔkɔ'ʎjerɛ]
hacer malabarismos	giocolare (vi)	[dʒɔkɔ'ʎarɛ]
amaestrador (m)	ammaestratore (m)	[ammaɛstra'tɔrɛ]
amaestramiento (m)	ammaestramento (m)	[ammaɛstra'mɛntɔ]
amaestrar (vt)	ammaestrare (vt)	[ammaɛst'rarɛ]

129. La música. La música popular

música (f)	musica (f)	['muzika]
músico (m)	musicista (m)	[muzi'tʃista]
instrumento (m) musical	strumento (m) musicale	[stru'mɛntɔ musi'kale]
tocar ...	suonare ...	[suɔ'narɛ]

guitarra (f)	chitarra (f)	[ki'tarra]
violín (m)	violino (m)	[wiɔ'linɔ]
violonchelo (m)	violoncello (m)	[wiɔlɔn'tʃellɔ]
contrabajo (m)	contrabbasso (m)	[kɔntrab'bassɔ]
arpa (f)	arpa (f)	['arpa]

piano (m)	pianoforte (m)	[pjanɔ'fɔrtɛ]
piano (m) de cola	pianoforte (m) a coda	[pjanɔ'fɔrtɛ a 'kɔda]
órgano (m)	organo (m)	['ɔrganɔ]

instrumentos (m pl) de viento	strumenti (m pl) a fiato	[stru'mɛnti a 'fjatɔ]
oboe (m)	oboe (m)	['ɔbɔɛ]
saxofón (m)	sassofono (m)	[sas'sɔfɔnɔ]
clarinete (m)	clarinetto (m)	[kʎari'nɛttɔ]
flauta (f)	flauto (m)	['fʎautɔ]
trompeta (f)	tromba (f)	['trɔmba]

| acordeón (m) | fisarmonica (f) | [fizar'mɔnika] |
| tambor (m) | tamburo (m) | [tam'burɔ] |

| dúo (m) | duetto (m) | [du'ɛttɔ] |
| trío (m) | trio (m) | ['triɔ] |

cuarteto (m)	**quartetto** (m)	[kuar'tɛttɔ]
coro (m)	**coro** (m)	['kɔrɔ]
orquesta (f)	**orchestra** (f)	[ɔr'kɛstra]
música (f) pop	**musica** (f) **pop**	['muzika pɔp]
música (f) rock	**musica** (f) **rock**	['muzika rɔk]
grupo (m) de rock	**gruppo** (m) **rock**	['gruppɔ rɔk]
jazz (m)	**jazz** (m)	[dʒaz]
ídolo (m)	**idolo** (m)	['idɔlɔ]
admirador (m)	**ammiratore** (m)	[ammira'tɔrɛ]
concierto (m)	**concerto** (m)	[kɔn'tʃertɔ]
sinfonía (f)	**sinfonia** (f)	[sinfɔ'nia]
composición (f)	**composizione** (f)	[kɔmpozi'tsʲɔnɛ]
escribir (vt)	**comporre** (vt)	[kɔm'pɔrrɛ]
canto (m)	**canto** (m)	['kantɔ]
canción (f)	**canzone** (f)	[kan'tsɔnɛ]
melodía (f)	**melodia** (f)	[mɛlɔ'dia]
ritmo (m)	**ritmo** (m)	['ritmɔ]
blues (m)	**blues** (m)	[blyz]
notas (f pl)	**note** (f pl)	['nɔtɛ]
batuta (f)	**bacchetta** (f)	[bak'kɛtta]
arco (m)	**arco** (m)	['arkɔ]
cuerda (f)	**corda** (f)	['kɔrda]
estuche (m)	**custodia** (f)	[kus'tɔdia]

Los restaurantes. El entretenimiento. El viaje

130. El viaje. Viajar

turismo (m)	**turismo** (m)	[tu'rizmɔ]
turista (m)	**turista** (m)	[tu'rista]
viaje (m)	**viaggio** (m)	['vjadʒɔ]
aventura (f)	**avventura** (f)	[avvɛn'tura]
viaje (m)	**viaggio** (m)	['vjadʒɔ]
vacaciones (f pl)	**vacanza** (f)	[va'kantsa]
estar de vacaciones	**essere in vacanza**	['ɛssɛrɛ in va'kantsa]
descanso (m)	**riposo** (m)	[ri'pozɔ]
tren (m)	**treno** (m)	['trɛnɔ]
en tren	**in treno**	[in 'trɛnɔ]
avión (m)	**aereo** (m)	[a'ɛrɛɔ]
en avión	**in aereo**	[in a'ɛrɛɔ]
en coche	**in macchina**	[in 'makkina]
en barco	**in nave**	[in 'navɛ]
equipaje (m)	**bagaglio** (m)	[ba'gaʎɔ]
maleta (f)	**valigia** (f)	[va'lidʒa]
carrito (m) de equipaje	**carrello** (m)	[kar'rɛllɔ]
pasaporte (m)	**passaporto** (m)	[passa'pɔrtɔ]
visado (m)	**visto** (m)	['wistɔ]
billete (m)	**biglietto** (m)	[bi'ʎjettɔ]
billete (m) de avión	**biglietto** (m) **aereo**	[bi'ʎjettɔ a'ɛrɛɔ]
guía (f) (libro)	**guida** (f)	[gu'ida]
mapa (m)	**carta** (f) **geografica**	['karta dʒeɔg'rafika]
área (m) (~ rural)	**località** (f)	[lɔkali'ta]
lugar (m)	**luogo** (m)	[ly'ɔgɔ]
exotismo (m)	**ogetti** (m pl) **esotici**	[ɔ'dʒɛtti ɛ'zɔtitʃi]
exótico (adj)	**esotico**	[ɛ'zɔtikɔ]
asombroso (adj)	**sorprendente**	[sɔrprɛn'dɛntɛ]
grupo (m)	**gruppo** (m)	['gruppo]
excursión (f)	**escursione** (f)	[ɛskursi'ɔnɛ]
guía (m) (persona)	**guida** (f)	[gu'ida]

131. El hotel

hotel (m), motel (m)	**battaglia** (f)	[bat'taʎja]
hotel (m)	**albergo, hotel** (m)	[aʎ'bɛrgɔ], [ɔ'tɛʎ]
motel (m)	**motel** (m)	[mɔ'tɛʎ]

de tres estrellas	tre stelle	['trɛ 'stɛlle]
de cinco estrellas	cinque stelle	['tʃiŋkuɛ 'stɛlle]
hospedarse (vr)	alloggiare (vi)	[allɔ'dʒarɛ]
habitación (f)	camera (f)	['kamɛra]
habitación (f) individual	camera (f) singola	['kamɛra 'siŋɔʎa]
habitación (f) doble	camera (f) doppia	['kamɛra 'dɔppia]
reservar una habitación	prenotare una camera	[prɛnɔ'tarɛ una 'kamera]
media pensión (f)	mezza pensione (f)	['mɛdza pɛnsi'ɔnɛ]
pensión (f) completa	pensione (f) completa	[pɛnsi'ɔnɛ kɔmp'leta]
con baño	con bagno	[kɔn 'baɲɔ]
con ducha	con doccia	[kɔn 'dɔtʃa]
televisión (f) satélite	televisione (f) satellitare	[tɛlewizi'ɔnɛ satɛlli'tarɛ]
climatizador (m)	condizionatore (m)	[kɔnditsiɔna'tɔrɛ]
toalla (f)	asciugamano (m)	[aʃuga'manɔ]
llave (f)	chiave (f)	['kjavɛ]
administrador (m)	amministratore (m)	[amministra'tɔrɛ]
camarera (f)	cameriera (f)	[kamɛ'rjera]
maletero (m)	portabagagli (m)	[pɔrtaba'gaʎi]
portero (m)	portiere (m)	[pɔr'tʲerɛ]
restaurante (m)	ristorante (m)	[ristɔ'rantɛ]
bar (m)	bar (m)	[bar]
desayuno (m)	colazione (f)	[kɔʎa'tsʲɔnɛ]
cena (f)	cena (f)	['tʃena]
buffet (m) libre	buffet (m)	[buf'fɛ]
vestíbulo (m)	hall (f)	[ɔʎ]
ascensor (m)	ascensore (m)	[aʃɛn'sɔrɛ]
NO MOLESTAR	NON DISTURBARE	[nɔn distur'barɛ]
PROHIBIDO FUMAR	VIETATO FUMARE!	[vje'tatɔ fu'marɛ]

132. Los libros. La lectura

libro (m)	libro (m)	['librɔ]
autor (m)	autore (m)	[au'tɔrɛ]
escritor (m)	scrittore (m)	[skrit'tɔrɛ]
escribir (~ un libro)	scrivere (vi, vt)	['skrivɛrɛ]
lector (m)	lettore (m)	[let'tɔrɛ]
leer (vi, vt)	leggere (vi, vt)	['ledʒerɛ]
lectura (f)	lettura (f)	[let'tura]
en silencio	in silenzio	[in si'lentsiɔ]
en voz alta	ad alta voce	[ad 'aʎta 'votʃe]
editar (vt)	pubblicare (vt)	[pubbli'karɛ]
edición (f) (~ de libros)	pubblicazione (f)	[publika'tsʲɔnɛ]
editor (m)	editore (m)	[ɛdi'tɔrɛ]
editorial (f)	casa (f) editrice	['kaza ɛdit'ritʃe]

salir (libro)	uscire (vi)	[u'ʃirɛ]
salida (f) (de un libro)	uscita (f)	[u'ʃita]
tirada (f)	tiratura (f)	[tira'tura]
librería (f)	libreria (f)	[librɛ'ria]
biblioteca (f)	biblioteca (f)	[biblio'tɛka]
cuento (m)	romanzo (m) breve	[ro'mandzo 'brɛvɛ]
relato (m) corto	racconto (m)	[rak'konto]
novela (f)	romanzo (m)	[ro'mandzo]
novela (f) policíaca	giallo (m)	['dʒallo]
memorias (f pl)	memorie (f pl)	[mɛ'moriɛ]
leyenda (f)	leggenda (f)	[le'dʒenda]
mito (m)	mito (m)	['mito]
versos (m pl)	poesia (f), versi (m pl)	[poɛ'zia], ['vɛrsi]
autobiografía (f)	autobiografia (f)	[autobiogra'fia]
obras (f pl) escogidas	opere (f pl) scelte	['opɛrɛ 'ʃɛʎtɛ]
ciencia ficción (f)	fantascienza (f)	[fanta'ʃɛntsa]
título (m)	titolo (m)	['titolo]
introducción (f)	introduzione (f)	[introdu'tsjonɛ]
portada (f)	frontespizio (m)	[frontɛs'pitsio]
capítulo (m)	capitolo (m)	[ka'pitolo]
extracto (m)	frammento (m)	[fram'mɛnto]
episodio (m)	episodio (m)	[ɛpi'zodio]
sujeto (m)	soggetto (m)	[so'dʒetto]
contenido (m)	contenuto (m)	[kontɛ'nuto]
tabla (f) de contenidos	sommario (m)	[som'mario]
héroe (m) principal	protagonista (m)	[protago'nista]
tomo (m)	volume (m)	[vo'lymɛ]
cubierta (f)	copertina (f)	[kopɛr'tina]
encuadernado (m)	rilegatura (f)	[rilega'tura]
marcador (m) de libro	segnalibro (m)	[sɛɲa'libro]
página (f)	pagina (f)	['padʒina]
hojear (vt)	sfogliare (vt)	[sfo'ʎjarɛ]
márgenes (m pl)	margini (m pl)	['mardʒini]
anotación (f)	annotazione (f)	[aɲota'tsjonɛ]
nota (f) a pie de página	nota (f)	['nota]
texto (m)	testo (m)	['tɛsto]
fuente (f)	carattere (m)	[ka'rattɛrɛ]
errata (f)	refuso (m)	[rɛ'fuzo]
traducción (f)	traduzione (f)	[tradu'tsjonɛ]
traducir (vt)	tradurre (vt)	[tra'durrɛ]
original (m)	originale (m)	[oridʒi'nalɛ]
famoso (adj)	famoso	[fa'mozo]
desconocido (adj)	sconosciuto	[skono'ʃuto]
interesante (adj)	interessante	[intɛrɛs'santɛ]

best-seller (m)   **best seller** (m)   [bes'tsɛller]
diccionario (m)   **dizionario** (m)   [ditsjo'nario]
manual (m)   **manuale** (m)   [manu'ale]
enciclopedia (f)   **enciclopedia** (f)   [ɛntʃiklope'dia]

133. La caza. La pesca

caza (f)   **caccia** (f)   ['katʃa]
cazar (vi, vt)   **cacciare** (vt)   [ka'tʃarɛ]
cazador (m)   **cacciatore** (m)   [katʃa'torɛ]

tirar (vi)   **sparare** (vi)   [spa'rarɛ]
fusil (m)   **fucile** (m)   [fu'tʃile]
cartucho (m)   **cartuccia** (f)   [kar'tutʃa]
perdigón (m)   **pallini** (m pl)   [pal'lini]

cepo (m)   **tagliola** (f)   [ta'ʎɔʎa]
trampa (f)   **trappola** (f)   ['trappoʎa]
caer en la trampa   **cadere in trappola**   [ka'dɛrɛ in 'trappoʎa]
poner una trampa   **tendere una trappola**   ['tɛndɛrɛ una 'trappoʎa]

cazador (m) furtivo   **bracconiere** (m)   [brakko'njerɛ]
caza (f) menor   **cacciagione** (m)   [katʃa'dʒonɛ]
perro (m) de caza   **cane** (m) **da caccia**   ['kanɛ da 'katʃa]
safari (m)   **safari** (m)   [sa'fari]
animal (m) disecado   **animale** (m) **impagliato**   [ani'male impa'ʎjatɔ]

pescador (m)   **pescatore** (m)   [pɛska'tɔrɛ]
pesca (f)   **pesca** (f)   ['pɛska]
pescar (vi)   **pescare** (vi)   [pɛs'karɛ]

caña (f) de pescar   **canna** (f) **da pesca**   ['kaŋa da 'pɛska]
sedal (m)   **lenza** (f)   ['lentsa]
anzuelo (m)   **amo** (m)   ['amɔ]
flotador (m)   **galleggiante** (m)   [galle'dʒantɛ]
cebo (m)   **esca** (f)   ['ɛska]

lanzar el anzuelo   **lanciare la canna**   [ʎan'tʃarɛ ʎa 'kaŋa]
picar (vt)   **abboccare** (vi)   [abbok'karɛ]

pesca (f) (lo pescado)   **pescato** (m)   [pɛs'katɔ]
agujero (m) en el hielo   **buco** (m) **nel ghiaccio**   ['bukɔ nɛʎ 'gjatʃɔ]

red (f)   **rete** (f)   ['rɛtɛ]
barca (f)   **barca** (f)   ['barka]

pescar con la red   **prendere con la rete**   ['prɛndɛrɛ kon ʎa 'rɛtɛ]
tirar la red   **gettare la rete**   [dʒet'tarɛ ʎa 'rɛtɛ]
sacar la red   **tirare le reti**   [ti'rarɛ le 'rɛti]
caer en la red   **cadere nella rete**   [ka'dɛrɛ 'nɛʎa 'rɛtɛ]

ballenero (m) (persona)   **baleniere** (m)   [bale'njerɛ]
ballenero (m) (barco)   **baleniera** (f)   [bale'njera]
arpón (m)   **rampone** (m)   [ram'pɔnɛ]

134. Los juegos. El billar

billar (m)	biliardo (m)	[bi'ʎardɔ]
sala (f) de billar	sala (f) da biliardo	['saʎa da bi'ʎardɔ]
bola (f) de billar	bilia (f)	['bilia]
entronerar la bola	imbucare (vt)	[imbu'karɛ]
taco (m)	stecca (f) da biliardo	['stɛkka da bi'ʎardɔ]
tronera (f)	buca (f)	['buka]

135. Los juegos. Las cartas

cuadrados (m pl)	quadri (m pl)	[ku'adri]
picas (f pl)	picche (f pl)	['pikkɛ]
corazones (m pl)	cuori (m pl)	[ku'ɔri]
tréboles (m pl)	fiori (m pl)	['fɔri]
as (m)	asso (m)	['assɔ]
rey (m)	re (m)	[rɛ]
dama (f)	donna (f)	['dɔŋa]
sota (f)	fante (m)	['fantɛ]
carta (f)	carta (f) da gioco	['karta da 'dʒɔkɔ]
cartas (f pl)	carte (f pl)	['kartɛ]
triunfo (m)	briscola (f)	['briskɔʎa]
baraja (f)	mazzo (m) di carte	['matsɔ di 'kartɛ]
punto (m)	punto (m)	['puntɔ]
dar (las cartas)	dare le carte	['darɛ le 'kartɛ]
barajar (vt)	mescolare (vt)	[mɛskɔ'ʎarɛ]
jugada (f)	turno (m)	['turnɔ]
fullero (m)	baro (m)	['barɔ]

136. El descanso. Los juegos. Miscelánea

pasear (vi)	passeggiare (vi)	[passɛ'dʒarɛ]
paseo (m) (caminata)	passeggiata (f)	[passɛ'dʒata]
paseo (m) (en coche)	gita (f)	['dʒita]
aventura (f)	avventura (f)	[avvɛn'tura]
picnic (m)	picnic (m)	['piknik]
juego (m)	gioco (m)	['dʒɔkɔ]
jugador (m)	giocatore (m)	[dʒɔka'tɔrɛ]
partido (m)	partita (f)	[par'tita]
coleccionista (m)	collezionista (m)	[kɔllɛtsiɔ'nista]
coleccionar (vt)	collezionare (vt)	[kɔllɛtsiɔ'narɛ]
colección (f)	collezione (f)	[kɔllɛ'tsiɔnɛ]
crucigrama (m)	cruciverba (m)	[krutʃi'vɛrba]
hipódromo (m)	ippodromo (m)	[ip'pɔdrɔmɔ]

discoteca (f)	discoteca (f)	[disko'tɛka]
sauna (f)	sauna (f)	['sauna]
lotería (f)	lotteria (f)	[lɔttɛ'ria]

marcha (f)	campeggio (m)	[kam'pɛʤɔ]
campo (m)	campo (m)	['kampɔ]
tienda (f) de campaña	tenda (f) da campeggio	['tɛnda da kam'pɛʤɔ]
brújula (f)	bussola (f)	['bussɔʎa]
campista (m)	campeggiatore (m)	[kampɛʤa'tɔrɛ]

ver (la televisión)	guardare (vt)	[guar'darɛ]
telespectador (m)	telespettatore (m)	[tɛlespɛtta'tɔrɛ]
programa (m) de televisión	trasmissione (f)	[trazmissi'ɔnɛ]

137. La fotografía

| cámara (f) fotográfica | macchina (f) fotografica | ['makkina fɔtɔg'rafika] |
| fotografía (f) (una foto) | fotografia (f) | [fɔtɔgra'fia] |

fotógrafo (m)	fotografo (m)	[fo'tografɔ]
estudio (m) fotográfico	studio (m) fotografico	['studiɔ fɔtɔg'rafikɔ]
álbum (m) de fotos	album (m) di fotografie	['aʎbum di fɔtɔgra'fiɛ]

objetivo (m)	obiettivo (m)	[ɔbjet'tivɔ]
teleobjetivo (m)	teleobiettivo (m)	[tɛleobjet'tivɔ]
filtro (m)	filtro (m)	['fiʎtrɔ]
lente (m)	lente (f)	['lentɛ]

óptica (f)	ottica (f)	['ɔttika]
diafragma (m)	diaframma (m)	[diaf'ramma]
tiempo (m) de exposición	tempo (m) di esposizione	['tɛmpɔ di ɛspɔzi'ʦɔnɛ]
visor (m)	mirino (m)	[mi'rinɔ]

cámara (f) digital	fotocamera (f) digitale	[fɔtɔ'kamɛra diʤi'tale]
trípode (m)	cavalletto (m)	[kaval'lettɔ]
flash (m)	flash (m)	['flɛʃ]

fotografiar (vt)	fotografare (vt)	[fɔtɔgra'farɛ]
hacer fotos	fare foto	['farɛ 'fotɔ]
fotografiarse (vr)	farsi fotografare	['farsi fɔtɔgra'farɛ]

foco (m)	fuoco (m)	[fu'ɔkɔ]
enfocar (vt)	mettere a fuoco	['mɛttɛrɛ a fu'ɔkɔ]
nítido (adj)	nitido	['nitidɔ]
nitidez (f)	nitidezza (f)	[niti'dɛʦa]

| contraste (m) | contrasto (m) | [kɔnt'rastɔ] |
| contrastante (adj) | contrastato | [kɔntras'tatɔ] |

foto (f)	foto (f)	['fotɔ]
negativo (m)	negativa (f)	[nɛga'tiva]
película (f) fotográfica	pellicola (f) fotografica	[pɛl'likoʎa fɔtɔg'rafika]
fotograma (m)	fotogramma (m)	[fɔtɔg'ramma]
imprimir (vt)	stampare (vt)	[stam'parɛ]

138. La playa. La natación

playa (f)	spiaggia (f)	['spjadʒa]
arena (f)	sabbia (f)	['sabbja]
desierto (playa ~a)	deserto	[dɛ'zɛrto]
bronceado (m)	abbronzatura (f)	[abbrondza'tura]
broncearse (vr)	abbronzarsi (vr)	[abbrɔn'dzarsi]
bronceado (adj)	abbronzato	[abbrɔn'dzato]
protector (m) solar	crema (f) solare	['krɛma sɔ'ʎarɛ]
bikini (m)	bikini (m)	[bi'kini]
traje (m) de baño	costume (m) da bagno	[kɔs'tumɛ da 'baɲɔ]
bañador (m)	slip (m) da bagno	[zlip da 'baɲɔ]
piscina (f)	piscina (f)	[pi'ʃina]
nadar (vi)	nuotare (vi)	[nuɔ'tarɛ]
ducha (f)	doccia (f)	['dotʃa]
cambiarse (vr)	cambiarsi (vr)	[kam'bjarsi]
toalla (f)	asciugamano (m)	[aʃuga'manɔ]
barca (f)	barca (f)	['barka]
lancha (f) motora	motoscafo (m)	[motɔs'kafɔ]
esquís (m pl) acuáticos	sci (m) nautico	[ʃi 'nautikɔ]
bicicleta (f) acuática	pedalò (m)	[pɛda'lɔ]
surf (m)	surf (m)	[sɛrf]
surfista (m)	surfista (m)	[sur'fista]
equipo (m) de buceo	autorespiratore (m)	[autɔrɛspira'tɔrɛ]
aletas (f pl)	pinne (f pl)	['piɲɛ]
máscara (f) de buceo	maschera (f)	['maskɛra]
buceador (m)	subacqueo (m)	[su'bakvɛɔ]
bucear (vi)	tuffarsi (vr)	[tuf'farsi]
bajo el agua (adv)	sott'acqua	[sɔ'takva]
sombrilla (f)	ombrellone (m)	[ɔmbrɛl'lɔnɛ]
tumbona (f)	sdraio (f)	['zdrajo]
gafas (f pl) de sol	occhiali (m pl) da sole	[ɔk'kjali da 'sɔlɛ]
colchoneta (f) inflable	materasso (m) ad aria	[matɛ'rassɔ ad 'aria]
jugar (divertirse)	giocare (vi)	[dʒɔ'karɛ]
bañarse (vr)	fare il bagno	['farɛ iʎ 'baɲɔ]
pelota (f) de playa	pallone (m)	[pal'lɔnɛ]
inflar (vt)	gonfiare (vt)	[gɔn'fjarɛ]
inflable (colchoneta ~)	gonfiabile	[gɔnfi'jabilɛ]
ola (f)	onda (f)	['ɔnda]
boya (f)	boa (f)	['bɔa]
ahogarse (vr)	annegare (vi)	[aɲɛ'garɛ]
salvar (vt)	salvare (vt)	[saʎ'varɛ]
chaleco (m) salvavidas	giubbotto (m) di salvataggio	[dʒub'bottɔ di saʎva'tadʒɔ]
observar (vt)	osservare (vt)	[ɔssɛr'varɛ]
socorrista (m)	bagnino (m)	[ba'ɲinɔ]

EL EQUIPO TÉCNICO. EL TRANSPORTE

El equipo técnico

139. El computador

ordenador (m)	computer (m)	[kɔm'pjytɛr]
ordenador (m) portátil	computer (m) portatile	[kɔm'pjytɛr pɔr'tatile]
encender (vt)	accendere (vt)	[a'ʧendɛrɛ]
apagar (vt)	spegnere (vt)	['spɛɲjerɛ]
teclado (m)	tastiera (f)	[tas'tʲera]
tecla (f)	tasto (m)	['tastɔ]
ratón (m)	mouse (m)	['maus]
alfombrilla (f) para ratón	tappetino (m) del mouse	[tap'pɛtino dɛʎ 'maus]
botón (m)	tasto (m)	['tastɔ]
cursor (m)	cursore (m)	[kur'sɔrɛ]
monitor (m)	monitor (m)	['mɔnitɔr]
pantalla (f)	schermo (m)	['skɛrmɔ]
disco (m) duro	disco (m) rigido	['diskɔ 'ridʒidɔ]
volumen (m) de disco duro	spazio (m) sul disco rigido	['spatsio suʎ 'diskɔ 'ridʒidɔ]
memoria (f)	memoria (f)	[mɛ'mɔria]
memoria (f) operativa	memoria (f) operativa	[mɛ'mɔria ɔpɛra'tiva]
archivo, fichero (m)	file (m)	[fajl]
carpeta (f)	cartella (f)	[kar'tɛʎa]
abrir (vt)	aprire (vt)	[ap'rirɛ]
cerrar (vt)	chiudere (vt)	['kjydɛrɛ]
guardar (un archivo)	salvare (vt)	[saʎ'varɛ]
borrar (vt)	eliminare (vt)	[ɛlimi'narɛ]
copiar (vt)	copiare (vt)	[kɔ'pjarɛ]
ordenar (vt) (~ de A a Z, etc.)	ordinare (vt)	[ɔrdi'narɛ]
copiar (vt)	trasferire (vt)	[trasfɛ'rirɛ]
programa (m)	programma (m)	[prɔg'ramma]
software (m)	software (m)	['sɔftvɛa]
programador (m)	programmatore (m)	[prɔgramma'tɔrɛ]
programar (vt)	programmare (vt)	[prɔgram'marɛ]
pirata (m) informático	hacker (m)	['akɛr]
contraseña (f)	password (f)	['passvɔrd]
virus (m)	virus (m)	['wirus]
detectar (vt)	trovare (vt)	[trɔ'varɛ]
octeto (m)	byte (m)	[bajt]

megaocteto (m)	megabyte (m)	['mɛgabajt]
datos (m pl)	dati (m pl)	['dati]
base (f) de datos	database (m)	['databɛjz]

cable (m)	cavo (m)	['kavɔ]
desconectar (vt)	sconnettere (vt)	[skɔ'ɲɛttɛrɛ]
conectar (vt)	collegare (vt)	[kɔlle'garɛ]

140. El internet. El correo electrónico

internet (m), red (f)	internet (m)	['intɛrnɛt]
navegador (m)	navigatore (m)	[nawiga'tɔrɛ]
buscador (m)	motore (m) di ricerca	[mɔ'tɔrɛ di ri'tʃerka]
proveedor (m)	provider (m)	[prɔ'vajdɛr]

webmaster (m)	webmaster (m)	[uɛb'mastɛr]
sitio (m) web	sito web (m)	['sitɔ uɛb]
página (f) web	pagina web (f)	['padʒina uɛb]

| dirección (f) | indirizzo (m) | [indi'ritsɔ] |
| libro (m) de direcciones | rubrica (f) indirizzi | [rub'rika indi'ritsi] |

buzón (m)	casella (f) di posta	[ka'zella di 'pɔsta]
correo (m)	posta (f)	['pɔsta]
lleno (adj)	battaglia (f)	[bat'taʎja]

mensaje (m)	messaggio (m)	[mes'sadʒɔ]
expedidor (m)	mittente (m)	[mit'tɛntɛ]
enviar (vt)	inviare (vt)	[inwi'arɛ]
envío (m)	invio (m)	[in'wiɔ]

| destinatario (m) | destinatario (m) | [dɛstina'tariɔ] |
| recibir (vt) | ricevere (vt) | [ri'tʃevɛrɛ] |

| correspondencia (f) | corrispondenza (f) | [korrispon'dɛntsa] |
| escribirse con ... | essere in corrispondenza | ['ɛssɛrɛ in korrispon'dɛntsa] |

archivo, fichero (m)	file (m)	[fajl]
descargar (vt)	scaricare (vt)	[skari'karɛ]
crear (vt)	creare (vt)	[krɛ'arɛ]
borrar (vt)	eliminare (vt)	[ɛlimi'narɛ]
borrado (adj)	eliminato	[ɛlimi'natɔ]

conexión (f) (ADSL, etc.)	connessione (f)	[konɛ's'ɔnɛ]
velocidad (f)	velocità (f)	[vɛlɔtʃi'ta]
módem (m)	modem (m)	['mɔdem]
acceso (m)	accesso (m)	[a'tʃessɔ]
puerto (m)	porta (f)	['pɔrta]

| conexión (f) (establecer la ~) | collegamento (m) | [kɔllega'mɛntɔ] |
| conectarse a ... | collegarsi a ... | [kɔlle'garsi a] |

| seleccionar (vt) | scegliere (vt) | ['ʃeʎjerɛ] |
| buscar (vt) | cercare (vt) | [tʃer'karɛ] |

El transporte

141. El avión

avión (m)	aereo (m)	[a'ɛrɛɔ]
billete (m) de avión	biglietto (m) aereo	[bi'ʎjetto a'ɛrɛɔ]
compañía (f) aérea	compagnia (f) aerea	[kɔmpa'nia a'ɛrɛa]
aeropuerto (m)	aeroporto (m)	[aɛrɔ'pɔrtɔ]
supersónico (adj)	supersonico	[supɛr'sɔnikɔ]
comandante (m)	comandante (m)	[kɔman'dantɛ]
tripulación (f)	equipaggio (m)	[ɛkui'padʒɔ]
piloto (m)	pilota (m)	[pi'lɔta]
azafata (f)	hostess (f)	['ɔstɛss]
navegador (m)	navigatore (m)	[nawiga'tɔrɛ]
alas (f pl)	ali (f pl)	['ali]
cola (f)	coda (f)	['kɔda]
cabina (f)	cabina (f)	[ka'bina]
motor (m)	motore (m)	[mɔ'tɔrɛ]
tren (m) de aterrizaje	carrello (m) d'atterraggio	[kar'rɛllɔ dattɛr'radʒɔ]
turbina (f)	turbina (f)	[tur'bina]
hélice (f)	elica (f)	['ɛlika]
caja (f) negra	scatola (f) nera	['skatɔʎa 'nɛra]
timón (m)	barra (f) di comando	['barra di kɔ'mandɔ]
combustible (m)	combustibile (m)	[kɔmbus'tibile]
instructivo (m) de seguridad	safety card (f)	['sɛjfti kard]
respirador (m) de oxígeno	maschera (f) ad ossigeno	['maskɛra ad ɔs'sidʒenɔ]
uniforme (m)	uniforme (f)	[uni'fɔrmɛ]
chaleco (m) salvavidas	giubbotto (m) di salvataggio	[dʒub'bɔttɔ di saʎva'tadʒɔ]
paracaídas (m)	paracadute (m)	[paraka'dutɛ]
despegue (m)	decollo (m)	[dɛ'kɔllɔ]
despegar (vi)	decollare (vi)	[dɛkɔ'ʎarɛ]
pista (f) de despegue	pista (f) di decollo	['pista di dɛ'kɔllɔ]
visibilidad (f)	visibilità (f)	[wizibili'ta]
vuelo (m) (~ de pájaro)	volo (m)	['vɔlɔ]
altura (f)	altitudine (f)	[aʎti'tudinɛ]
pozo (m) de aire	vuoto (m) d'aria	[vu'ɔtɔ 'daria]
asiento (m)	posto (m)	['pɔstɔ]
auriculares (m pl)	cuffia (f)	['kuffʲa]
mesita (f) plegable	tavolinetto (m) pieghevole	[tavɔli'nɛttɔ pje'gɛvole]
ventana (f)	oblò (m), finestrino (m)	[ɔb'lɔ], [finest'rinɔ]
pasillo (m)	corridoio (m)	[kɔrri'dɔjɔ]

142. El tren

tren (m)	treno (m)	['trɛnɔ]
tren (m) eléctrico	elettrotreno (m)	[ɛlettrɔt'rɛnɔ]
tren (m) rápido	treno (m) rapido	['trɛnɔ 'rapidɔ]
locomotora (f) diésel	locomotiva (f) diesel	[lɔkɔmɔ'tiva 'dizɛʎ]
tren (m) de vapor	locomotiva (f) a vapore	[lɔkɔmɔ'tiva a va'pɔrɛ]
coche (m)	carrozza (f)	[kar'rɔtsa]
coche (m) restaurante	vagone (m) ristorante	[va'gɔnɛ ristɔ'rantɛ]
rieles (m pl)	rotaie (f pl)	[rɔ'taje]
ferrocarril (m)	ferrovia (f)	[fɛrrɔ'wia]
traviesa (f)	traversa (f)	[tra'vɛrsa]
plataforma (f)	banchina (f)	[ba'ŋkina]
vía (f)	binario (m)	[bi'nariɔ]
semáforo (m)	semaforo (m)	[sɛ'mafɔrɔ]
estación (f)	stazione (f)	[sta'tsiɔnɛ]
maquinista (m)	macchinista (m)	[makki'nista]
maletero (m)	portabagagli (m)	[pɔrtaba'gaʎi]
mozo (m) del vagón	cuccettista (m, f)	[kutʃet'tista]
pasajero (m)	passeggero (m)	[passɛ'dʒerɔ]
revisor (m)	controllore (m)	[kɔntrɔl'lɔrɛ]
corredor (m)	corridoio (m)	[kɔrri'dɔjo]
freno (m) de urgencia	freno (m) di emergenza	['frɛnɔ di ɛmɛr'dʒentsa]
compartimiento (m)	scompartimento (m)	[skɔmparti'mɛntɔ]
litera (f)	cuccetta (f)	[ku'tʃetta]
litera (f) de arriba	cuccetta (f) superiore	[ku'tʃetta supɛri'ɔrɛ]
litera (f) de abajo	cuccetta (f) inferiore	[ku'tʃetta infɛri'ɔrɛ]
ropa (f) de cama	biancheria (f) da letto	[biaŋke'ria da 'lɛttɔ]
billete (m)	biglietto (m)	[bi'ʎjettɔ]
horario (m)	orario (m)	[ɔ'rariɔ]
pantalla (f) de información	tabellone (m) orari	[tabɛl'lɔnɛ ɔ'rari]
partir (vi)	partire (vi)	[par'tirɛ]
partida (f) (del tren)	partenza (f)	[par'tentsa]
llegar (tren)	arrivare (vi)	[arri'varɛ]
llegada (f)	arrivo (m)	[ar'rivɔ]
llegar en tren	arrivare con il treno	[arri'varɛ kɔn iʎ 'trɛnɔ]
tomar el tren	salire sul treno	[sa'lirɛ suʎ 'trɛnɔ]
bajar del tren	scendere dal treno	['ʃendɛrɛ daʎ 'trɛnɔ]
descarrilamiento (m)	deragliamento (m)	[dɛraʎja'mɛntɔ]
descarrilarse (vr)	deragliare (vi)	[dɛra'ʎjarɛ]
tren (m) de vapor	locomotiva (f) a vapore	[lɔkɔmɔ'tiva a va'pɔrɛ]
fogonero (m)	fuochista (m)	[fɔ'kista]
hogar (m)	forno (m)	['fɔrnɔ]
carbón (m)	carbone (m)	[kar'bɔnɛ]

143. El barco

buque (m)	nave (f)	['navɛ]
navío (m)	imbarcazione (f)	[imbarka'tsjɔnɛ]
buque (m) de vapor	piroscafo (m)	[pi'rɔskafɔ]
motonave (m)	barca (f) fluviale	['barka fluwi'jale]
trasatlántico (m)	transatlantico (m)	[transat'lantikɔ]
crucero (m)	incrociatore (m)	[iŋkrɔʧa'tɔrɛ]
yate (m)	yacht (m)	[jot]
remolcador (m)	rimorchiatore (m)	[rimɔrkja'tɔrɛ]
barcaza (f)	chiatta (f)	['kjatta]
ferry (m)	traghetto (m)	[tra'gɛttɔ]
velero (m)	veliero (m)	[vɛ'ʎjerɔ]
bergantín (m)	brigantino (m)	[brigan'tinɔ]
rompehielos (m)	rompighiaccio (m)	[rɔmpi'gjaʧɔ]
submarino (m)	sottomarino (m)	[sɔttɔma'rinɔ]
bote (m) de remo	barca (f)	['barka]
bote (m)	scialuppa (f)	[ʃa'luppa]
bote (m) salvavidas	scialuppa (f) di salvataggio	[ʃa'lyppa di saʎva'taʤɔ]
lancha (f) motora	motoscafo (m)	[mɔtɔs'kafɔ]
capitán (m)	capitano (m)	[kapi'tanɔ]
marinero (m)	marittimo (m)	[ma'rittimɔ]
marino (m)	marinaio (m)	[mari'najo]
tripulación (f)	equipaggio (m)	[ɛkui'paʤɔ]
contramaestre (m)	nostromo (m)	[nɔst'rɔmɔ]
grumete (m)	mozzo (m) di nave	['mɔtsɔ di 'navɛ]
cocinero (m) de a bordo	cuoco (m)	[ku'ɔkɔ]
médico (m) del buque	medico (m) di bordo	['mɛdikɔ di 'bɔrdɔ]
cubierta (f)	ponte (m)	['pɔntɛ]
mástil (m)	albero (m)	['aʎberɔ]
vela (f)	vela (f)	['vɛʎa]
bodega (f)	stiva (f)	['stiva]
proa (f)	prua (f)	['prua]
popa (f)	poppa (f)	['pɔppa]
remo (m)	remo (m)	['rɛmɔ]
hélice (f)	elica (f)	['ɛlika]
camarote (m)	cabina (f)	[ka'bina]
sala (f) de oficiales	quadrato (m) degli ufficiali	[kuad'ratɔ dɛlli uffi'ʧali]
sala (f) de máquinas	sala (f) macchine	['saʎa 'makkinɛ]
puente (m) de mando	ponte (m) di comando	['pɔntɛ di kɔ'mandɔ]
sala (f) de radio	cabina (f) radiotelegrafica	[ka'bina radiɔtɛleg'rafika]
onda (f)	onda (f)	['ɔnda]
cuaderno (m) de bitácora	giornale (m) di bordo	[ʤɔr'nale di 'bɔrdɔ]
anteojo (m)	cannocchiale (m)	[kaŋɔk'kjale]
campana (f)	campana (f)	[kam'pana]

bandera (f)	**bandiera** (f)	[ban'djera]
cabo (m) (maroma)	**cavo** (m) **d'ormeggio**	['kavo dor'medʒɔ]
nudo (m)	**nodo** (m)	['nɔdɔ]
pasamano (m)	**ringhiera** (f)	[riŋʰ'era]
pasarela (f)	**passerella** (f)	[passɛ'rɛʎa]
ancla (f)	**ancora** (f)	['aŋkɔra]
levar ancla	**levare l'ancora**	[le'varɛ 'ʎaŋkɔra]
echar ancla	**gettare l'ancora**	[dʒet'tarɛ 'ʎaŋkɔra]
cadena (f) del ancla	**catena** (f) **dell'ancora**	[ka'tɛna dɛʎ 'aŋkɔra]
puerto (m)	**porto** (m)	['pɔrtɔ]
embarcadero (m)	**banchina** (f)	[ba'ŋkina]
amarrar (vt)	**ormeggiarsi** (vr)	[ɔrmɛ'dʒarsi]
desamarrar (vt)	**salpare** (vi)	[saʎ'parɛ]
viaje (m)	**viaggio** (m)	['vjadʒɔ]
crucero (m) (viaje)	**crociera** (f)	[krɔ'tʃera]
derrota (f) (rumbo)	**rotta** (f)	['rɔtta]
itinerario (m)	**itinerario** (m)	[itinɛ'rariɔ]
canal (m) navegable	**tratto** (m) **navigabile**	['trattɔ nawi'gabile]
bajío (m)	**secca** (f)	['sɛkka]
encallar (vi)	**arenarsi** (vr)	[arɛ'narsi]
tempestad (f)	**tempesta** (f)	[tɛm'pɛsta]
señal (f)	**segnale** (m)	[sɛ'njale]
hundirse (vr)	**affondare** (vi)	[affon'darɛ]
¡Hombre al agua!	**Uomo in mare!**	[u'omo in 'marɛ]
SOS	**SOS**	['ɛssɛ ɔ 'ɛssɛ]
aro (m) salvavidas	**salvagente** (m) **anulare**	[saʎva'dʒɛntɛ anu'larɛ]

144. El aeropuerto

aeropuerto (m)	**aeroporto** (m)	[aɛrɔ'portɔ]
avión (m)	**aereo** (m)	[a'ɛrɛɔ]
compañía (f) aérea	**compagnia** (f) **aerea**	[kɔmpa'nia a'ɛrɛa]
controlador (m) aéreo	**controllore** (m) **di volo**	[kɔntrɔl'lɔrɛ di 'vɔlɔ]
despegue (m)	**partenza** (f)	[par'tɛntsa]
llegada (f)	**arrivo** (m)	[ar'rivɔ]
llegar (en avión)	**arrivare** (vi)	[arri'varɛ]
hora (f) de salida	**ora** (f) **di partenza**	['ɔra di par'tɛntsa]
hora (f) de llegada	**ora** (f) **di arrivo**	['ɔra di ar'rivɔ]
retrasarse (vr)	**essere ritardato**	['ɛssɛrɛ ritar'datɔ]
retraso (m) de vuelo	**volo** (m) **ritardato**	['vɔlɔ ritar'datɔ]
pantalla (f) de información	**tabellone** (m) **orari**	[tabɛl'lɔnɛ ɔ'rari]
información (f)	**informazione** (f)	[informa'tsɪɔnɛ]
anunciar (vt)	**annunciare** (vt)	[aɲun'tʃarɛ]
vuelo (m)	**volo** (m)	['vɔlɔ]

aduana (f)   dogana (f)   [do'gana]
aduanero (m)   doganiere (m)   [dɔga'njerɛ]

declaración (f) de aduana   dichiarazione (f)   [dikjara'tsʲɔnɛ]
rellenar la declaración   riempire una dichiarazione   [riɛm'pirɛ una dikjara'tsʲɔnɛ]
control (m) de pasaportes   controllo (m) passaporti   [kɔnt'rɔllo passa'pɔrti]

equipaje (m)   bagaglio (m)   [ba'gaʎɔ]
equipaje (m) de mano   bagaglio (m) a mano   [ba'gaʎɔ a 'manɔ]
objetos perdidos (oficina)   Assistenza bagagli   [asis'tɛntsa ba'gaʎi]
carrito (m) de equipaje   carrello (m)   [kar'rɛllɔ]

aterrizaje (m)   atterraggio (m)   [attɛr'radʒɔ]
pista (f) de aterrizaje   pista (f) di atterraggio   ['pista di attɛr'radʒɔ]
aterrizar (vi)   atterrare (vi)   [attɛr'rarɛ]
escaleras (f pl) (de avión)   scaletta (f) dell'aereo   [ska'letta dɛʎ a'ɛrɛɔ]

facturación (f) (check-in)   check-in (m)   [tʃɛ'kin]
mostrador (m) de facturación   banco (m) del check-in   ['baŋkɔ dɛʎ tʃɛ'kin]
hacer el check-in   fare il check-in   ['farɛ iʎ tʃɛ'kin]
tarjeta (f) de embarque   carta (f) d'imbarco   ['karta dim'barkɔ]
puerta (f) de embarque   porta (f) d'imbarco   ['pɔrta dim'barkɔ]

tránsito (m)   transito (m)   ['tranzitɔ]
esperar (aguardar)   aspettare (vt)   [aspɛt'tarɛ]
zona (f) de preembarque   sala (f) d'attesa   ['saʎa dat'tɛza]
despedir (vt)   accompagnare (vt)   [akkɔmpa'ɲarɛ]
despedirse (vr)   congedarsi (vr)   [kɔndʒe'darsi]

145. La bicicleta. La motocicleta

bicicleta (f)   bicicletta (f)   [bitʃik'letta]
scooter (f)   motorino (m)   [mɔtɔ'rinɔ]
motocicleta (f)   motocicletta (f)   [mɔtɔtʃik'letta]

ir en bicicleta   andare in bicicletta   [an'darɛ in bitʃik'letta]
manillar (m)   manubrio (m)   [ma'nubriɔ]
pedal (m)   pedale (m)   [pɛ'dale]
frenos (m pl)   freni (m pl)   ['frɛni]
sillín (m)   sellino (m)   [sel'linɔ]

bomba (f)   pompa (f)   ['pɔmpa]
portaequipajes (m)   portabagagli (m)   [pɔrtaba'gaʎi]
linterna (f)   fanale (m) anteriore   [fa'nalɛ antɛri'ɔrɛ]
casco (m)   casco (m)   ['kaskɔ]

rueda (f)   ruota (f)   [ru'ɔta]
guardabarros (m)   parafango (m)   [para'faŋɔ]
llanta (f)   cerchione (m)   [tʃer'kjɔnɛ]
rayo (m)   raggio (m)   ['radʒɔ]

Los coches

146. Tipos de carros

coche (m)	automobile (f)	[auto'mobile]
coche (m) deportivo	auto (f) sportiva	['auto spor'tiva]
limusina (f)	limousine (f)	[limu'zin]
todoterreno (m)	fuoristrada (m)	[fuorist'rada]
cabriolé (m)	cabriolet (m)	[kabrio'le]
microbús (m)	pulmino (m)	[puʎ'mino]
ambulancia (f)	ambulanza (f)	[ambu'ʎantsa]
quitanieves (m)	spazzaneve (m)	[spatsa'nɛvɛ]
camión (m)	camion (m)	['kamion]
camión (m) cisterna	autocisterna (f)	[autotʃis'tɛrna]
camioneta (f)	furgone (m)	[fur'gonɛ]
remolcador (m)	motrice (f)	[mot'ritʃɛ]
remolque (m)	rimorchio (m)	[ri'morkio]
confortable (adj)	confortevole	[konfor'tɛvole]
de ocasión (adj)	di seconda mano	[di sɛ'konda 'mano]

147. Los carros. Taller de pintura

capó (m)	cofano (m)	['kofano]
guardabarros (m)	parafango (m)	[para'faŋo]
techo (m)	tetto (m)	['tɛtto]
parabrisas (m)	parabrezza (m)	[parab'rɛdza]
espejo (m) retrovisor	retrovisore (m)	[rɛtrowi'zorɛ]
limpiador (m)	lavacristallo (m)	[ʎava kris'tallo]
limpiaparabrisas (m)	tergicristallo (m)	[tɛrdʒi kris'tallo]
ventana (f) lateral	finestrino (m) laterale	[finɛst'rino ʎatɛ'ralɛ]
elevalunas (m)	alzacristalli (m)	[aʎtsakris'talli]
antena (f)	antenna (f)	[an'tɛna]
techo (m) solar	tettuccio (m) apribile	[tɛt'tutʃo ap'ribile]
parachoques (m)	paraurti (m)	[para'urti]
maletero (m)	bagagliaio (m)	[baga'ʎjajo]
puerta (f)	portiera (f)	[por'tiera]
tirador (m) de puerta	maniglia (f)	[ma'niʎja]
cerradura (f)	serratura (f)	[sɛrra'tura]
matrícula (f)	targa (f)	['targa]
silenciador (m)	marmitta (f)	[mar'mitta]

| tanque (m) de gasolina | serbatoio (m) della benzina | [serba'tojo dɛʎa ben'dzina] |
| tubo (m) de escape | tubo (m) di scarico | ['tubɔ di 'skarikɔ] |

acelerador (m)	acceleratore (m)	[atʃelera'torɛ]
pedal (m)	pedale (m)	[pɛ'dale]
pedal (m) de acelerador	pedale (m) dell'acceleratore	[pe'dale dɛlatʃelera'torɛ]

freno (m)	freno (m)	['frɛnɔ]
pedal (m) de freno	pedale (m) del freno	[pɛ'dale dɛʎ 'frɛnɔ]
frenar (vi)	frenare (vi)	[frɛ'narɛ]
freno (m) de mano	freno (m) a mano	['frɛnɔ a 'manɔ]

embrague (m)	frizione (f)	[fri'tsɔnɛ]
pedal (m) de embrague	pedale (m) della frizione	[pɛ'dale 'dɛʎa fri'tsɔnɛ]
disco (m) de embrague	disco (m) della frizione	['diskɔ 'dɛʎa fri'tsɔnɛ]
amortiguador (m)	ammortizzatore (m)	[ammɔrtidza'torɛ]

rueda (f)	ruota (f)	[ru'ota]
rueda (f) de repuesto	ruota (f) di scorta	[ru'ota di 'skɔrta]
tapacubo (m)	copriruota (m)	[kɔpriru'ota]

ruedas (f pl) motrices	ruote (f pl) motrici	[ru'otɛ mɔt'ritʃi]
de tracción delantera	a trazione anteriore	[a tra'tsɔnɛ anteri'orɛ]
de tracción trasera	a trazione posteriore	[a tra'tsɔnɛ posteri'orɛ]
de tracción integral	a trazione integrale	[a tra'tsɔnɛ integ'rale]

caja (f) de cambios	scatola (f) del cambio	[ska'tɔla dɛʎ 'kambiɔ]
automático (adj)	automatico	[auto'matikɔ]
mecánico (adj)	meccanico	[mɛk'kanikɔ]
palanca (f) de cambios	leva (f) del cambio	['leva dɛʎ 'kambiɔ]

| faro (m) delantero | faro (m) | ['farɔ] |
| faros (m pl) | luci (f pl), fari (m pl) | ['lytʃi], ['fari] |

luz (f) de cruce	luci (f pl) anabbaglianti	['lytʃi anabba'ʎjanti]
luz (f) de carretera	luci (f pl) abbaglianti	['lytʃi abba'ʎjanti]
luz (f) de freno	luci (f pl) di arresto	['lytʃi di ar'rɛstɔ]

luz (f) de posición	luci (f pl) di posizione	['lytʃi di pɔzi'tsɔnɛ]
luces (f pl) de emergencia	luci (f pl) di emergenza	['lytʃi di ɛmɛr'dʒentsa]
luces (f pl) antiniebla	fari (m pl) antinebbia	['fari anti'nɛbbia]
intermitente (m)	freccia (f)	['frɛtʃa]
luz (f) de marcha atrás	luci (f pl) di retromarcia	['lytʃi di rɛtrɔ'martʃa]

148. Los carros. El compartimento de pasajeros

habitáculo (m)	abitacolo (m)	[abi'takɔlɔ]
de cuero (adj)	di pelle	[di 'pɛlle]
de felpa (adj)	in velluto	[in vɛl'lytɔ]
revestimiento (m)	rivestimento (m)	[rivɛsti'mɛntɔ]

instrumento (m)	strumento (m) di bordo	[stru'mɛntɔ di 'bɔrdɔ]
salpicadero (m)	cruscotto (m)	[krus'kɔttɔ]
velocímetro (m)	tachimetro (m)	[ta'kimetrɔ]

aguja (f)	lancetta (f)	[ʎan'ʧetta]
cuentakilómetros (m)	contachilometri (m)	[kontaki'lɔmɛtri]
indicador (m)	indicatore (m)	[indika'tɔrɛ]
nivel (m)	livello (m)	[li'vɛllo]
testigo (m) (~ luminoso)	spia (f) luminosa	['spia lymi'nɔza]
volante (m)	volante (m)	[vɔ'ʎantɛ]
bocina (f)	clacson (m)	['kʎaksɔn]
botón (m)	pulsante (m)	[puʎ'santɛ]
interruptor (m)	interruttore (m)	[intɛrrut'tɔrɛ]
asiento (m)	sedile (m)	[sɛ'dile]
respaldo (m)	spalliera (f)	[spa'ʎjera]
reposacabezas (m)	appoggiatesta (m)	[appodʒa'tɛsta]
cinturón (m) de seguridad	cintura (f) di sicurezza	[ʧin'tura di siku'rɛʦa]
abrocharse el cinturón	allacciare la cintura	[aʎa'ʧarɛ ʎa ʧin'tura]
reglaje (m)	regolazione (f)	[rɛgoʎa'ʦjonɛ]
bolsa (f) de aire (airbag)	airbag (m)	['ɛjrbɛg]
climatizador (m)	condizionatore (m)	[kondiʦiona'tɔrɛ]
radio (f)	radio (f)	['radio]
lector (m) de CD	lettore (m) CD	[let'tɔrɛ ʧi'di]
encender (vt)	accendere (vt)	[a'ʧɛndɛrɛ]
antena (f)	antenna (f)	[an'tɛŋa]
guantera (f)	vano (m) portaoggetti	['vano portaɔ'dʒetti]
cenicero (m)	portacenere (m)	[porta'ʧenɛrɛ]

149. Los carros. El motor

motor (m)	motore (m)	[mo'tɔrɛ]
diesel (adj)	a diesel	[a 'dizɛʎ]
a gasolina (adj)	a benzina	[a ben'dzina]
volumen (m) del motor	cilindrata (f)	[ʧilind'rata]
potencia (f)	potenza (f)	[po'tɛnʦa]
caballo (m) de fuerza	cavallo vapore (m)	[ka'vallo va'pɔrɛ]
pistón (m)	pistone (m)	[pis'tɔnɛ]
cilindro (m)	cilindro (m)	[ʧi'lindro]
válvula (f)	valvola (f)	['vaʎvɔʎa]
inyector (m)	iniettore (m)	[iɲjet'tɔrɛ]
generador (m)	generatore (m)	[dʒenɛra'tɔrɛ]
carburador (m)	carburatore (m)	[karbura'tɔrɛ]
aceite (m) de motor	olio (m) motore	['ɔlio mo'tɔrɛ]
radiador (m)	radiatore (m)	[radia'tɔrɛ]
liquido (m) refrigerante	liquido (m) di raffreddamento	['likuido di raffrɛda'mɛnto]
ventilador (m)	ventilatore (m)	[vɛntiʎa'tɔrɛ]
batería (f)	batteria (m)	[battɛ'ria]
estárter (m)	motorino (m) d'avviamento	[moto'rino davwia'mɛnto]
encendido (m)	accensione (f)	[aʧɛnsi'ɔnɛ]

bujía (f) de ignición	candela (f) d'accensione	[kan'dɛʎa datʃɛnsi'ɔnɛ]
terminal (f)	morsetto (m)	[mor'sɛtto]
terminal (f) positiva	più (m)	['pjy]
terminal (f) negativa	meno (m)	['menɔ]
fusible (m)	fusibile (m)	[fu'zibile]
filtro (m) de aire	filtro (m) dell'aria	['fiʎtro dɛʎ 'aria]
filtro (m) de aceite	filtro (m) dell'olio	['fiʎtro dɛʎ 'ɔlio]
filtro (m) de combustible	filtro (m) del carburante	['fiʎtro dɛʎ karbu'rantɛ]

150. Los carros. Los choques. La reparación

accidente (m)	incidente (m)	[intʃi'dɛntɛ]
accidente (m) de tráfico	incidente (m) stradale	[intʃi'dɛntɛ stra'dale]
chocar contra ...	sbattere contro ...	['zbattɛrɛ 'kontrɔ]
tener un accidente	avere un incidente	[a'vɛrɛ un intʃi'dɛntɛ]
daño (m)	danno (m)	['daɲɔ]
intacto (adj)	illeso	[il'lezɔ]
averiarse (vr)	essere rotto	['ɛssɛrɛ 'rottɔ]
remolque (m) (cuerda)	cavo (m) di rimorchio	['kavɔ di ri'mɔrkiɔ]
pinchazo (m)	foratura (f)	[fora'tura]
desinflarse (vr)	essere a terra	['ɛssɛrɛ a 'tɛrra]
inflar (vt)	gonfiare (vt)	[gon'fjarɛ]
presión (f)	pressione (f)	[prɛssi'ɔnɛ]
verificar (vt)	verificare	[vɛrifi'karɛ]
reparación (f)	riparazione (f)	[ripara'tsʲɔnɛ]
taller (m)	officina (f) meccanica	[offi'tʃina me'kanika]
parte (f) de repuesto	pezzo (m) di ricambio	['pɛtsɔ di ri'kambiɔ]
parte (f)	pezzo (m)	['pɛtsɔ]
perno (m)	bullone (m)	[bul'lɔnɛ]
tornillo (m)	bullone (m) a vite	[bul'lɔnɛ a 'witɛ]
tuerca (f)	dado (m)	['dadɔ]
arandela (f)	rondella (f)	[rɔn'dɛʎa]
rodamiento (m)	cuscinetto (m)	[kuʃi'nɛttɔ]
tubo (m)	tubo (m)	['tubɔ]
junta (f)	guarnizione (f)	[guarni'tsʲɔnɛ]
hilo (m)	filo (m), cavo (m)	['filɔ], ['kavɔ]
gato (m)	cric (m)	[krik]
llave (f) de tuerca	chiave (f)	['kjavɛ]
martillo (m)	martello (m)	[mar'tɛllɔ]
bomba (f)	pompa (f)	['pompa]
destornillador (m)	giravite (m)	[dʒira'witɛ]
extintor (m)	estintore (m)	[ɛstin'tɔrɛ]
triángulo (m) de avería	triangolo (m) d'emergenza	[tri'aɲolo dɛmɛr'dʒentsa]
calarse (vr)	spegnersi (vr)	['spɛɲersi]
parada (f) (del motor)	spegnimento (m) motore	[spɛɲi'mɛntɔ mɔ'tɔrɛ]

estar averiado	**essere rotto**	['ɛssɛrɛ 'rɔttɔ]
recalentarse (vr)	**surriscaldarsi** (vr)	[surriskaʎ'darsi]
estar atascado	**intasarsi** (vr)	[inta'zarsi]
congelarse (vr)	**ghiacciarsi** (vr)	[gja'ʧarsi]
reventar (vi)	**spaccarsi** (vr)	[spak'karsi]
presión (f)	**pressione** (f)	[prɛssi'ɔnɛ]
nivel (m)	**livello** (m)	[li'vɛllo]
flojo (correa ~a)	**lento**	['lentɔ]
abolladura (f)	**ammaccatura** (f)	[ammakka'tura]
ruido (m) (en el motor)	**battito** (m)	['battitɔ]
grieta (f)	**fessura** (f)	[fɛs'sura]
rozadura (f)	**graffiatura** (f)	[graffja'tura]

151. Los carros. La calle

camino (m)	**strada** (f)	['strada]
autovía (f)	**superstrada** (f)	[supɛrst'rada]
carretera (f)	**autostrada** (f)	[autɔst'rada]
dirección (f)	**direzione** (f)	[dirɛt'ts|ɔnɛ]
distancia (f)	**distanza** (f)	[dis'tantsa]
puente (m)	**ponte** (m)	['pɔntɛ]
aparcamiento (m)	**parcheggio** (m)	[par'kedʒɔ]
plaza (f)	**piazza** (f)	['pjatsa]
intercambiador (m)	**svincolo** (m)	['zwiŋkolɔ]
túnel (m)	**galleria** (f), **tunnel** (m)	[galle'ria], ['tuŋɛl]
gasolinera (f)	**distributore** (m) **di benzina**	[distribu'tɔrɛ di ben'dzina]
aparcamiento (m)	**parcheggio** (m)	[par'kedʒɔ]
surtidor (m)	**pompa** (f) **di benzina**	['pompa di ben'dzina]
taller (m)	**officina** (f) **meccanica**	[ɔffi'ʧina me'kanika]
cargar gasolina	**fare benzina**	['farɛ ben'dzina]
combustible (m)	**carburante** (m)	[karbu'rantɛ]
bidón (m) de gasolina	**tanica** (f)	['tanika]
asfalto (m)	**asfalto** (m)	[as'faʎtɔ]
señalización (f) vial	**segnaletica** (f) **stradale**	[sɛɲa'letika stra'dale]
bordillo (m)	**cordolo** (m)	['kɔrdolɔ]
barrera (f) de seguridad	**barriera** (f) **di sicurezza**	[bar'rjera di siku'rɛtsa]
cuneta (f)	**fosso** (m)	['fɔssɔ]
borde (m) de la carretera	**ciglio** (m) **della strada**	['ʧiʎɔ della 'strada]
farola (f)	**lampione** (m)	[lam'p|ɔnɛ]
conducir (vi, vt)	**guidare, condurre**	[gui'darɛ], [kɔn'durrɛ]
girar (~ a la izquierda)	**girare** (vi)	[dʒi'rarɛ]
dar la vuelta en U	**fare un'inversione a U**	['farɛ un invɛrsi'ɔnɛ a'u]
marcha (f) atrás	**retromarcia** (m)	[rɛtrɔ'marʧa]
tocar la bocina	**suonare il clacson**	[suɔ'narɛ iʎ 'kʎakson]
bocinazo (m)	**colpo** (m) **di clacson**	['koʎpɔ di 'klakson]
atascarse (vr)	**incastrarsi** (vr)	[iŋkast'rarsi]
patinar (vi)	**impantanarsi** (vr)	[impanta'narsi]

parar (el motor)	**spegnere** (vt)	['spɛɲjerɛ]
velocidad (f)	**velocità** (f)	[vɛlɜʧi'ta]
exceder la velocidad	**superare i limiti di velocità**	[supɛ'rarɛ i 'limiti di vɛlɜʧi'ta]
multar (vt)	**multare** (vt)	[muʎ'tarɛ]
semáforo (m)	**semaforo** (m)	[sɛ'mafɔrɔ]
permiso (m) de conducir	**patente** (f) **di guida**	[pa'tɛntɛ di gu'ida]
paso (m) a nivel	**passaggio** (m) **a livello**	[pas'sadʒɔ a li'vɛllɔ]
cruce (m)	**incrocio** (m)	[iŋk'rɔʧɔ]
paso (m) de peatones	**passaggio** (m) **pedonale**	[pas'sadʒɔ pɛdɔ'nale]
curva (f)	**curva** (f)	['kurva]
zona (f) de peatones	**zona** (f) **pedonale**	['dzɔna pɛdɔ'nale]

LA GENTE. ACONTECIMIENTOS DE LA VIDA

Acontecimentos de la vida

152. Los días festivos. Los eventos

fiesta (f)	festa (f)	['fɛsta]
fiesta (f) nacional	festa (f) nazionale	['fɛsta natsjo'nale]
día (m) de fiesta	festività (f) civile	[fɛstiwi'ta tʃi'wile]
festejar (vt)	festeggiare (vt)	[fɛstɛ'dʒarɛ]
evento (m)	avvenimento (m)	[avvɛni'mɛntɔ]
medida (f)	evento (m)	[ɛ'vɛntɔ]
banquete (m)	banchetto (m)	[ba'ŋkɛttɔ]
recepción (f)	ricevimento (m)	[ritʃewi'mɛntɔ]
festín (m)	festino (m)	[fes'tinɔ]
aniversario (m)	anniversario (m)	[aɲivɛr'sariɔ]
jubileo (m)	giubileo (m)	[dʒubi'leɔ]
celebrar (vt)	festeggiare (vt)	[fɛstɛ'dʒarɛ]
Año (m) Nuevo	Capodanno (m)	[kapɔ'daɲɔ]
¡Feliz Año Nuevo!	Buon Anno!	[buɔ'naɲɔ]
Navidad (f)	Natale (m)	[na'tale]
¡Feliz Navidad!	Buon Natale!	[bu'ɔn na'tale]
árbol (m) de Navidad	Albero (m) di Natale	['aʎbɛrɔ di na'tale]
fuegos (m pl) artificiales	fuochi (m pl) artificiali	[fu'ɔki artifi'tʃali]
boda (f)	nozze (f pl)	['nɔtse]
novio (m)	sposo (m)	['spɔzɔ]
novia (f)	sposa (f)	['spɔza]
invitar (vt)	invitare (vt)	[inwi'tarɛ]
tarjeta (f) de invitación	invito (m)	[in'witɔ]
invitado (m)	ospite (m)	['ɔspitɛ]
visitar (vt) (a los amigos)	andare a trovare	[an'darɛ a trɔ'varɛ]
recibir a los invitados	accogliere gli invitati	[ak'kɔʎjerɛ ʎi inwi'tati]
regalo (m)	regalo (m)	[rɛ'galɔ]
regalar (vt)	offrire (vt)	[ɔffrirɛ]
recibir regalos	ricevere i regali	[ri'tʃevɛrɛ i rɛ'gali]
ramo (m) de flores	mazzo (m) di fiori	['matsɔ di 'fjori]
felicitación (f)	auguri (m pl)	[au'guri]
felicitar (vt)	augurare (vt)	[augu'rarɛ]
tarjeta (f) de felicitación	cartolina (f)	[kartɔ'lina]
enviar una tarjeta	mandare una cartolina	[man'darɛ una kartɔ'lina]

recibir una tarjeta	ricevere una cartolina	[ri'ʧevɛrɛ 'una kartɔ'lina]
brindis (m)	brindisi (m)	['brindizi]
ofrecer (~ una copa)	offrire (vt)	[off'rirɛ]
champaña (f)	champagne (m)	[ʃam'paɲ]

divertirse (vr)	divertirsi (vr)	[divɛr'tirsi]
diversión (f)	allegria (f)	[alleg'ria]
alegría (f) (emoción)	gioia (f)	['ʤɔja]

| baile (m) | danza (f), ballo (m) | ['dantsa], ['ballɔ] |
| bailar (vi, vt) | ballare (vi, vt) | [ba'ʎarɛ] |

| vals (m) | valzer (m) | ['vaʎtsɛr] |
| tango (m) | tango (m) | ['taŋɔ] |

153. Los funerales. El entierro

cementerio (m)	cimitero (m)	[ʧimi'tɛrɔ]
tumba (f)	tomba (f)	['tɔmba]
lápida (f)	pietra (f) tombale	['pjetra tɔm'bale]
verja (f)	recinto (m)	[rɛ'ʧintɔ]
capilla (f)	cappella (f)	[kap'pɛʎa]

muerte (f)	morte (f)	['mɔrtɛ]
morir (vi)	morire (vi)	[mɔ'rirɛ]
difunto (m)	defunto (m)	[dɛ'funtɔ]
luto (m)	lutto (m)	['lyttɔ]

enterrar (vt)	seppellire (vt)	[sɛppɛl'lirɛ]
funeraria (f)	sede (f) di pompe funebri	['sɛdɛ di 'pɔmpɛ 'funɛbri]
entierro (m)	funerale (m)	[funɛ'rale]

corona (f) funeraria	corona (f) di fiori	[kɔ'rona di fi'ɔri]
ataúd (m)	bara (f)	['bara]
coche (m) fúnebre	carro (m) funebre	['karrɔ 'funɛbrɛ]
mortaja (f)	lenzuolo (m) funebre	[lentsu'ɔlɔ 'funɛbrɛ]

cortejo (m) fúnebre	corteo (m) funebre	[kɔr'tɛɔ 'funɛbrɛ]
urna (f) funeraria	urna (f) funeraria	['urna funɛ'raria]
crematorio (m)	crematorio (m)	[krɛma'tɔriɔ]

necrología (f)	necrologio (m)	[nɛkrɔ'lɔʤɔ]
llorar (vi)	piangere (vi)	['pjanʤɛrɛ]
sollozar (vi)	singhiozzare (vi)	[singɔ'tsarɛ]

154. La guerra. Los soldados

sección (f)	plotone (m)	[plɔ'tɔnɛ]
compañía (f)	compagnia (f)	[kɔmpa'nia]
regimiento (m)	reggimento (m)	[rɛʤi'mɛntɔ]
ejército (m)	esercito (m)	[ɛ'zɛrʧitɔ]
división (f)	divisione (f)	[diwizi'ɔnɛ]

| destacamento (m) | distaccamento (m) | [distakka'mɛnto] |
| hueste (f) | armata (f) | [ar'mata] |

| soldado (m) | soldato (m) | [sɔʎ'dato] |
| oficial (m) | ufficiale (m) | [uffi'ʧale] |

soldado (m) raso	soldato (m) semplice	[sɔʎ'dato 'sɛmpliʧɛ]
sargento (m)	sergente (m)	[sɛr'dʒɛntɛ]
teniente (m)	tenente (m)	[tɛ'nɛntɛ]
capitán (m)	capitano (m)	[kapi'tano]
mayor (m)	maggiore (m)	[ma'dʒɔrɛ]
coronel (m)	colonnello (m)	[kɔlɔ'ɲɛllɔ]
general (m)	generale (m)	[dʒɛnɛ'rale]

marino (m)	marinaio (m)	[mari'najo]
capitán (m)	capitano (m)	[kapi'tano]
contramaestre (m)	nostromo (m)	[nɔst'rɔmɔ]

artillero (m)	artigliere (m)	[arti'ʎjerɛ]
paracaidista (m)	paracadutista (m)	[parakadu'tista]
piloto (m)	pilota (m)	[pi'lota]
navegador (m)	navigatore (m)	[nawiga'tɔrɛ]
mecánico (m)	meccanico (m)	[mɛk'kanikɔ]

zapador (m)	geniere (m)	[dʒeni'erɛ]
paracaidista (m)	paracadutista (m)	[parakadu'tista]
explorador (m)	esploratore (m)	[ɛsplɔra'tɔrɛ]
francotirador (m)	cecchino (m)	[ʧek'kinɔ]

patrulla (f)	pattuglia (f)	[pat'tuʎja]
patrullar (vi, vt)	pattugliare (vt)	[pattu'ʎjarɛ]
centinela (m)	sentinella (f)	[sɛnti'nɛʎa]

guerrero (m)	guerriero (m)	[guɛr'rjerɔ]
héroe (m)	eroe (m)	[ɛ'rɔɛ]
heroína (f)	eroina (f)	[ɛrɔ'ina]
patriota (m)	patriota (m)	[patri'ɔta]

traidor (m)	traditore (m)	[tradi'tɔrɛ]
desertor (m)	disertore (m)	[dizɛr'tɔrɛ]
desertar (vi)	disertare (vi)	[dizɛr'tarɛ]

mercenario (m)	mercenario (m)	[mɛrʧe'nariɔ]
recluta (m)	recluta (f)	['rɛklyta]
voluntario (m)	volontario (m)	[vɔlɔn'tariɔ]

muerto (m)	ucciso (m)	[u'ʧizɔ]
herido (m)	ferito (m)	[fɛ'ritɔ]
prisionero (m)	prigioniero (m) di guerra	[pridʒo'ɲjerɔ di gu'ɛrra]

155. La guerra. Las maniobras militares. Unidad 1

| guerra (f) | guerra (f) | [gu'ɛrra] |
| estar en guerra | essere in guerra | ['ɛssɛrɛ in gu'ɛrra] |

guerra (f) civil	**guerra** (f) **civile**	[gu'ɛrra ʧi'wile]
pérfidamente (adv)	**perfidamente**	[pɛrfida'mɛntɛ]
declaración (f) de guerra	**dichiarazione** (f) **di guerra**	[dikʲara'tsʲɔnɛ di gu'ɛrra]
declarar (~ la guerra)	**dichiarare** (vt)	[dikja'rarɛ]
agresión (f)	**aggressione** (f)	[aggrɛssi'ɔnɛ]
atacar (~ a un país)	**attaccare** (vt)	[attak'karɛ]
invadir (vt)	**invadere** (vt)	[in'vadɛrɛ]
invasor (m)	**invasore** (m)	[inva'zorɛ]
conquistador (m)	**conquistatore** (m)	[kɔŋkuista'torɛ]
defensa (f)	**difesa** (f)	[di'fɛza]
defender (vt)	**difendere** (vt)	[di'fɛndɛrɛ]
defenderse (vr)	**difendersi** (vr)	[di'fɛndɛrsi]
enemigo (m)	**nemico** (m)	[nɛ'mikɔ]
adversario (m)	**avversario** (m)	[avvɛr'sariɔ]
enemigo (adj)	**ostile**	[ɔs'tile]
estrategia (f)	**strategia** (f)	[stratɛ'dʒia]
táctica (f)	**tattica** (f)	['tattika]
orden (f)	**ordine** (m)	['ɔrdinɛ]
comando (m)	**comando** (m)	[kɔ'mandɔ]
ordenar (vt)	**ordinare** (vt)	[ɔrdi'narɛ]
misión (f)	**missione** (f)	[mis'sʲɔnɛ]
secreto (adj)	**segreto**	[sɛg'rɛtɔ]
batalla (f)	**battaglia** (f)	[bat'taʎja]
combate (m)	**combattimento** (m)	[kɔmbatti'mɛntɔ]
ataque (m)	**attacco** (m)	[at'takkɔ]
asalto (m)	**assalto** (m)	[as'saʎtɔ]
tomar por asalto	**assalire** (vt)	[assa'lirɛ]
asedio (m), sitio (m)	**assedio** (m)	[as'sɛdiɔ]
ofensiva (f)	**offensiva** (f)	[ɔffɛn'siva]
tomar la ofensiva	**passare all'offensiva**	[pas'sarɛ allɔfɛn'siva]
retirada (f)	**ritirata** (f)	[riti'rata]
retirarse (vr)	**ritirarsi** (vr)	[riti'rarsi]
envolvimiento (m)	**accerchiamento** (m)	[atʃerkja'mɛntɔ]
cercar (vt)	**accerchiare** (vt)	[atʃer'kjarɛ]
bombardeo (m)	**bombardamento** (m)	[bɔmbarda'mɛntɔ]
lanzar una bomba	**lanciare una bomba**	[ʎan'ʧarɛ 'una 'bɔmba]
bombear (vt)	**bombardare** (vt)	[bomar'darɛ]
explosión (f)	**esplosione** (f)	[ɛsplozi'ɔnɛ]
tiro (m), disparo (m)	**sparo** (m)	['sparɔ]
disparar (vi)	**sparare un colpo**	[spa'rarɛ un 'kɔʎpɔ]
tiroteo (m)	**sparatoria** (f)	[spara'toria]
apuntar a ...	**puntare su ...**	[pun'tarɛ su]
encarar (apuntar)	**puntare** (vt)	[pun'tarɛ]

alcanzar (el objetivo)	colpire (vt)	[kɔʎ'pirɛ]
hundir (vt)	affondare (vt)	[affon'darɛ]
brecha (f) (~ en el casco)	falla (f)	['faʎa]
hundirse (vr)	affondare (vi)	[affon'darɛ]

frente (m)	fronte (m)	['frontɛ]
retaguardia (f)	retrovie (f pl)	[rɛtro'wie]
evacuación (f)	evacuazione (f)	[ɛvakua'tsʲonɛ]
evacuar (vt)	evacuare (vt)	[ɛvaku'arɛ]

trinchera (f)	trincea (f)	[trin'tʃea]
alambre (m) de púas	filo (m) spinato	['filo spi'nato]
barrera (f) (~ antitanque)	sbarramento (m)	[sbarra'mento]
torre (f) de vigilancia	torretta (f) di osservazione	[tor'rɛtta di osɛrva'tsʲonɛ]

hospital (m)	ospedale (m) militare	[ospɛ'dale mili'tarɛ]
herir (vt)	ferire (vt)	[fɛ'rirɛ]
herida (f)	ferita (f)	[fɛ'rita]
herido (m)	ferito (m)	[fɛ'rito]
recibir una herida	rimanere ferito	[rima'nɛrɛ fɛ'rito]
grave (herida)	grave	['gravɛ]

156. Las armas

arma (f)	armi (f pl)	['armi]
arma (f) de fuego	arma (f) da fuoco	['arma da fu'ɔko]
arma (f) blanca	arma (f) bianca	['arma 'bjaŋka]

arma (f) química	armi (f pl) chimiche	['armi 'kimikɛ]
nuclear (adj)	nucleare	[nukle'arɛ]
arma (f) nuclear	armi (f pl) nucleari	['armi nukle'ari]

bomba (f)	bomba (f)	['bomba]
bomba (f) atómica	bomba (f) atomica	['bomba a'tomika]

pistola (f)	pistola (f)	[pis'toʎa]
fusil (m)	fucile (m)	[fu'tʃile]
metralleta (f)	mitra (m)	['mitra]
ametralladora (f)	mitragliatrice (f)	[mitraʎjat'ritʃe]

boca (f)	bocca (f)	['bokka]
cañón (m) (del arma)	canna (f)	['kaŋa]
calibre (m)	calibro (m)	['kalibro]

gatillo (m)	grilletto (m)	[gril'letto]
alza (f)	mirino (m)	[mi'rino]
cargador (m)	caricatore (m)	[karika'torɛ]
culata (f)	calcio (m)	['kaʎtʃo]

granada (f) de mano	bomba (f) a mano	['bomba a 'mano]
explosivo (m)	esplosivo (m)	[ɛsplo'zivo]

bala (f)	pallottola (f)	[pal'lɔttoʎa]
cartucho (m)	cartuccia (f)	[kar'tutʃa]

| carga (f) | carica (f) | ['karika] |
| pertrechos (m pl) | munizioni (f pl) | [muni'tsjoni] |

bombardero (m)	bombardiere (m)	[bombar'djerɛ]
avión (m) de caza	aereo (m) da caccia	[a'ɛrɛɔ da 'katʃa]
helicóptero (m)	elicottero (m)	[ɛli'kɔttɛrɔ]

antiaéreo (m)	cannone (m) antiaereo	[ka'ɲɔnɛ antia'ɛrɛɔ]
tanque (m)	carro (m) armato	['karrɔ ar'matɔ]
cañón (m) (de un tanque)	cannone (m)	[ka'ɲɔnɛ]

artillería (f)	artiglieria (f)	[artiʎje'ria]
cañón (m) (arma)	cannone (m)	[ka'ɲɔnɛ]
dirigir (un misil, etc.)	mirare a ...	[mi'rarɛ a]

obús (m)	proiettile (m)	[prɔ'jettile]
bomba (f) de mortero	granata (f) da mortaio	[gra'nata da mɔr'tajo]
mortero (m)	mortaio (m)	[mɔr'tajo]
trozo (m) de obús	scheggia (f)	['skɛdʒa]

submarino (m)	sottomarino (m)	[sɔttɔma'rinɔ]
torpedo (m)	siluro (m)	[si'lyrɔ]
misil (m)	missile (m)	['missile]

cargar (pistola)	caricare (vt)	[kari'karɛ]
tirar (vi)	sparare (vi)	[spa'rarɛ]
apuntar a ...	puntare su ...	[pun'tarɛ su]
bayoneta (f)	baionetta (f)	[bajo'nɛtta]

espada (f) (duelo a ~)	spada (f)	['spada]
sable (m)	sciabola (f)	['ʃaboʎa]
lanza (f)	lancia (f)	['ʎantʃa]
arco (m)	arco (m)	['arkɔ]
flecha (f)	freccia (f)	['frɛtʃa]
mosquete (m)	moschetto (m)	[mɔs'kɛttɔ]
ballesta (f)	balestra (f)	[ba'lestra]

157. Los pueblos antiguos

primitivo (adj)	primitivo	[primi'tivɔ]
prehistórico (adj)	preistorico	[prɛis'torikɔ]
antiguo (adj)	antico	[an'tikɔ]

Edad (f) de Piedra	Età (f) della pietra	[ɛ'ta 'dɛʎa 'pjetra]
Edad (f) de Bronce	Età (f) del bronzo	[ɛ'ta dɛʎ 'brondzɔ]
Edad (f) de Hielo	epoca (f) glaciale	['ɛpɔka gʎa'tʃale]

tribu (f)	tribù (f)	[tri'bu]
caníbal (m)	cannibale (m)	[ka'ɲibale]
cazador (m)	cacciatore (m)	[katʃa'tɔrɛ]
cazar (vi, vt)	cacciare (vt)	[ka'tʃarɛ]
mamut (m)	mammut (m)	[mam'mut]
caverna (f)	caverna (f), grotta (f)	[ka'vɛrna], ['grɔtta]
fuego (m)	fuoco (m)	[fu'ɔkɔ]

| hoguera (f) | falò (m) | [fa'lɔ] |
| pintura (f) rupestre | pittura (f) rupestre | [pit'tura ru'pɛstrɛ] |

útil (m)	strumento (m) di lavoro	[stru'mɛntɔ di ʎa'vɔrɔ]
lanza (f)	lancia (f)	['ʎantʃa]
hacha (f) de piedra	ascia (f) di pietra	['aʃa di 'pjetra]
estar en guerra	essere in guerra	['ɛssɛrɛ in gu'ɛrra]
domesticar (vt)	addomesticare (vt)	[addɔmɛsti'karɛ]

ídolo (m)	idolo (m)	['idɔlɔ]
adorar (vt)	idolatrare (vt)	[idɔʎat'rarɛ]
superstición (f)	superstizione (f)	[supɛrsti'tsʲɔnɛ]
rito (m)	rito (m)	['ritɔ]

evolución (f)	evoluzione (f)	[ɛvɔly'tsʲɔnɛ]
desarrollo (m)	sviluppo (m)	[zwi'lyppɔ]
desaparición (f)	estinzione (f)	[ɛstin'tsʲɔnɛ]
adaptarse (vr)	adattarsi (vr)	[adat'tarsi]

arqueología (f)	archeologia (f)	[arkɛɔlɔ'dʒia]
arqueólogo (m)	archeologo (m)	[arkɛ'ɔlɔgɔ]
arqueológico (adj)	archeologico	[arkɛɔ'lɔdʒikɔ]

sitio (m) de excavación	sito (m) archeologico	['sitɔ arkɛɔ'lɔdʒikɔ]
excavaciones (f pl)	scavi (m pl)	['skawi]
hallazgo (m)	reperto (m)	[rɛ'pɛrtɔ]
fragmento (m)	frammento (m)	[fram'mɛntɔ]

158. La edad media

pueblo (m)	popolo (m)	['pɔpɔlɔ]
pueblos (m pl)	popoli (m pl)	['pɔpɔli]
tribu (f)	tribù (f)	[tri'bu]
tribus (f pl)	tribù (f pl)	[tri'bu]

bárbaros (m pl)	barbari (m pl)	['barbari]
galos (m pl)	galli (m pl)	['galli]
godos (m pl)	goti (m pl)	['gɔti]
eslavos (m pl)	slavi (m pl)	['zʎawi]
vikingos (m pl)	vichinghi (m pl)	[wi'kiɲi]

| romanos (m pl) | romani (m pl) | [rɔ'mani] |
| romano (adj) | romano | [rɔ'manɔ] |

bizantinos (m pl)	bizantini (m pl)	[bidzan'tini]
Bizancio (m)	Bisanzio (m)	[bi'zansiɔ]
bizantino (adj)	bizantino	[bidzan'tinɔ]

emperador (m)	imperatore (m)	[impɛra'tɔrɛ]
jefe (m)	capo (m)	['kapɔ]
poderoso (adj)	potente	[po'tɛntɛ]
rey (m)	re (m)	[rɛ]
gobernador (m)	governante (m)	[govɛr'nantɛ]
caballero (m)	cavaliere (m)	[kava'ʎjere]

caballeresco (adj)	cavalleresco	[kavalle'rɛsko]
señor (m) feudal	feudatario (m)	[fɛuda'tario]
feudal (adj)	feudale	[fɛu'dale]
vasallo (m)	vassallo (m)	[vas'sallo]
duque (m)	duca (m)	['duka]
conde (m)	conte (m)	['kontɛ]
barón (m)	barone (m)	[ba'ronɛ]
obispo (m)	vescovo (m)	['vɛskovo]
armadura (f)	armatura (f)	[arma'tura]
escudo (m)	scudo (m)	['skudo]
espada (f) (danza de ~s)	spada (f)	['spada]
visera (f)	visiera (f)	[wi'zjera]
cota (f) de malla	cotta (f) di maglia	['kotta di 'maʎa]
cruzada (f)	crociata (f)	[kro'tʃata]
cruzado (m)	crociato (m)	[kro'tʃato]
territorio (m)	territorio (m)	[tɛrri'torio]
atacar (~ a un país)	attaccare (vt)	[attak'karɛ]
conquistar (vt)	conquistare (vt)	[koŋkuis'tarɛ]
ocupar (invadir)	occupare (vt)	[okku'parɛ]
asedio (m), sitio (m)	assedio (m)	[as'sɛdio]
sitiado (adj)	assediato	[assɛdi'ato]
asediar, sitiar (vt)	assediare (vt)	[assɛdi'arɛ]
inquisición (f)	inquisizione (f)	[iŋkuizi'tsʲonɛ]
inquisidor (m)	inquisitore (m)	[iŋkuizi'torɛ]
tortura (f)	tortura (f)	[tor'tura]
cruel (adj)	crudele	[kru'dɛle]
hereje (m)	eretico (m)	[ɛ'rɛtiko]
herejía (f)	eresia (f)	[ɛrɛ'zia]
navegación (f) marítima	navigazione (f)	[nawiga'tsʲonɛ]
pirata (m)	pirata (m)	[pi'rata]
piratería (f)	pirateria (f)	[piratɛ'ria]
abordaje (m)	arrembaggio (m)	[arrɛm'badʒo]
botín (m)	bottino (m)	[bot'tino]
tesoros (m pl)	tesori (m)	[tɛ'zori]
descubrimiento (m)	scoperta (f)	[sko'pɛrta]
descubrir (tierras nuevas)	scoprire (vt)	[skop'rirɛ]
expedición (f)	spedizione (f)	[spɛdi'tsʲonɛ]
mosquetero (m)	moschettiere (m)	[moskɛt'tʲerɛ]
cardenal (m)	cardinale (m)	[kardi'nale]
heráldica (f)	araldica (f)	[a'raʎdika]
heráldico (adj)	araldico	[a'raʎdiko]

159. El líder. El jefe. Las autoridades

rey (m)	re (m)	[rɛ]
reina (f)	regina (f)	[rɛ'dʒina]

| real (adj) | reale | [rɛ'ale] |
| reino (m) | regno (m) | ['reɲ'ɔ] |

| príncipe (m) | principe (m) | ['printʃipɛ] |
| princesa (f) | principessa (f) | [printʃi'pɛssa] |

presidente (m)	presidente (m)	[prɛzi'dɛntɛ]
vicepresidente (m)	vicepresidente (m)	[witʃeprɛzi'dɛntɛ]
senador (m)	senatore (m)	[sɛna'tɔrɛ]

monarca (m)	monarca (m)	[mɔ'narka]
gobernador (m)	governante (m)	[govɛr'nantɛ]
dictador (m)	dittatore (m)	[ditta'tɔrɛ]
tirano (m)	tiranno (m)	[ti'raŋɔ]
magnate (m)	magnate (m)	[ma'ɲjatɛ]

director (m)	direttore (m)	[dirɛt'tɔrɛ]
jefe (m)	capo (m)	['kapɔ]
gerente (m)	dirigente (m)	[diri'dʒɛntɛ]
amo (m)	capo (m)	['kapɔ]
dueño (m)	proprietario (m)	[propriɛ'tariɔ]

jefe (m) (~ de delegación)	capo (m)	['kapɔ]
autoridades (f pl)	autorità (f pl)	[autɔri'ta]
superiores (m pl)	superiori (m pl)	[supe'r'ɔri]

gobernador (m)	governatore (m)	[govɛrna'tɔrɛ]
cónsul (m)	console (m)	['kɔnsɔle]
diplomático (m)	diplomatico (m)	[diplɔ'matikɔ]
alcalde (m)	sindaco (m)	['sindakɔ]
sheriff (m)	sceriffo (m)	[ʃɛ'riffɔ]

emperador (m)	imperatore (m)	[impɛra'tɔrɛ]
zar (m)	zar (m)	[tsar]
faraón (m)	faraone (m)	[fara'ɔnɛ]
kan (m)	khan (m)	['kan]

160. Violar la ley. Los criminales. Unidad 1

bandido (m)	bandito (m)	[ban'ditɔ]
crimen (m)	delitto (m)	[dɛ'littɔ]
criminal (m)	criminale (m)	[krimi'nale]

ladrón (m)	ladro (m)	['ʎadrɔ]
robar (vt)	rubare (vi, vt)	[ru'barɛ]
robo (m) (actividad)	ruberia (f)	[rubɛ'ria]
robo (m) (hurto)	furto (m)	['furtɔ]

secuestrar (vt)	rapire (vt)	[ra'pirɛ]
secuestro (m)	rapimento (m)	[rapi'mɛntɔ]
secuestrador (m)	rapitore (m)	[rapi'tɔrɛ]

| rescate (m) | riscatto (m) | [ris'kattɔ] |
| exigir un rescate | chiedere il riscatto | ['kjedɛrɛ iʎ ris'kattɔ] |

robar (vt)	**rapinare** (vt)	[rapi'narɛ]
atracador (m)	**rapinatore** (m)	[rapina'torɛ]
extorsionar (vt)	**estorcere** (vt)	[ɛs'tortʃerɛ]
extorsionista (m)	**estorsore** (m)	[ɛstɔr'sɔrɛ]
extorsión (f)	**estorsione** (f)	[ɛstɔr'sʲɔnɛ]
matar, asesinar (vt)	**uccidere** (vt)	[u'tʃidɛrɛ]
asesinato (m)	**assassinio** (m)	[assas'siniɔ]
asesino (m)	**assassino** (m)	[assas'sinɔ]
tiro (m), disparo (m)	**sparo** (m)	['sparɔ]
disparar (vi)	**tirare un colpo**	[ti'rarɛ un 'kɔʎpɔ]
matar (a tiros)	**abbattere** (vt)	[ab'battɛrɛ]
tirar (vi)	**sparare** (vi)	[spa'rarɛ]
tiroteo (m)	**sparatoria** (f)	[spara'tɔria]
incidente (m)	**incidente** (m)	[intʃi'dɛntɛ]
pelea (f)	**rissa** (f)	['rissa]
¡Socorro!	**Aiuto!**	[a'jutɔ]
víctima (f)	**vittima** (f)	['wittima]
perjudicar (vt)	**danneggiare** (vt)	[danɛ'dʒarɛ]
daño (m)	**danno** (m)	['danɔ]
cadáver (m)	**cadavere** (m)	[ka'davɛrɛ]
grave (un delito ~)	**grave**	['gravɛ]
atacar (vt)	**aggredire** (vt)	[aggrɛ'dirɛ]
pegar (golpear)	**picchiare** (vt)	[pik'kjarɛ]
apporear (vt)	**picchiare** (vt)	[pik'kjarɛ]
quitar (robar)	**sottrarre** (vt)	[sott'rarrɛ]
acuchillar (vt)	**accoltellare a morte**	[akkoʎtɛ'ʎarɛ a 'mortɛ]
mutilar (vt)	**mutilare** (vt)	[muti'ʎarɛ]
herir (vt)	**ferire** (vt)	[fɛ'rirɛ]
chantaje (m)	**ricatto** (m)	[ri'kattɔ]
hacer chantaje	**ricattare** (vt)	[rikat'tarɛ]
chantajista (m)	**ricattatore** (m)	[rikatta'torɛ]
extorsión (f)	**estorsione** (f)	[ɛstɔr'sʲɔnɛ]
extorsionador (m)	**estorsore** (m)	[ɛstɔr'sɔrɛ]
gángster (m)	**gangster** (m)	['gaŋstɛr]
mafia (f)	**mafia** (f)	['mafia]
carterista (m)	**borseggiatore** (m)	[borsɛdʒa'torɛ]
ladrón (m) de viviendas	**scassinatore** (m)	[skassina'torɛ]
contrabandismo (m)	**contrabbando** (m)	[kontrab'bandɔ]
contrabandista (m)	**contrabbandiere** (m)	[kontrabban'djerɛ]
falsificación (f)	**falsificazione** (f)	[faʎsifika'tsʲɔnɛ]
falsificar (vt)	**falsificare** (vt)	[faʎsifi'karɛ]
falso (falsificado)	**falso, falsificato**	['faʎsɔ], [faʎsifi'katɔ]

161. Violar la ley. Los criminales. Unidad 2

violación (f)	stupro (m)	['stuprɔ]
violar (vt)	stuprare (vt)	[stup'rarɛ]
violador (m)	stupratore (m)	[stupra'tɔrɛ]
maníaco (m)	maniaco (m)	[ma'niakɔ]
prostituta (f)	prostituta (f)	[prɔsti'tuta]
prostitución (f)	prostituzione (f)	[prɔstitu'tsʲɔnɛ]
chulo (m), proxeneta (m)	magnaccia (m)	[ma'ɲjatʃa]
drogadicto (m)	drogato (m)	[drɔ'gatɔ]
narcotraficante (m)	trafficante (m) di droga	[traffi'kantɛ di 'drɔga]
hacer explotar	far esplodere	[far ɛsp'lɔdɛrɛ]
explosión (f)	esplosione (f)	[ɛsplɔzi'ɔnɛ]
incendiar (vt)	incendiare (vt)	[intʃen'dʲarɛ]
incendiario (m)	incendiario (m)	[intʃendi'ariɔ]
terrorismo (m)	terrorismo (m)	[tɛrrɔ'rizmɔ]
terrorista (m)	terrorista (m)	[tɛrrɔ'rista]
rehén (m)	ostaggio (m)	[ɔs'tadʒɔ]
estafar (vt)	imbrogliare (vt)	[imbrɔ'ʎjarɛ]
estafa (f)	imbroglio (m)	[imb'rɔʎʲɔ]
estafador (m)	imbroglione (m)	[imbrɔʎʲɔnɛ]
sobornar (vt)	corrompere (vt)	[kɔr'rɔmpɛrɛ]
soborno (m) (delito)	corruzione (f)	[kɔrru'tsʲɔnɛ]
soborno (m) (dinero, etc.)	bustarella (f)	[busta'rɛʎa]
veneno (m)	veleno (m)	[vɛ'lenɔ]
envenenar (vt)	avvelenare (vt)	[avvɛle'narɛ]
envenenarse (vr)	avvelenarsi (vr)	[avvɛle'narsi]
suicidio (m)	suicidio (m)	[sui'tʃidiɔ]
suicida (m, f)	suicida (m)	[sui'tʃida]
amenazar (vt)	minacciare (vt)	[mina'tʃarɛ]
amenaza (f)	minaccia (f)	[mi'natʃa]
atentar (vi)	attentare (vi)	[attɛn'tarɛ]
atentado (m)	attentato (m)	[attɛn'tatɔ]
robar (un coche)	rubare (vt)	[ru'barɛ]
secuestrar (un avión)	dirottare (vt)	[dirɔt'tarɛ]
venganza (f)	vendetta (f)	[vɛn'dɛtta]
vengar (vt)	vendicare (vt)	[vɛndi'karɛ]
torturar (vt)	torturare (vt)	[tɔrtu'rarɛ]
tortura (f)	tortura (f)	[tɔr'tura]
atormentar (vt)	maltrattare (vt)	[maʎtrat'tarɛ]
pirata (m)	pirata (m)	[pi'rata]
gamberro (m)	teppista (m)	[tɛp'pista]

armado (adj)	**armato**	[arˈmatɔ]
violencia (f)	**violenza** (f)	[wiɔˈlentsa]
espionaje (m)	**spionaggio** (m)	[spiɔˈnadʒɔ]
espiar (vi, vt)	**spiare** (vi)	[spiˈarɛ]

162. La policía. La ley. Unidad 1

justicia (f)	**giustizia** (f)	[dʒusˈtitsia]
tribunal (m)	**tribunale** (m)	[tribuˈnale]
juez (m)	**giudice** (m)	[ˈdʒuditʃe]
jurados (m pl)	**giurati** (m)	[dʒuˈrati]
tribunal (m) de jurados	**processo** (m) **con giuria**	[prɔˈtʃɛssɔ kɔn dʒuˈria]
juzgar (vt)	**giudicare** (vt)	[dʒudiˈkarɛ]
abogado (m)	**avvocato** (m)	[avvɔˈkatɔ]
acusado (m)	**imputato** (m)	[impuˈtatɔ]
banquillo (m) de los acusados	**banco** (m) **degli imputati**	[ˈbaŋkɔ ˈdeʎi impuˈtati]
inculpación (f)	**accusa** (f)	[akˈkuza]
inculpado (m)	**accusato** (m)	[akkuˈzatɔ]
sentencia (f)	**condanna** (f)	[kɔnˈdaɲa]
sentenciar (vt)	**condannare** (vt)	[kɔndaˈɲarɛ]
culpable (m)	**colpevole** (m)	[kɔʎˈpɛvɔle]
castigar (vt)	**punire** (vt)	[puˈnirɛ]
castigo (m)	**punizione** (f)	[puniˈtsjɔnɛ]
multa (f)	**multa** (f), **ammenda** (f)	[ˈmuʎta], [amˈmɛnda]
cadena (f) perpetua	**ergastolo** (m)	[ɛrˈgastɔlɔ]
pena (f) de muerte	**pena** (f) **di morte**	[ˈpɛna di ˈmɔrte]
silla (f) eléctrica	**sedia** (f) **elettrica**	[ˈsɛdja ɛˈlettrika]
horca (f)	**impiccagione** (f)	[impikkaˈdʒɔnɛ]
ejecutar (vt)	**giustiziare** (vt)	[dʒustitsiˈarɛ]
ejecución (f)	**esecuzione** (f)	[ɛzɛkuˈtsjɔnɛ]
prisión (f)	**prigione** (f)	[priˈdʒɔnɛ]
celda (f)	**cella** (f)	[ˈtʃeʎa]
escolta (f)	**scorta** (f)	[ˈskɔrta]
guardia (m) de prisiones	**guardia** (f) **carceraria**	[guˈardia kartʃeˈraria]
prisionero (m)	**prigioniero** (m)	[pridʒɔˈɲjerɔ]
esposas (f pl)	**manette** (f pl)	[maˈnɛttɛ]
esposar (vt)	**mettere le manette**	[ˈmɛttɛrɛ le maˈnɛttɛ]
escape (m)	**fuga** (f)	[ˈfuga]
escaparse (vr)	**fuggire** (vi)	[fuˈdʒirɛ]
desaparecer (vi)	**scomparire** (vi)	[skɔmpaˈrirɛ]
liberar (vt)	**liberare** (vt)	[libeˈrarɛ]
amnistía (f)	**amnistia** (f)	[amnisˈtia]

policía (f) (~ nacional)	polizia (f)	[poli'tsia]
policía (m)	poliziotto (m)	[politsi'ɔtto]
comisaría (f) de policía	commissariato (m)	[kɔmmissari'ato]
porra (f)	manganello (m)	[maŋa'nɛllo]
megáfono (m)	altoparlante (m)	[aʎtɔpar'ʎantɛ]

coche (m) patrulla	macchina (f) di pattuglia	['makkina di pat'tuʎja]
sirena (f)	sirena (f)	[si'rɛna]
poner la sirena	mettere la sirena	['mɛttɛrɛ ʎa si'rɛna]
canto (m) de la sirena	suono (m) della sirena	[su'ɔnɔ 'dɛʎa si'rɛna]

escena (f) del delito	luogo (m) del crimine	[ly'ɔgɔ dɛʎ 'kriminɛ]
testigo (m)	testimone (m)	[tɛsti'mɔnɛ]
libertad (f)	libertà (f)	[liber'ta]
cómplice (m)	complice (m)	['kɔmplitʃe]
escapar de ...	fuggire (vi)	[fu'dʒirɛ]
rastro (m)	traccia (f)	['tratʃa]

163. La policía. La ley. Unidad 2

búsqueda (f)	ricerca (f)	[ri'tʃerka]
buscar (~ el criminal)	cercare (vt)	[tʃer'karɛ]
sospecha (f)	sospetto (m)	[sɔs'pɛttɔ]
sospechoso (adj)	sospetto	[sɔs'pɛttɔ]
parar (~ en la calle)	fermare (vt)	[fɛr'marɛ]
retener (vt)	arrestare	[arrɛs'tarɛ]

causa (f) (~ penal)	causa (f)	['kauza]
investigación (f)	inchiesta (f)	[in'kjesta]
detective (m)	detective (m)	[dɛ'tɛktiv]
investigador (m)	investigatore (m)	[investiga'tɔrɛ]
versión (f)	versione (f)	[vɛrsi'ɔnɛ]

motivo (m)	movente (m)	[mɔ'vɛntɛ]
interrogatorio (m)	interrogatorio (m)	[intɛrrɔga'tɔriɔ]
interrogar (vt)	interrogare (vt)	[intɛrrɔ'garɛ]
interrogar (al testigo)	interrogare (vt)	[intɛrrɔ'garɛ]
control (m) (de vehículos, etc.)	controllo (m)	[kɔnt'rɔllɔ]

redada (f)	retata (f)	[rɛ'tata]
registro (m) (~ de la casa)	perquisizione (f)	[pɛrkuizi'tsiɔnɛ]
persecución (f)	inseguimento (m)	[insɛgui'mɛntɔ]
perseguir (vt)	inseguire (vt)	[insɛgu'irɛ]
rastrear (~ al criminal)	essere sulle tracce	['ɛssɛrɛ sullɛ 'tratʃɛ]

arresto (m)	arresto (m)	[ar'rɛstɔ]
arrestar (vt)	arrestare	[arrɛs'tarɛ]
capturar (vt)	catturare (vt)	[kattu'rarɛ]
captura (f)	cattura (f)	[kat'tura]

documento (m)	documento (m)	[dɔku'mɛntɔ]
prueba (f)	prova (f)	['prɔva]
probar (vt)	provare (vt)	[prɔ'varɛ]
huella (f) (pisada)	impronta (f) del piede	[imp'rɔnta dɛʎ 'pjedɛ]

huellas (f pl) digitales	**impronte** (f pl) **digitali**	[imp'rɔntɛ didʒi'tali]
elemento (m) de prueba	**elemento** (m) **di prova**	[ɛle'mɛntɔ di 'prɔva]
coartada (f)	**alibi** (m)	['alibi]
inocente (no culpable)	**innocente**	[iɲɔ'ʧɛntɛ]
injusticia (f)	**ingiustizia** (f)	[indʒus'titsia]
injusto (adj)	**ingiusto**	[in'dʒustɔ]
criminal (adj)	**criminale**	[krimi'nale]
confiscar (vt)	**confiscare** (vt)	[kɔnfis'karɛ]
narcótico (f)	**droga** (f)	['drɔga]
arma (f)	**armi** (f pl)	['armi]
desarmar (vt)	**disarmare** (vt)	[dizar'marɛ]
ordenar (vt)	**ordinare** (vt)	[ɔrdi'narɛ]
desaparecer (vi)	**sparire** (vi)	[spa'rirɛ]
ley (f)	**legge** (f)	['ledʒe]
legal (adj)	**legale**	[le'gale]
ilegal (adj)	**illegale**	[ille'gale]
responsabilidad (f)	**responsabilità** (f)	[rɛspɔnsabili'ta]
responsable (adj)	**responsabile**	[rɛspɔn'sabile]

LA NATURALEZA

La tierra. Unidad 1

164. El espacio

cosmos (m)	cosmo (m)	['kɔzmɔ]
espacial, cósmico (adj)	cosmico, spaziale	['kɔzmiko], [spatsi'ale]
espacio (m) cósmico	spazio (m) cosmico	['spatsio 'kɔzmiko]
mundo (m)	mondo (m)	['mɔndɔ]
universo (m)	universo (m)	[uni'vɛrsɔ]
Galaxia (f)	galassia (f)	[ga'ʎassia]
estrella (f)	stella (f)	['stɛʎa]
constelación (f)	costellazione (f)	[kɔstɛʎa'tsʲɔnɛ]
planeta (m)	pianeta (m)	[pja'nɛta]
satélite (m)	satellite (m)	[sa'tɛllitɛ]
meteorito (m)	meteorite (m)	[mɛtɛɔ'ritɛ]
cometa (f)	cometa (f)	[kɔ'mɛta]
asteroide (m)	asteroide (m)	[astɛ'rɔidɛ]
órbita (f)	orbita (f)	['ɔrbita]
girar (vi)	ruotare (vi)	[ruɔ'tarɛ]
atmósfera (f)	atmosfera (f)	[atmɔs'fɛra]
Sol (m)	il Sole	[iʎ 'sɔle]
Sistema (m) Solar	sistema (m) solare	[sis'tɛma sɔ'ʎarɛ]
eclipse (m) de Sol	eclisse (f) solare	[ɛk'lissɛ sɔ'ʎarɛ]
Tierra (f)	la Terra	[ʎa 'tɛrra]
Luna (f)	la Luna	[ʎa 'lyna]
Marte (m)	Marte (m)	['martɛ]
Venus (f)	Venere (f)	['vɛnɛrɛ]
Júpiter (m)	Giove (m)	['dʒɔvɛ]
Saturno (m)	Saturno (m)	[sa'turnɔ]
Mercurio (m)	Mercurio (m)	[mɛr'kuriɔ]
Urano (m)	Urano (m)	[u'ranɔ]
Neptuno (m)	Nettuno (m)	[nɛt'tunɔ]
Plutón (m)	Plutone (m)	[ply'tɔnɛ]
la Vía Láctea	Via (f) Lattea	['wia 'ʎattɛa]
la Osa Mayor	Orsa (f) Maggiore	['ɔrsa ma'dʒɔrɛ]
la Estrella Polar	Stella (f) Polare	['stɛʎa pɔ'ʎarɛ]
marciano (m)	marziano (m)	[martsi'anɔ]
extraterrestre (m)	extraterrestre (m)	[ɛkstratɛr'rɛstrɛ]

planetícola (m)	alieno (m)	[a'ʎjenɔ]
platillo (m) volante	disco (m) volante	['disko vɔ'lantɛ]
nave (f) espacial	nave (f) spaziale	['navɛ spa'tsʲale]
estación (f) orbital	stazione (f) spaziale	[sta'tsʲonɛ spa'tsʲale]
despegue (m)	lancio (m)	['ʎantʃɔ]
motor (m)	motore (m)	[mɔ'tɔrɛ]
tobera (f)	ugello (m)	[u'dʒellɔ]
combustible (m)	combustibile (m)	[kɔmbus'tibile]
carlinga (f)	cabina (f) di pilotaggio	[ka'bina di pilɔ'tadʒiɔ]
antena (f)	antenna (f)	[an'tɛŋa]
ventana (f)	oblò (m)	[ɔb'lɔ]
batería (f) solar	batteria (f) solare	[battɛ'ria sɔ'ʎarɛ]
escafandra (f)	scafandro (m)	[ska'fandrɔ]
ingravidez (f)	imponderabilità (f)	[impɔndɛrabili'ta]
oxígeno (m)	ossigeno (m)	[ɔs'sidʒenɔ]
atraque (m)	aggancio (m)	[ag'gantʃɔ]
realizar el atraque	agganciarsi (vr)	[aggan'tʃarsi]
observatorio (m)	osservatorio (m)	[ɔssɛrva'tɔriɔ]
telescopio (m)	telescopio (m)	[tɛles'kɔpiɔ]
observar (vt)	osservare (vt)	[ɔssɛr'varɛ]
explorar (~ el universo)	esplorare (vt)	[ɛsplɔ'rarɛ]

165. La tierra

Tierra (f)	la Terra	[ʎa 'tɛrra]
globo (m) terrestre	globo (m) terrestre	['glɔbɔ tɛr'rɛstrɛ]
planeta (m)	pianeta (m)	[pja'nɛta]
atmósfera (f)	atmosfera (f)	[atmɔs'fɛra]
geografía (f)	geografia (f)	[dʒeɔgra'fia]
naturaleza (f)	natura (f)	[na'tura]
globo (m) terráqueo	mappamondo (m)	[mappa'mɔndɔ]
mapa (m)	carta (f) geografica	['karta dʒeɔg'rafika]
atlas (m)	atlante (m)	[at'ʎantɛ]
Europa (f)	Europa (f)	[ɛu'rɔpa]
Asia (f)	Asia (f)	['azia]
África (f)	Africa (f)	['afrika]
Australia (f)	Australia (f)	[aust'ralia]
América (f)	America (f)	[a'mɛrika]
América (f) del Norte	America (f) del Nord	[a'mɛrika dɛʎ nɔrd]
América (f) del Sur	America (f) del Sud	[a'mɛrika dɛʎ sud]
Antártida (f)	Antartide (f)	[an'tartidɛ]
Ártico (m)	Artico (m)	['artikɔ]

166. Los puntos cardinales

norte (m)	nord (m)	[nɔrd]
al norte	a nord	[a nɔrd]
en el norte	al nord	[aʎ nɔrd]
del norte (adj)	del nord	[dɛʎ nɔrd]
sur (m)	sud (m)	[sud]
al sur	a sud	[a sud]
en el sur	al sud	[aʎ sud]
del sur (adj)	del sud	[dɛʎ sud]
oeste (m)	ovest (m)	['ɔvɛst]
al oeste	a ovest	[a ɔ'vɛst]
en el oeste	all'ovest	[aʎ 'ɔvɛst]
del oeste (adj)	dell'ovest, occidentale	[dɛʎ 'ɔvɛst], [ɔtʃidɛn'tale]
este (m)	est (m)	[ɛst]
al este	a est	[a ɛst]
en el este	all'est	[aʎ 'ɛst]
del este (adj)	dell'est, orientale	[dɛ'ʎɛst], [ɔrien'tale]

167. El mar. El océano

mar (m)	mare (m)	['marɛ]
océano (m)	oceano (m)	[ɔ'tʃeanɔ]
golfo (m)	golfo (m)	['gɔʎfɔ]
estrecho (m)	stretto (m)	['strɛttɔ]
tierra (f) firme	terra (f)	['tɛrra]
continente (m)	continente (m)	[kɔnti'nɛntɛ]
isla (f)	isola (f)	['izɔʎa]
península (f)	penisola (f)	[pɛ'nizɔʎa]
archipiélago (m)	arcipelago (m)	[artʃi'pɛʎagɔ]
bahía (f)	baia (f)	['baja]
puerto (m)	porto (m)	['pɔrtɔ]
laguna (f)	laguna (f)	[ʎa'guna]
cabo (m)	capo (m)	['kapɔ]
atolón (m)	atollo (m)	[a'tɔllɔ]
arrecife (m)	reef (m)	[ri:f]
coral (m)	corallo (m)	[kɔ'rallɔ]
arrecife (m) de coral	barriera (f) corallina	[bar'rjera kɔral'lina]
profundo (adj)	profondo	[prɔ'fɔndɔ]
profundidad (f)	profondità (f)	[prɔfɔndi'ta]
abismo (m)	abisso (m)	[a'bissɔ]
fosa (f) oceánica	fossa (f)	['fɔssa]
corriente (f)	corrente (f)	[kɔr'rɛntɛ]
bañar (rodear)	circondare (vt)	[tʃirkɔn'darɛ]
orilla (f)	litorale (m)	[litɔ'rale]

costa (f)	costa (f)	['kɔsta]
flujo (m)	alta marea (f)	['aʎta ma'rɛa]
reflujo (m)	bassa marea (f)	['bassa ma'rɛa]
banco (m) de arena	banco (m) di sabbia	['baŋkɔ di 'sabbia]
fondo (m)	fondo (m)	['fɔndɔ]

ola (f)	onda (f)	['ɔnda]
cresta (f) de la ola	cresta (f) dell'onda	['krɛsta dɛʎ 'ɔnda]
espuma (f)	schiuma (f)	['skjyma]

huracán (m)	uragano (m)	[ura'ganɔ]
tsunami (m)	tsunami (m)	[tsu'nami]
bonanza (f)	bonaccia (f)	[bo'natʃa]
calmo, tranquilo	tranquillo	[traŋku'illɔ]

| polo (m) | polo (m) | ['pɔlɔ] |
| polar (adj) | polare | [pɔ'ʎarɛ] |

latitud (f)	latitudine (f)	[ʎati'tudinɛ]
longitud (f)	longitudine (f)	[lɔndʒi'tudinɛ]
paralelo (m)	parallelo (m)	[paral'lelɔ]
ecuador (m)	equatore (m)	[ɛkua'tɔrɛ]

cielo (m)	cielo (m)	['ʧelɔ]
horizonte (m)	orizzonte (m)	[ori'dzɔntɛ]
aire (m)	aria (f)	['aria]

faro (m)	faro (m)	['farɔ]
bucear (vi)	tuffarsi (vr)	[tuf'farsi]
hundirse (vr)	affondare (vi)	[affon'darɛ]
tesoros (m pl)	tesori (m)	[tɛ'zori]

168. Las montañas

montaña (f)	monte (m), montagna (f)	['mɔntɛ], [mɔn'taɲa]
cadena (f) de montañas	catena (f) montuosa	[ka'tɛna mɔntu'ɔza]
cresta (f) de montañas	crinale (m)	[kri'nale]

cima (f)	cima (f)	['ʧima]
pico (m)	picco (m)	['pikkɔ]
pie (m)	piedi (m pl)	['pjedɛ]
cuesta (f)	pendio (m)	[pɛn'diɔ]

volcán (m)	vulcano (m)	[vuʎ'kanɔ]
volcán (m) activo	vulcano (m) attivo	[vuʎ'kanɔ at'tivɔ]
volcán (m) apagado	vulcano (m) inattivo	[vuʎ'kanɔ inat'tivɔ]

erupción (f)	eruzione (f)	[ɛru'tsjonɛ]
cráter (m)	cratere (m)	[kra'tɛrɛ]
magma (f)	magma (m)	['magma]
lava (f)	lava (f)	['ʎava]
fundido (lava ~a)	fuso	['fuzɔ]
cañón (m)	canyon (m)	['kɛɲɔn]
desfiladero (m)	gola (f)	['gɔʎa]

grieta (f)	crepaccio (m)	[krɛ'patʃɔ]
puerto (m) (paso)	passo (m), valico (m)	['passɔ], ['valikɔ]
meseta (f)	altopiano (m)	[aʌtɔ'pʲanɔ]
roca (f)	falesia (f)	[fa'lezija]
colina (f)	collina (f)	[kɔl'lina]

glaciar (m)	ghiacciaio (m)	[gja'tʃajo]
cascada (f)	cascata (f)	[kas'kata]
geiser (m)	geyser (m)	['gɛjzɛr]
lago (m)	lago (m)	['ʎagɔ]

llanura (f)	pianura (f)	[pja'nura]
paisaje (m)	paesaggio (m)	[paɛ'zadʒɔ]
eco (m)	eco (f)	['ɛkɔ]

alpinista (m)	alpinista (m)	[aʎpi'nista]
escalador (m)	scalatore (m)	[skaʎa'tɔrɛ]
conquistar (vt)	conquistare (vt)	[kɔŋkuis'tarɛ]
ascensión (f)	scalata (f)	[ska'ʎata]

169. Los ríos

río (m)	fiume (m)	['fjymɛ]
manantial (m)	fonte (f)	['fɔntɛ]
lecho (m) (curso de agua)	letto (m)	['lettɔ]
cuenca (f) fluvial	bacino (m)	[ba'tʃinɔ]
desembocar en …	sfociare nel …	[sfɔ'tʃarɛ nɛʎ]

| afluente (m) | affluente (m) | [affly'ɛntɛ] |
| ribera (f) | riva (f) | ['riva] |

corriente (f)	corrente (f)	[kɔr'rɛntɛ]
río abajo (adv)	a valle	[a 'vallɛ]
río arriba (adv)	a monte	[a 'mɔntɛ]

inundación (f)	inondazione (f)	[inɔnda'tsʲɔnɛ]
riada (f)	piena (f)	['pjena]
desbordarse (vr)	straripare (vi)	[strari'parɛ]
inundar (vt)	inondare (vt)	[inɔn'darɛ]

| bajo (m) arenoso | secca (f) | ['sɛkka] |
| rápido (m) | rapida (f) | ['rapida] |

presa (f)	diga (f)	['diga]
canal (m)	canale (m)	[ka'nale]
lago (m) artificiale	bacino (m) di riserva	[ba'tʃinɔ di ri'zɛrva]
esclusa (f)	chiusa (f)	['kjyza]

cuerpo (m) de agua	bacino (m) idrico	[ba'tʃinɔ 'idrikɔ]
pantano (m)	palude (f)	[pa'lydɛ]
ciénaga (m)	pantano (m)	[pan'tanɔ]
remolino (m)	vortice (m)	['vɔrtitʃe]
arroyo (m)	ruscello (m)	[ru'ʃɛllo]
potable (adj)	potabile	[pɔ'tabile]

dulce (agua ~)	dolce	['doʎʧe]
hielo (m)	ghiaccio (m)	['gjaʧo]
helarse (el lago, etc.)	ghiacciarsi (vr)	[gja'ʧarsi]

170. El bosque

| bosque (m) | foresta (f) | [fo'rɛsta] |
| de bosque (adj) | forestale | [forɛs'tale] |

espesura (f)	foresta (f) fitta	[fo'rɛsta 'fitta]
bosquecillo (m)	boschetto (m)	[bos'kɛtto]
claro (m)	radura (f)	[ra'dura]

| maleza (f) | roveto (m) | [ro'vɛto] |
| matorral (m) | boscaglia (f) | [bos'kaʎja] |

| senda (f) | sentiero (m) | [sɛn'tiero] |
| barranco (m) | calanco (m) | [ka'laŋko] |

árbol (m)	albero (m)	['aʎbɛro]
hoja (f)	foglia (f)	['foʎja]
follaje (m)	fogliame (m)	[fo'ʎjamɛ]

caída (f) de hojas	caduta (f) delle foglie	[ka'duta 'dɛlle 'foʎje]
caer (las hojas)	cadere (vi)	[ka'dɛrɛ]
cima (f)	cima (f)	['ʧima]

rama (f)	ramo (m), ramoscello (m)	['ramo], [ramo'ʃɛllo]
rama (f) (gruesa)	ramo (m)	['ramo]
brote (m)	gemma (f)	['ʤɛmma]
aguja (f)	ago (m)	['ago]
piña (f)	pigna (f)	['piɲja]

agujero (m)	cavità (f)	[kawi'ta]
nido (m)	nido (m)	['nido]
madriguera (f)	tana (f)	['tana]

tronco (m)	tronco (m)	['troŋko]
raíz (f)	radice (f)	[ra'diʧe]
corteza (f)	corteccia (f)	[kor'tɛʧa]
musgo (m)	musco (m)	['musko]

extirpar (vt)	sradicare (vt)	[zradi'karɛ]
talar (vt)	abbattere (vt)	[ab'battɛrɛ]
deforestar (vt)	disboscare (vt)	[dizbos'karɛ]
tocón (m)	ceppo (m)	['ʧeppo]

hoguera (f)	falò (m)	[fa'lɔ]
incendio (m)	incendio (m) boschivo	[in'ʧɛndio bos'kivo]
apagar (~ el incendio)	spegnere (vt)	['spɛɲjerɛ]

guarda (m) forestal	guardia (f) forestale	[gu'ardia forɛs'tale]
protección (f)	protezione (f)	[protɛ'tsione]
proteger (vt)	proteggere (vt)	[pro'tɛʤɛrɛ]

| cazador (m) furtivo | braccconiere (m) | [brakkɔ'ɲjerɛ] |
| cepo (m) | tagliola (f) | [ta'ʎɔʎa] |

| recoger (setas, bayas) | raccogliere (vt) | [rak'kɔʎjerɛ] |
| perderse (vr) | perdersi (vr) | ['pɛrdɛrsi] |

171. Los recursos naturales

recursos (m pl) naturales	risorse (f pl) naturali	[ri'sɔrsɛ natu'rali]
minerales (m pl)	minerali (m pl)	[minɛ'rali]
depósitos (m pl)	deposito (m)	[dɛ'pozito]
yacimiento (m)	giacimento (m)	[dʒatʃi'mɛntɔ]

extraer (vt)	estrarre (vt)	[ɛst'rarrɛ]
extracción (f)	estrazione (f)	[ɛstra'tsjɔnɛ]
mineral (m)	minerale (m) grezzo	[minɛ'ralɛ 'grɛdzɔ]
mina (f)	miniera (f)	[mi'ɲjera]
pozo (m) de mina	pozzo (m) di miniera	['pɔtsɔ di mi'ɲɛra]
minero (m)	minatore (m)	[mina'tɔrɛ]

| gas (m) | gas (m) | [gas] |
| gasoducto (m) | gasdotto (m) | [gas'dottɔ] |

petróleo (m)	petrolio (m)	[pɛt'rɔliɔ]
oleoducto (m)	oleodotto (m)	[ɔleɔ'dottɔ]
torre (f) petrolera	torre (f) di estrazione	['tɔrrɛ di ɛstra'tsjɔnɛ]
torre (f) de sondeo	torre (f) di trivellazione	['tɔrrɛ di trivɛʎa'tsjɔnɛ]
petrolero (m)	petroliera (f)	[pɛtrɔ'ʎjera]

arena (f)	sabbia (f)	['sabbja]
caliza (f)	calcare (m)	[kaʎ'karɛ]
grava (f)	ghiaia (f)	['gjaja]
turba (f)	torba (f)	['tɔrba]
arcilla (f)	argilla (f)	[ar'dʒiʎa]
carbón (m)	carbone (m)	[kar'bɔnɛ]

hierro (m)	ferro (m)	['fɛrrɔ]
oro (m)	oro (m)	['ɔrɔ]
plata (f)	argento (m)	[ar'dʒentɔ]
níquel (m)	nichel (m)	['nikɛʎ]
cobre (m)	rame (m)	['ramɛ]

zinc (m)	zinco (m)	['dziŋkɔ]
manganeso (m)	manganese (m)	[maŋa'nɛzɛ]
mercurio (m)	mercurio (m)	[mɛr'kuriɔ]
plomo (m)	piombo (m)	['pjombɔ]

mineral (m)	minerale (m)	[minɛ'ralɛ]
cristal (m)	cristallo (m)	[kris'tallɔ]
mármol (m)	marmo (m)	['marmɔ]
uranio (m)	uranio (m)	[u'raniɔ]

La tierra. Unidad 2

172. El tiempo

tiempo (m)	tempo (m)	['tɛmpo]
previsión (m) del tiempo	previsione (f) del tempo	[prɛwizi'onɛ dɛʎ 'tɛmpo]
temperatura (f)	temperatura (f)	[tɛmpɛra'tura]
termómetro (m)	termometro (m)	[tɛr'mɔmɛtrɔ]
barómetro (m)	barometro (m)	[ba'rɔmɛtrɔ]
humedad (f)	umidità (f)	[umidi'ta]
calor (m) intenso	caldo (m), afa (f)	['kaʎdɔ], ['afa]
tórrido (adj)	molto caldo	['mɔʎtɔ 'kaʎdɔ]
hace mucho calor	fa molto caldo	[fa 'mɔʎtɔ 'kaʎdɔ]
hace calor (templado)	fa caldo	[fa 'kaʎdɔ]
templado (adj)	caldo	['kaʎdɔ]
hace frío	fa freddo	[fa 'frɛddɔ]
frío (adj)	freddo	['frɛddɔ]
sol (m)	sole (m)	['sole]
brillar (vi)	splendere (vi)	['splendɛrɛ]
soleado (un día ~)	di sole	[di 'sole]
elevarse (el sol)	levarsi (vr)	[lɛ'varsi]
ponerse (vr)	tramontare (vi)	[tramɔn'tarɛ]
nube (f)	nuvola (f)	['nuvɔʎa]
nuboso (adj)	nuvoloso	[nuvɔ'lɜzɔ]
nubarrón (m)	nube (f) di pioggia	['nubɛ di 'pɪɔdʒa]
nublado (adj)	nuvoloso	[nuvɔ'lɜzɔ]
lluvia (f)	pioggia (f)	['pɪɔdʒa]
está lloviendo	piove	['pɪɔvɛ]
lluvioso (adj)	piovoso	[pɪɔ'vɔzɔ]
lloviznar (vi)	piovigginare (vi)	[pɪɔwidʒi'narɛ]
aguacero (m)	pioggia (f) torrenziale	['pɪɔdʒa tɔrrɛntsi'ale]
chaparrón (m)	acquazzone (m)	[akua'tsɔnɛ]
fuerte (la lluvia ~)	forte	['fɔrtɛ]
charco (m)	pozzanghera (f)	[pɔ'tsaŋɛra]
mojarse (vr)	bagnarsi (vr)	[ba'ɲjarsi]
niebla (f)	foschia (f), nebbia (f)	[fɔs'kia], ['nɛbbia]
nebuloso (adj)	nebbioso	[nɛb'bɪɔzɔ]
nieve (f)	neve (f)	['nɛvɛ]
está nevando	nevica	['nɛwika]

173. Los eventos climáticos severos. Los desastres naturales

tormenta (f)	temporale (m)	[tɛmpo'rale]
relámpago (m)	fulmine (f)	['fuʎminɛ]
relampaguear (vi)	lampeggiare (vi)	[ʎampɛ'dʒarɛ]
trueno (m)	tuono (m)	[tu'ɔnɔ]
tronar (vi)	tuonare (vi)	[tuɔ'narɛ]
está tronando	tuona	[tu'ɔna]
granizo (m)	grandine (f)	['grandinɛ]
está granizando	grandina	['grandina]
inundar (vt)	inondare (vt)	[inɔn'darɛ]
inundación (f)	inondazione (f)	[inɔnda'tsʲɔnɛ]
terremoto (m)	terremoto (m)	[tɛrrɛ'mɔtɔ]
sacudida (f)	scossa (f)	['skɔssa]
epicentro (m)	epicentro (m)	[ɛpi'ʧentrɔ]
erupción (f)	eruzione (f)	[ɛru'tsʲɔnɛ]
lava (f)	lava (f)	['ʎava]
torbellino (m)	tromba (f) d'aria	['trɔmba 'daria]
tornado (m)	tornado (m)	[tɔr'nadɔ]
tifón (m)	tifone (m)	[ti'fɔnɛ]
huracán (m)	uragano (m)	[ura'ganɔ]
tempestad (f)	tempesta (f)	[tɛm'pɛsta]
tsunami (m)	tsunami (m)	[tsu'nami]
ciclón (m)	ciclone (m)	[ʧik'lɔnɛ]
mal tiempo (m)	maltempo (m)	[maʎ'tɛmpɔ]
incendio (m)	incendio (m)	[in'ʧendiɔ]
catástrofe (f)	disastro (m)	[di'zastrɔ]
meteorito (m)	meteorite (m)	[mɛtɛɔ'ritɛ]
avalancha (f)	valanga (f)	[va'ʎaŋa]
alud (m) de nieve	slavina (f)	[zla'wina]
ventisca (f)	tempesta (f) di neve	[tɛm'pɛsta di 'nɛvɛ]
nevasca (f)	bufera (f) di neve	['bufera di 'nɛvɛ]

La fauna

174. Los mamíferos. Los predadores

carnívoro (m)	**predatore** (m)	[prɛda'tɔrɛ]
tigre (m)	**tigre** (f)	['tigrɛ]
león (m)	**leone** (m)	[le'ɔnɛ]
lobo (m)	**lupo** (m)	['lypɔ]
zorro (m)	**volpe** (m)	['vɔʎpɛ]
jaguar (m)	**giaguaro** (m)	[dʒagu'arɔ]
leopardo (m)	**leopardo** (m)	[leɔ'pardɔ]
guepardo (m)	**ghepardo** (m)	[ge'pardɔ]
pantera (f)	**pantera** (f)	[pan'tɛra]
puma (f)	**puma** (f)	['puma]
leopardo (m) de las nieves	**leopardo** (m) **delle nevi**	[leɔ'pardɔ 'dɛlle 'nɛwi]
lince (m)	**lince** (f)	['lintʃe]
coyote (m)	**coyote** (m)	[kɔ'jotɛ]
chacal (m)	**sciacallo** (m)	[ʃa'kallɔ]
hiena (f)	**iena** (f)	['jena]

175. Los animales salvajes

animal (m)	**animale** (m)	[ani'male]
bestia (f)	**bestia** (f)	['bɛstia]
ardilla (f)	**scoiattolo** (m)	[skɔ'jattɔlɔ]
erizo (m)	**riccio** (m)	['ritʃɔ]
liebre (f)	**lepre** (f)	['leprɛ]
conejo (m)	**coniglio** (m)	[kɔ'niʎɔ]
tejón (m)	**tasso** (m)	['tassɔ]
mapache (m)	**procione** (m)	[prɔ'tʃɔnɛ]
hámster (m)	**criceto** (m)	[kri'tʃetɔ]
marmota (f)	**marmotta** (f)	[mar'mɔtta]
topo (m)	**talpa** (f)	['taʎpa]
ratón (m)	**topo** (m)	['tɔpɔ]
rata (f)	**ratto** (m)	['rattɔ]
murciélago (m)	**pipistrello** (m)	[pipist'rɛllɔ]
armiño (m)	**ermellino** (m)	[ɛrmɛl'linɔ]
cebellina (f)	**zibellino** (m)	[dzibɛl'linɔ]
marta (f)	**martora** (f)	['martɔra]
comadreja (f)	**donnola** (f)	['dɔŋɔʎa]
visón (m)	**visone** (m)	[wi'zɔnɛ]

| castor (m) | castoro (m) | [kas'tɔrɔ] |
| nutria (f) | lontra (f) | ['lɔntra] |

caballo (m)	cavallo (m)	[ka'vallɔ]
alce (m)	alce (m)	['aʎʧe]
ciervo (m)	cervo (m)	['ʧervɔ]
camello (m)	cammello (m)	[kam'mɛllɔ]

bisonte (m)	bisonte (m) americano	[bi'zɔntɛ amɛri'kanɔ]
uro (m)	bisonte (m) europeo	[bi'zɔntɛ eurɔ'pɛɔ]
búfalo (m)	bufalo (m)	['bufalɔ]

cebra (f)	zebra (f)	['dzɛbra]
antílope (m)	antilope (f)	[an'tilɔpɛ]
corzo (m)	capriolo (m)	[kapri'ɔlɔ]
gamo (m)	daino (m)	['dainɔ]
gamuza (f)	camoscio (m)	[ka'mɔʃɔ]
jabalí (m)	cinghiale (m)	[ʧin'gjale]

ballena (f)	balena (f)	[ba'lena]
foca (f)	foca (f)	['fɔka]
morsa (f)	tricheco (m)	[tri'kɛkɔ]
oso (m) marino	otaria (f)	[ɔ'taria]
delfín (m)	delfino (m)	[dɛʎ'finɔ]

oso (m)	orso (m)	['ɔrsɔ]
oso (m) blanco	orso (m) bianco	['ɔrsɔ 'bjaŋkɔ]
panda (f)	panda (m)	['panda]

mono (m)	scimmia (f)	['ʃimmʲa]
chimpancé (m)	scimpanzè (m)	[ʃimpan'dzɛ]
orangután (m)	orango (m)	[ɔ'raŋɔ]
gorila (m)	gorilla (m)	[gɔ'riʎa]
macaco (m)	macaco (m)	[ma'kakɔ]
gibón (m)	gibbone (m)	[dʒib'bonɛ]

elefante (m)	elefante (m)	[ɛle'fantɛ]
rinoceronte (m)	rinoceronte (m)	[rinɔʧe'rɔntɛ]
jirafa (f)	giraffa (f)	[dʒi'raffa]
hipopótamo (m)	ippopotamo (m)	[ippɔ'pɔtamɔ]

| canguro (m) | canguro (m) | [ka'ŋurɔ] |
| koala (f) | koala (m) | [kɔ'aʎa] |

mangosta (f)	mangusta (f)	[ma'ŋusta]
chinchilla (f)	cincillà (f)	[ʧinʧi'ʎa]
mofeta (f)	moffetta (f)	[mɔf'fɛtta]
espín (m)	istrice (m)	['istriʧe]

176. Los animales domésticos

gata (f)	gatta (f)	['gatta]
gato (m)	gatto (m)	['gattɔ]
perro (m)	cane (m)	['kanɛ]

caballo (m)	cavallo (m)	[ka'vallɔ]
garañón (m)	stallone (m)	[stal'lɔnɛ]
yegua (f)	giumenta (f)	[dʒu'mɛnta]
vaca (f)	mucca (f)	['mukka]
toro (m)	toro (m)	['tɔrɔ]
buey (m)	bue (m)	['buɛ]
oveja (f)	pecora (f)	['pɛkɔra]
carnero (m)	montone (m)	[mɔn'tɔnɛ]
cabra (f)	capra (f)	['kapra]
cabrón (m)	caprone (m)	[kap'rɔnɛ]
asno (m)	asino (m)	['azinɔ]
mulo (m)	mulo (m)	['mulɔ]
cerdo (m)	porco (m)	['pɔrkɔ]
cerdito (m)	porcellino (m)	[pɔrʧel'linɔ]
conejo (m)	coniglio (m)	[kɔ'niʎɔ]
gallina (f)	gallina (f)	[gal'lina]
gallo (m)	gallo (m)	['gallɔ]
pato (m)	anatra (f)	['anatra]
ánade (m)	maschio (m) dell'anatra	['maskiɔ dɛʎ 'anatra]
ganso (m)	oca (f)	['ɔka]
pavo (m)	tacchino (m)	[tak'kinɔ]
pava (f)	tacchina (f)	[tak'kina]
animales (m pl) domésticos	animali (m pl) domestici	[ani'mali dɔ'mɛstiʧi]
domesticado (adj)	addomesticato	[addɔmɛsti'katɔ]
domesticar (vt)	addomesticare (vt)	[addɔmɛsti'karɛ]
criar (vt)	allevare (vt)	[alle'varɛ]
granja (f)	fattoria (f)	[fattɔ'ria]
aves (f pl) de corral	pollame (m)	[pɔ'ʎamɛ]
ganado (m)	bestiame (m)	[bɛs'tjamɛ]
rebaño (m)	branco (m), mandria (f)	['braŋkɔ], ['mandria]
caballeriza (f)	scuderia (f)	[skudɛ'ria]
porqueriza (f)	porcile (m)	[pɔr'ʧile]
vaquería (f)	stalla (f)	['stalla]
conejal (m)	conigliera (f)	[kɔni'ʎjera]
gallinero (m)	pollaio (m)	[pɔ'ʎajo]

177. Los perros. Las razas de perros

perro (m)	cane (m)	['kanɛ]
perro (m) pastor	cane (m) da pastore	['kanɛ da pas'tɔrɛ]
perro (m) pastor alemán	battaglia (f)	[bat'taʎja]
perro (m) maltés	barbone (m)	[bar'bonɛ]
teckel (m)	bassotto (m)	[bas'sɔttɔ]
buldog (m)	bulldog (m)	[buʎ'dɔg]

bóxer (m)	boxer (m)	['bɔksɛr]
Mastín (m) inglés	mastino (m)	[mas'tino]
rottweiler (m)	rottweiler (m)	[rɔt'vajler]
Dobermann (m)	dobermann (m)	[dɔbɛr'maŋ]

basset hound (m)	bassotto (m)	[bas'sɔtto]
Bobtail (m)	bobtail (m)	['bɔbtɛjl]
dálmata (m)	dalmata (m)	['daʎmata]
cocker spaniel (m)	cocker (m)	['kɔkkɛr]

| Terranova (m) | terranova (m) | [tɛrra'nɔva] |
| San Bernardo (m) | sanbernardo (m) | [sanbɛr'nardɔ] |

husky (m)	husky (m)	['aski]
Chow Chow (m)	chow chow (m)	['ʧau 'ʧau]
pomerania (m)	volpino (m)	[vɔl'pinɔ]
Pug (m), Carlino (m)	carlino (m)	[kar'linɔ]

178. Los sonidos de los animales

ladrido (m)	abbaiamento (m)	[abaja'mɛntɔ]
ladrar (vi)	abbaiare (vi)	[abba'jarɛ]
maullar (vi)	miagolare (vi)	[mjagɔ'ʎarɛ]
ronronear (vi)	fare le fusa	['farɛ le 'fuza]

mugir (vi)	muggire (vi)	[mu'dʒirɛ]
bramar (toro)	muggire (vi)	[mu'dʒirɛ]
rugir (vi)	ringhiare (vi)	[rin'gjarɛ]

aullido (m)	ululato (m)	[uly'ʎatɔ]
aullar (vi)	ululare (vi)	[uly'ʎarɛ]
gañir (vi)	guaire (vi)	[gua'irɛ]

balar (vi)	belare (vi)	[bɛ'ʎarɛ]
gruñir (cerdo)	grugnire (vi)	[gru'ɲirɛ]
chillar (vi)	squittire (vi)	[skuit'tirɛ]

croar (vi)	gracidare (vi)	[graʧi'darɛ]
zumbar (vi)	ronzare (vi)	[rɔn'dzarɛ]
chirriar (vi)	frinire (vi)	[fri'nirɛ]

179. Los pájaros

pájaro (m)	uccello (m)	[u'ʧellɔ]
paloma (f)	colombo (m), piccione (m)	[kɔ'lɔmbɔ], [pi'ʧɔnɛ]
gorrión (m)	passero (m)	['passɛrɔ]
paro (m)	cincia (f)	['ʧinʧa]
cotorra (f)	gazza (f)	['gatsa]

cuervo (m)	corvo (m)	['kɔrvɔ]
corneja (f)	cornacchia (f)	[kɔr'nakkja]
chova (f)	taccola (f)	['takkɔʎa]

grajo (m)	corvo (m) comune	['kɔrvɔ kɔ'munɛ]
pato (m)	anatra (f)	['anatra]
ganso (m)	oca (f)	['ɔka]
faisán (m)	fagiano (m)	[fa'dʒanɔ]
águila (f)	aquila (f)	['akuiʎa]
azor (m)	astore (m)	[as'tɔrɛ]
halcón (m)	falco (m)	['faʎkɔ]
buitre (m)	grifone (m)	[gri'fɔnɛ]
cóndor (m)	condor (m)	['kɔndɔr]
cisne (m)	cigno (m)	['tʃiɲʲɔ]
grulla (f)	gru (f)	[gru]
cigüeña (f)	cicogna (f)	[tʃi'kɔɲja]
loro (m), papagayo (m)	pappagallo (m)	[pappa'gallɔ]
colibrí (m)	colibrì (m)	[kɔlib'ri]
pavo (m) real	pavone (m)	[pa'vɔnɛ]
avestruz (m)	struzzo (m)	['strutsɔ]
garza (f)	airone (m)	[ai'rɔnɛ]
flamenco (m)	fenicottero (m)	[fɛni'kɔttɛrɔ]
pelícano (m)	pellicano (m)	[pɛlli'kanɔ]
ruiseñor (m)	usignolo (m)	[uzi'nɔlɔ]
golondrina (f)	rondine (f)	['rɔndinɛ]
tordo (m)	tordo (m)	['tɔrdɔ]
zorzal (m)	tordo (m) sasello	['tɔrdɔ sa'zɛllɔ]
mirlo (m)	merlo (m)	['mɛrlɔ]
vencejo (m)	rondone (m)	[rɔn'dɔnɛ]
alondra (f)	allodola (f)	[al'lɔdɔʎa]
codorniz (f)	quaglia (f)	[ku'aʎja]
pico (m)	picchio (m)	['pikkiɔ]
cuco (m)	cuculo (m)	['kukulɔ]
lechuza (f)	civetta (f)	[tʃi'vɛtta]
búho (m)	gufo (m) reale	['gufɔ re'ale]
urogallo (m)	urogallo (m)	[urɔ'gallɔ]
gallo lira (m)	fagiano (m) di monte	[fadʒi'anɔ di 'mɔntɛ]
perdiz (f)	pernice (f)	[pɛr'nitʃe]
estornino (m)	storno (m)	['stɔrnɔ]
canario (m)	canarino (m)	[kana'rinɔ]
ortega (f)	francolino (m) di monte	[fraŋkɔ'linɔ di 'mɔntɛ]
pinzón (m)	fringuello (m)	[friŋu'ɛllɔ]
camachuelo (m)	ciuffolotto (m)	[tʃuffɔ'lɔttɔ]
gaviota (f)	gabbiano (m)	[gab'bjanɔ]
albatros (m)	albatro (m)	['aʎbatrɔ]
pingüino (m)	pinguino (m)	[piŋu'inɔ]

180. Los pájaros. El canto y los sonidos

cantar (vi)	cantare (vi)	[kan'tarɛ]
gritar (vi)	gridare (vi)	[gri'darɛ]
cantar (el gallo)	cantare, chicchiriare	[kan'tarɛ], [kikkiri'arɛ]
quiquiriquí (m)	chicchirichì (m)	[kikkiri'ki]
cloquear (vi)	chiocciare (vi)	[kiɔ'ʧarɛ]
graznar (vi)	gracchiare (vi)	[grak'kjarɛ]
hacer cua cua	fare qua qua	['farɛ ku'a ku'a]
piar (vi)	pigolare (vi)	[pigɔ'ʎarɛ]
gorjear (vi)	cinguettare (vi)	[ʧiŋuɛt'tarɛ]

181. Los peces. Los animales marinos

brema (f)	abramide (f)	[ab'ramidɛ]
carpa (f)	carpa (f)	['karpa]
perca (f)	perca (f)	['pɛrka]
siluro (m)	pesce (m) gatto	['peʃɛ 'gattɔ]
lucio (m)	luccio (m)	['luʧɔ]
salmón (m)	salmone (m)	[saʎ'mɔnɛ]
esturión (m)	storione (m)	[stɔri'ɔnɛ]
arenque (m)	aringa (f)	[a'riŋa]
salmón (m) del Atlántico	salmone (m)	[saʎ'mɔnɛ]
caballa (f)	scombro (m)	['skɔmbrɔ]
lenguado (m)	sogliola (f)	['sɔʎɔʎa]
lucioperca (m)	lucioperca (f)	[lyʧɔ'pɛrka]
bacalao (m)	merluzzo (m)	[mɛr'lytsɔ]
atún (m)	tonno (m)	['tɔŋɔ]
trucha (f)	trota (f)	['trota]
anguila (f)	anguilla (f)	[aŋu'iʎa]
tembladera (f)	torpedine (f)	[tɔr'pɛdinɛ]
morena (f)	murena (f)	[mu'rɛna]
piraña (f)	piranha (f)	[pi'raɲˈa]
tiburón (m)	squalo (m)	[sku'alɔ]
delfín (m)	delfino (m)	[dɛʎ'finɔ]
ballena (f)	balena (f)	[ba'lena]
centolla (f)	granchio (m)	['graŋkiɔ]
medusa (f)	medusa (f)	[mɛ'duza]
pulpo (m)	polpo (m)	['pɔʎpɔ]
estrella (f) de mar	stella (f) marina	['stɛʎa ma'rina]
erizo (m) de mar	riccio (m) di mare	['riʧɔ di 'marɛ]
caballito (m) de mar	cavalluccio (m) marino	[kavaʎ'lyʧɔ ma'rinɔ]
ostra (f)	ostrica (f)	['ɔstrika]
camarón (m)	gamberetto (m)	[gambɛ'rɛttɔ]

bogavante (m)	**astice** (m)	['astitʃɛ]
langosta (f)	**aragosta** (f)	[ara'gɔsta]

182. Los anfibios. Los reptiles

serpiente (f)	**serpente** (m)	[sɛr'pɛntɛ]
venenoso (adj)	**velenoso**	[vɛle'nozɔ]
víbora (f)	**vipera** (f)	['wipɛra]
cobra (f)	**cobra** (m)	['kɔbra]
pitón (m)	**pitone** (m)	[pi'tɔnɛ]
boa (f)	**boa** (m)	['bɔa]
culebra (f)	**biscia** (f)	['biʃa]
serpiente (m) de cascabel	**serpente** (m) **a sonagli**	[sɛr'pɛntɛ a sɔ'naʎi]
anaconda (f)	**anaconda** (f)	[ana'kɔnda]
lagarto (f)	**lucertola** (f)	[ly'tʃertɔʎa]
iguana (f)	**iguana** (f)	[igu'ana]
varano (m)	**varano** (m)	[va'ranɔ]
salamandra (f)	**salamandra** (f)	[saʎa'mandra]
camaleón (m)	**camaleonte** (m)	[kamale'ɔntɛ]
escorpión (m)	**scorpione** (m)	[skɔr'pʲɔnɛ]
tortuga (f)	**tartaruga** (f)	[tarta'ruga]
rana (f)	**rana** (f)	['rana]
sapo (m)	**rospo** (m)	['rɔspɔ]
cocodrilo (m)	**coccodrillo** (m)	[kɔkkɔd'rillɔ]

183. Los insectos

insecto (m)	**insetto** (m)	[in'sɛttɔ]
mariposa (f)	**farfalla** (f)	[far'faʎa]
hormiga (f)	**formica** (f)	[fɔr'mika]
mosca (f)	**mosca** (f)	['mɔska]
mosquito (m) (picadura de ~)	**zanzara** (f)	[dzan'dzara]
escarabajo (m)	**scarabeo** (m)	[skara'bɛɔ]
avispa (f)	**vespa** (f)	['vɛspa]
abeja (f)	**ape** (f)	['apɛ]
abejorro (m)	**bombo** (m)	['bɔmbɔ]
moscardón (m)	**tafano** (m)	[ta'fanɔ]
araña (f)	**ragno** (m)	['raɲʲɔ]
telaraña (f)	**ragnatela** (f)	[raɲja'tɛʎa]
libélula (f)	**libellula** (f)	[li'bɛllyʎa]
saltamontes (m)	**cavalletta** (f)	[kaval'letta]
mariposa (f) nocturna	**farfalla** (f) **notturna**	[far'faʎa nɔt'turna]
cucaracha (f)	**scarafaggio** (m)	[skara'fadʒɔ]
garrapata (f)	**zecca** (f)	['tsɛkka]

pulga (f)	**pulce** (f)	[ˈpuʎtʃe]
mosca (f) pequeña	**moscerino** (m)	[moʃɛˈrino]
langosta (f)	**locusta** (f)	[lɔˈkusta]
caracol (m)	**lumaca** (f)	[lyˈmaka]
grillo (m)	**grillo** (m)	[ˈgrillɔ]
luciérnaga (f)	**lucciola** (f)	[ˈlytʃɔʎa]
mariquita (f)	**coccinella** (f)	[kɔtʃiˈnɛʎa]
escarabajo (m) sanjuanero	**maggiolino** (m)	[madʒɔˈlinɔ]
sanguijuela (f)	**sanguisuga** (f)	[saɲuiˈzuga]
oruga (f)	**bruco** (m)	[ˈbrukɔ]
gusano (m)	**verme** (m)	[ˈvɛrmɛ]
larva (f)	**larva** (m)	[ˈʎarva]

184. Los animales. Las partes del cuerpo

pico (m)	**becco** (m)	[ˈbɛkkɔ]
alas (f pl)	**ali** (f pl)	[ˈali]
pata (f)	**zampa** (f)	[ˈdzampa]
plumaje (m)	**piumaggio** (m)	[pʲuˈmadʒɔ]
pluma (f)	**penna** (f), **piuma** (f)	[ˈpɛɲa], [ˈpʲuma]
penacho (m)	**cresta** (f)	[ˈkrɛsta]
branquias (f pl)	**branchia** (f)	[ˈbrankja]
huevas (f pl)	**uova** (f pl)	[uˈova]
larva (f)	**larva** (f)	[ˈʎarva]
aleta (f)	**pinna** (f)	[ˈpiɲa]
escamas (f pl)	**squama** (f)	[skuˈama]
colmillo (m)	**zanna** (f)	[ˈtzaɲa]
garra (f), pata (f)	**zampa** (f)	[ˈdzampa]
hocico (m)	**muso** (m)	[ˈmuzɔ]
boca (f)	**bocca** (f)	[ˈbɔkka]
cola (f)	**coda** (f)	[ˈkɔda]
bigotes (m pl)	**baffi** (m pl)	[ˈbaffi]
casco (m) (pezuña)	**zoccolo** (m)	[ˈdzɔkkɔlɔ]
cuerno (m)	**corno** (m)	[ˈkɔrnɔ]
caparazón (m)	**carapace** (f)	[karaˈpatʃɛ]
concha (f) (de moluscos)	**conchiglia** (f)	[kɔˈŋkiʎja]
cáscara (f) (de huevo)	**guscio** (m) **dell'uovo**	[ˈguço dɛʎ uˈovɔ]
pelo (m) (de perro)	**pelo** (m)	[ˈpɛlɔ]
piel (f) (de vaca, etc.)	**pelle** (f)	[ˈpɛlle]

185. Los animales. El hábitat

hábitat (m)	**ambiente** (m) **naturale**	[amˈbjentɛ natuˈrale]
migración (f)	**migrazione** (f)	[migraˈtsʲɔnɛ]
montaña (f)	**monte** (m), **montagna** (f)	[ˈmɔntɛ], [mɔnˈtaɲʲa]

arrecife (m)	**reef** (m)	[riːf]
roca (f)	**falesia** (f)	[fa'lezija]
bosque (m)	**foresta** (f)	[fo'rɛsta]
jungla (f)	**giungla** (f)	['dʒuŋʎa]
sabana (f)	**savana** (f)	[sa'vana]
tundra (f)	**tundra** (f)	['tundra]
estepa (f)	**steppa** (f)	['stɛppa]
desierto (m)	**deserto** (m)	[dɛ'zɛrtɔ]
oasis (m)	**oasi** (f)	['ɔazi]
mar (m)	**mare** (m)	['marɛ]
lago (m)	**lago** (m)	['ʎagɔ]
océano (m)	**oceano** (m)	[ɔ'ʧeanɔ]
pantano (m)	**palude** (f)	[pa'lydɛ]
de agua dulce (adj)	**di acqua dolce**	[di 'akua 'dɔʎʧe]
estanque (m)	**stagno** (m)	['staɲɔ]
río (m)	**fiume** (m)	['fjymɛ]
cubil (m)	**tana** (f)	['tana]
nido (m)	**nido** (m)	['nidɔ]
agujero (m)	**cavità** (f)	[kawi'ta]
madriguera (f)	**tana** (f)	['tana]
hormiguero (m)	**formicaio** (m)	[fɔrmi'kajo]

La flora

186. Los árboles

árbol (m)	albero (m)	['aʎbɛrɔ]
foliáceo (adj)	deciduo	[dɛ'ʧiduɔ]
conífero (adj)	conifero	[kɔ'nifɛrɔ]
de hoja perenne	sempreverde	[sɛmprɛ'vɛrdɛ]
manzano (m)	melo (m)	['mɛlɔ]
peral (m)	pero (m)	['pɛrɔ]
cerezo (m)	ciliegio (m)	[ʧi'ʎjedʒɔ]
guindo (m)	amareno (m)	[ama'rɛnɔ]
ciruelo (m)	prugno (m)	['pruɲɔ]
abedul (m)	betulla (f)	[bɛ'tuʎa]
roble (m)	quercia (f)	[ku'ɛrʧa]
tilo (m)	tiglio (m)	['tiʎɔ]
pobo (m)	pioppo (m) tremolo	['pjɔppɔ 'trɛmɔlɔ]
arce (m)	acero (m)	['aʧerɔ]
picea (m)	abete (m)	[a'bɛtɛ]
pino (m)	pino (m)	['pinɔ]
alerce (m)	larice (m)	['ʎariʧe]
abeto (m)	abete (m) bianco	[a'bɛtɛ 'bjaŋkɔ]
cedro (m)	cedro (m)	['ʧedrɔ]
álamo (m)	pioppo (m)	['pjɔppɔ]
serbal (m)	sorbo (m)	['sɔrbɔ]
sauce (m)	salice (m)	['saliʧe]
aliso (m)	alno (m)	['aʎnɔ]
haya (f)	faggio (m)	['fadʒɔ]
olmo (m)	olmo (m)	['ɔʎmɔ]
fresno (m)	frassino (m)	['frassinɔ]
castaño (m)	castagno (m)	[kas'taɲɔ]
magnolia (f)	magnolia (f)	[ma'ɲɔlia]
palmera (f)	palma (f)	['paʎma]
ciprés (m)	cipresso (m)	[ʧip'rɛssɔ]
mangle (m)	mangrovia (f)	[maɲ'rɔwia]
baobab (m)	baobab (m)	[baɔ'bab]
eucalipto (m)	eucalipto (m)	[ɛuka'liptɔ]
secoya (f)	sequoia (f)	[sɛku'ɔja]

187. Los arbustos

mata (f)	cespuglio (m)	[ʧes'puʎɔ]
arbusto (m)	arbusto (m)	[ar'bustɔ]

vid (f)	**vite** (f)	['witɛ]
viñedo (m)	**vigneto** (m)	[wi'ɲjetɔ]
frambueso (m)	**lampone** (m)	[ʎam'ponɛ]
grosella (f) roja	**ribes** (m) **rosso**	['ribɛs 'rɔssɔ]
grosellero (m) espinoso	**uva** (f) **spina**	['uva 'spina]
acacia (f)	**acacia** (f)	[a'katʃa]
berberís (m)	**crespino** (m)	[krɛs'pinɔ]
jazmín (m)	**gelsomino** (m)	[dʒeʎsɔ'minɔ]
enebro (m)	**ginepro** (m)	[dʒi'nɛprɔ]
rosal (m)	**roseto** (m)	[ro'zɛtɔ]
escaramujo (m)	**rosa** (f) **canina**	['rɔza ka'nina]

188. Los hongos

seta (f)	**fungo** (m)	['fuɲɔ]
seta (f) comestible	**fungo** (m) **commestibile**	['fuɲɔ kɔmmɛs'tibile]
seta (f) venenosa	**fungo** (m) **velenoso**	['fuɲɔ vele'nozɔ]
sombrerete (m)	**cappello** (m)	[kap'pɛllɔ]
estipe (m)	**gambo** (m)	['gambɔ]
boletus edulis (m)	**porcino** (m)	[por'tʃinɔ]
boleto (m) castaño	**boleto** (m) **rufo**	[bo'letɔ 'rufɔ]
boleto (m) áspero	**porcinello** (m)	[portʃi'nɛllɔ]
rebozuelo (m)	**gallinaccio** (m)	[galli'natʃɔ]
rúsula (f)	**rossola** (f)	['rɔssɔʎa]
colmenilla (f)	**spugnola** (f)	['spuɲ'ɔʎa]
matamoscas (m)	**ovolaccio** (m)	[ɔvɔ'latʃɔ]
oronja (f) verde	**fungo** (m) **moscario**	['fuɲɔ mɔs'kariɔ]

189. Las frutas. Las bayas

manzana (f)	**mela** (f)	['mɛʎa]
pera (f)	**pera** (f)	['pɛra]
ciruela (f)	**prugna** (f)	['pruɲja]
fresa (f)	**fragola** (f)	['fragɔʎa]
guinda (f)	**amarena** (f)	[ama'rɛna]
cereza (f)	**ciliegia** (f)	[tʃi'ʎjedʒa]
uva (f)	**uva** (f)	['uva]
frambuesa (f)	**lampone** (m)	[ʎam'ponɛ]
grosella (f) negra	**ribes** (m) **nero**	['ribɛs 'nɛrɔ]
grosella (f) roja	**ribes** (m) **rosso**	['ribɛs 'rɔssɔ]
grosella (f) espinosa	**uva** (f) **spina**	['uva 'spina]
arándano (m) agrio	**mirtillo** (m) **di palude**	[mir'tillɔ di pa'lydɛ]
naranja (f)	**arancia** (f)	[a'rantʃa]
mandarina (f)	**mandarino** (m)	[manda'rinɔ]

ananás (m)	ananas (m)	[ana'nas]
banana (f)	banana (f)	[ba'nana]
dátil (m)	dattero (m)	['dattɛro]
limón (m)	limone (m)	[li'mɔnɛ]
albaricoque (m)	albicocca (f)	[aʎbi'kɔkka]
melocotón (m)	pesca (f)	['pɛska]
kiwi (m)	kiwi (m)	['kiwi]
pomelo (m)	pompelmo (m)	[pɔm'pɛʎmɔ]
baya (f)	bacca (f)	['bakka]
bayas (f pl)	bacche (f pl)	['bakkɛ]
arándano (m) rojo	mirtillo (m) rosso	[mir'tillɔ 'rɔssɔ]
fresa (f) silvestre	fragola (f) di bosco	['fragɔʎa di 'bɔskɔ]
arándano (m)	mirtillo (m)	[mir'tillɔ]

190. Las flores. Las plantas

flor (f)	fiore (m)	['fjɔrɛ]
ramo (m) de flores	mazzo (m) di fiori	['matsɔ di 'fjɔri]
rosa (f)	rosa (f)	['rɔza]
tulipán (m)	tulipano (m)	[tuli'panɔ]
clavel (m)	garofano (m)	[ga'rɔfanɔ]
gladiolo (m)	gladiolo (m)	[gʎa'djɔlɔ]
aciano (m)	fiordaliso (m)	[fjɔrda'lizɔ]
campanilla (f)	campanella (f)	[kampa'nɛʎa]
diente (m) de león	soffione (m)	[sof'fjɔnɛ]
manzanilla (f)	camomilla (f)	[kamɔ'miʎa]
áloe (m)	aloe (m)	['alɔɛ]
cacto (m)	cactus (m)	['kaktus]
ficus (m)	ficus (m)	['fikus]
azucena (f)	giglio (m)	['dʒiʎɔ]
geranio (m)	geranio (m)	[dʒe'ranjɔ]
jacinto (m)	giacinto (m)	[dʒa'tʃintɔ]
mimosa (f)	mimosa (f)	[mi'mɔza]
narciso (m)	narciso (m)	[nar'tʃizɔ]
capuchina (f)	nasturzio (m)	[nas'turtsjɔ]
orquídea (f)	orchidea (f)	[ɔrki'dɛa]
peonía (f)	peonia (f)	[pɛ'ɔnia]
violeta (f)	viola (f)	[wi'ɔʎa]
trinitaria (f)	viola (f) del pensiero	[wi'ɔʎa dɛʎ pɛn'sjerɔ]
nomeolvides (f)	nontiscordardimé (m)	[nɔntiskɔrdardi'mɛ]
margarita (f)	margherita (f)	[margɛ'rita]
amapola (f)	papavero (m)	[pa'pavɛrɔ]
cáñamo (m)	canapa (f)	['kanapa]
menta (f)	menta (f)	['menta]

muguete (m)	**mughetto** (m)	[mu'gɛttɔ]
campanilla (f) de las nieves	**bucaneve** (m)	[buka'nɛvɛ]
ortiga (f)	**ortica** (f)	[ɔr'tika]
acedera (f)	**acetosa** (f)	[atʃe'tɔza]
nenúfar (m)	**ninfea** (f)	[nin'fɛa]
helecho (m)	**felce** (f)	['fɛʎtʃe]
liquen (m)	**lichene** (m)	[li'kɛnɛ]
invernadero (m) tropical	**serra** (f)	['sɛrra]
césped (m)	**prato** (m) **erboso**	['prato ɛr'bɔzɔ]
macizo (m) de flores	**aiuola** (f)	[aju'ɔʎa]
planta (f)	**pianta** (f)	['pjanta]
hierba (f)	**erba** (f)	['ɛrba]
hierbecita (f)	**filo** (m) **d'erba**	['filɔ 'dɛrba]
hoja (f)	**foglia** (f)	['fɔʎja]
pétalo (m)	**petalo** (m)	['pɛtalɔ]
tallo (m)	**stelo** (m)	['stɛlɔ]
tubérculo (m)	**tubero** (m)	['tubɛrɔ]
retoño (m)	**germoglio** (m)	[dʒer'mɔʎʲɔ]
espina (f)	**spina** (f)	['spina]
florecer (vi)	**fiorire** (vi)	[fʲɔ'rirɛ]
marchitarse (vr)	**appassire** (vi)	[appas'sirɛ]
olor (m)	**odore** (m), **profumo** (m)	[ɔ'dɔrɛ], [prɔ'fumɔ]
cortar (vt)	**tagliare** (vt)	[ta'ʎarɛ]
coger (una flor)	**cogliere** (vt)	['kɔʎjerɛ]

191. Los cereales, los granos

grano (m)	**grano** (m)	['granɔ]
cereales (m pl) (plantas)	**cereali** (m pl)	[tʃerɛ'ali]
espiga (f)	**spiga** (f)	['spiga]
trigo (m)	**frumento** (m)	[fru'mɛntɔ]
centeno (m)	**segale** (f)	['sɛgale]
avena (f)	**avena** (f)	[a'vɛna]
mijo (m)	**miglio** (m)	['miʎʲɔ]
cebada (f)	**orzo** (m)	['ɔrtsɔ]
maíz (m)	**mais** (m)	['mais]
arroz (m)	**riso** (m)	['rizɔ]
alforfón (m)	**grano** (m) **saraceno**	['granɔ sara'tʃenɔ]
guisante (m)	**pisello** (m)	[pi'zɛllɔ]
fréjol (m)	**fagiolo** (m)	[fa'dʒɔlɔ]
soya (f)	**soia** (f)	['sɔja]
lenteja (f)	**lenticchie** (f pl)	[len'tikkje]
habas (f pl)	**fave** (f pl)	['favɛ]

GEOGRAFÍA REGIONAL

Los países. Las nacionalidades

192. La política. El gobierno. Unidad 1

política (f)	politica (f)	[po'litika]
político (adj)	politico (adj)	[po'litiko]
político (m)	politico (m)	[po'litiko]
Estado (m)	stato (m)	['stato]
ciudadano (m)	cittadino (m)	[ʧitta'dino]
ciudadanía (f)	cittadinanza (f)	[ʧittadi'nanʦa]
escudo (m) nacional	emblema (m) nazionale	[ɛmb'lema naʦʲo'nale]
himno (m) nacional	inno (m) nazionale	['iŋo naʦʲo'nale]
gobierno (m)	governo (m)	[go'vɛrno]
jefe (m) de estado	capo (m) di Stato	['kapo di 'stato]
parlamento (m)	parlamento (m)	[parʎa'mɛnto]
partido (m)	partito (m)	[par'tito]
capitalismo (m)	capitalismo (m)	[kapita'lizmo]
capitalista (adj)	capitalistico	[kapita'listiko]
socialismo (m)	socialismo (m)	[soʧia'lizmo]
socialista (adj)	socialista	[soʧia'lista]
comunismo (m)	comunismo (m)	[komu'nizmo]
comunista (adj)	comunista	[komu'nista]
comunista (m)	comunista (m)	[komu'nista]
democracia (f)	democrazia (f)	[dɛmokra'ʦia]
demócrata (m)	democratico (m)	[dɛmok'ratiko]
democrático (adj)	democratico	[dɛmok'ratiko]
partido (m) democrático	partito (m) democratico	[par'tito dɛmok'ratiko]
liberal (m)	liberale (m)	[libɛ'rale]
liberal (adj)	liberale (adj)	[libɛ'rale]
conservador (m)	conservatore (m)	[konsɛrva'torɛ]
conservador (adj)	conservatore (adj)	[konsɛrva'torɛ]
república (f)	repubblica (f)	[rɛ'pubblika]
republicano (m)	repubblicano (m)	[rɛpubbli'kano]
partido (m) republicano	partito (m) repubblicano	[par'tito rɛpubbli'kano]
elecciones (f pl)	elezioni (f pl)	[ɛle'ʦʲoni]
elegir (vi)	eleggere (vt)	[ɛ'ledʒɛrɛ]
elector (m)	elettore (m)	[ɛlet'torɛ]

campaña (f) electoral	**campagna** (f) **elettorale**	[kam'paɲja ɛletto'rale]
votación (f)	**votazione** (f)	[vota'tsʲonɛ]
votar (vi)	**votare** (vi)	[vo'tarɛ]
derecho (m) a voto	**diritto** (m) **di voto**	[di'ritto di 'voto]
candidato (m)	**candidato** (m)	[kandi'dato]
presentar su candidatura	**candidarsi** (vr)	[kandi'darsi]
campaña (f)	**campagna** (f)	[kam'paɲja]
de oposición (adj)	**d'opposizione**	[doppozi'tsʲonɛ]
oposición (f)	**opposizione** (f)	[oppozi'tsʲonɛ]
visita (f)	**visita** (f)	['wizita]
visita (f) oficial	**visita** (f) **ufficiale**	['wizita uffi'tʃale]
internacional (adj)	**internazionale**	[intɛrnatsʲo'nale]
negociaciones (f pl)	**trattative** (f pl)	[tratta'tivɛ]
negociar (vi)	**negoziare** (vi)	[nego'tsjarɛ]

193. La política. El gobierno. Unidad 2

sociedad (f)	**società** (f)	[sotʃie'ta]
constitución (f)	**costituzione** (f)	[kostitu'tsʲonɛ]
poder (m)	**potere** (m)	[po'tɛrɛ]
corrupción (f)	**corruzione** (f)	[korru'tsʲonɛ]
ley (f)	**legge** (f)	['ledʒe]
legal (adj)	**legittimo**	[le'dʒittimo]
justicia (f)	**giustizia** (f)	[dʒus'titsia]
justo (adj)	**giusto**	['dʒusto]
comité (m)	**comitato** (m)	[komi'tato]
proyecto (m) de ley	**disegno** (m) **di legge**	[di'zeɲo di 'ledʒe]
presupuesto (m)	**bilancio** (m)	[bi'ʎantʃo]
política (f)	**politica** (f)	[po'litika]
reforma (f)	**riforma** (f)	[ri'forma]
radical (adj)	**radicale**	[radi'kale]
potencia (f) (~ militar, etc.)	**forza** (f), **potenza** (f)	['fortsa], [po'tɛntsa]
poderoso (adj)	**potente**	[po'tɛntɛ]
partidario (m)	**sostenitore** (m)	[sostɛni'torɛ]
influencia (f)	**influenza** (f)	[infly'ɛntsa]
régimen (m)	**regime** (m)	[rɛ'dʒimɛ]
conflicto (m)	**conflitto** (m)	[konf'litto]
complot (m)	**complotto** (m)	[komp'lotto]
provocación (f)	**provocazione** (f)	[provoka'tsʲonɛ]
derrocar (al régimen)	**rovesciare** (vt)	[rove'ʃarɛ]
derrocamiento (m)	**rovesciamento** (m)	[roveʃa'mɛnto]
revolución (f)	**rivoluzione** (f)	[rivoly'tsʲonɛ]
golpe (m) de estado	**colpo** (m) **di Stato**	['koʎpo di 'stato]
golpe (m) militar	**golpe** (m) **militare**	['goʎpɛ mili'tarɛ]

crisis (m)	**crisi** (f)	['krizi]
recesión (f) económica	**recessione** (f) **economica**	[rɛtʃessi'ɔnɛ ɛkɔ'nɔmika]
manifestante (m)	**manifestante** (m)	[manifɛs'tantɛ]
manifestación (f)	**manifestazione** (f)	[manifɛsta'tsʲɔnɛ]
ley (m) marcial	**legge** (f) **marziale**	['ledʒɛ martsi'ale]
base (f) militar	**base** (f) **militare**	['bazɛ mili'tarɛ]

estabilidad (f)	**stabilità** (f)	[stabili'ta]
estable (adj)	**stabile**	['stabile]

explotación (f)	**sfruttamento** (m)	[sfrutta'mɛnto]
explotar (vt)	**sfruttare** (vt)	[sfrut'tarɛ]

racismo (m)	**razzismo** (m)	[ra'tsizmɔ]
racista (m)	**razzista** (m)	[ra'tsista]
fascismo (m)	**fascismo** (m)	[fa'ʃizmɔ]
fascista (m)	**fascista** (m)	[fa'ʃista]

194. Los países. Miscelánea

extranjero (m)	**straniero** (m)	[stra'njerɔ]
extranjero (adj)	**straniero** (adj)	[stra'njerɔ]
en el extranjero	**all'estero**	[a'ʎˈestɛrɔ]

emigrante (m)	**emigrato** (m)	[ɛmig'ratɔ]
emigración (f)	**emigrazione** (f)	[ɛmigra'tsʲɔnɛ]
emigrar (vi)	**emigrare** (vi)	[ɛmig'rarɛ]

Oeste (m)	**Ovest** (m)	['ɔvɛst]
Este (m)	**Est** (m)	[ɛst]
Extremo Oriente (m)	**Estremo Oriente** (m)	[ɛst'rɛmɔ ɔri'ɛntɛ]

civilización (f)	**civiltà** (f)	[tʃiwiʎ'ta]
humanidad (f)	**umanità** (f)	[umani'ta]
mundo (m)	**mondo** (m)	['mondɔ]
paz (f)	**pace** (f)	['patʃe]
mundial (adj)	**mondiale**	[mon'dʲale]

patria (f)	**patria** (f)	['patria]
pueblo (m)	**popolo** (m)	['popolɔ]
población (f)	**popolazione** (f)	[popoʎa'tsʲɔnɛ]
gente (f)	**gente** (f)	['dʒentɛ]
nación (f)	**nazione** (f)	[na'tsʲɔnɛ]
generación (f)	**generazione** (f)	[dʒenɛra'tsʲɔnɛ]

territorio (m)	**territorio** (m)	[tɛrri'toriɔ]
región (m)	**regione** (f)	[rɛ'dʒonɛ]
estado (m) (parte de un país)	**stato** (m)	['statɔ]

tradición (f)	**tradizione** (f)	[tradi'tsʲɔnɛ]
costumbre (f)	**costume** (m)	[kɔs'tumɛ]
ecología (f)	**ecologia** (f)	[ɛkɔlɔ'dʒia]
indio (m)	**indiano** (m)	[indi'anɔ]
gitano (m)	**zingaro** (m)	['dziŋarɔ]

gitana (f)	**zingara** (f)	['dziŋara]
gitano (adj)	**di zingaro**	[di 'dziŋarɔ]
imperio (m)	**impero** (m)	[im'pɛrɔ]
colonia (f)	**colonia** (f)	[kɔ'lɔnia]
esclavitud (f)	**schiavitù** (f)	[skjawi'tu]
invasión (f)	**invasione** (f)	[inva'zʲɔnɛ]
hambruna (f)	**carestia** (f)	[karɛs'tia]

195. Grupos religiosos principales. Las confesiones

religión (f)	**religione** (f)	[rɛli'dʒɔnɛ]
religioso (adj)	**religioso**	[rɛli'dʒɔzɔ]
creencia (f)	**fede** (f)	['fɛdɛ]
creer (en Dios)	**credere** (vi)	['krɛdɛrɛ]
creyente (m)	**credente** (m)	[krɛ'dɛntɛ]
ateísmo (m)	**ateismo** (m)	[atɛ'izmɔ]
ateo (m)	**ateo** (m)	['atɛɔ]
cristianismo (m)	**cristianesimo** (m)	[kristia'nɛzimɔ]
cristiano (m)	**cristiano** (m)	[kristi'anɔ]
cristiano (adj)	**cristiano** (adj)	[kristi'anɔ]
catolicismo (m)	**Cattolicesimo** (m)	[kattɔli'tʃezimɔ]
católico (m)	**cattolico** (m)	[kat'tɔlikɔ]
católico (adj)	**cattolico** (adj)	[kat'tɔlikɔ]
protestantismo (m)	**Protestantesimo** (m)	[prɔtɛntan'tɛsimɔ]
Iglesia (f) Protestante	**Chiesa** (f) **protestante**	['kjeza prɔtɛs'tantɛ]
protestante (m)	**protestante** (m)	[prɔtɛs'tantɛ]
Ortodoxia (f)	**Ortodossia** (f)	[ɔrtɔdɔs'sija]
Iglesia (f) Ortodoxa	**Chiesa** (f) **ortodossa**	['kjeza ɔrtɔ'dɔssa]
ortodoxo (m)	**ortodosso** (m)	[ɔrtɔ'dɔssɔ]
Presbiterianismo (m)	**Presbiterianesimo** (m)	[prɛsbiteria'nɛzimɔ]
Iglesia (f) Presbiteriana	**Chiesa** (f) **presbiteriana**	['kjeza prɛsbitɛri'ana]
presbiteriano (m)	**presbiteriano** (m)	[prɛsbitɛri'anɔ]
Iglesia (f) Luterana	**Luteranesimo** (m)	[lytɛra'nɛzimɔ]
luterano (m)	**luterano** (m)	[lytɛ'ranɔ]
Iglesia (f) Bautista	**confessione** (f) **battista**	[kɔnfɛssi'ɔnɛ bat'tista]
bautista (m)	**battista** (m)	[bat'tista]
Iglesia (f) Anglicana	**Chiesa** (f) **anglicana**	['kjeza aŋli'kana]
anglicano (m)	**anglicano** (m)	[aŋli'kanɔ]
mormonismo (m)	**Mormonismo** (m)	[mɔrmɔ'nizmɔ]
mormón (m)	**mormone** (m)	[mɔr'mɔnɛ]
judaísmo (m)	**giudaismo** (m)	[dʒuda'izmɔ]
judío (m)	**ebreo** (m)	[ɛb'rɛɔ]

| Budismo (m) | buddismo (m) | [bud'dizmɔ] |
| budista (m) | buddista (m) | [bud'dista] |

| Hinduismo (m) | Induismo (m) | [indu'izmɔ] |
| hinduista (m) | induista (m) | [indu'ista] |

Islam (m)	Islam (m)	['izʎam]
musulmán (m)	musulmano (m)	[musuʎ'manɔ]
musulmán (adj)	musulmano	[musuʎ'manɔ]

chiísmo (m)	sciismo (m)	[ʃi'izmɔ]
chiita (m)	sciita (m)	[ʃi'ita]
sunismo (m)	sunnismo (m)	[su'ɲizmɔ]
suní (m, f)	sunnita (m)	[su'ɲita]

196. Las religiones. Los sacerdotes

| sacerdote (m) | prete (m) | ['prɛtɛ] |
| Papa (m) | Papa (m) | ['papa] |

monje (m)	monaco (m)	['mɔnakɔ]
monja (f)	monaca (f)	['mɔnaka]
pastor (m)	pastore (m)	[pas'tɔrɛ]

abad (m)	abate (m)	[a'batɛ]
vicario (m)	vicario (m)	[wi'kariɔ]
obispo (m)	vescovo (m)	['vɛskovɔ]
cardenal (m)	cardinale (m)	[kardi'nale]

predicador (m)	predicatore (m)	[prɛdika'tɔrɛ]
prédica (f)	predica (f)	['prɛdika]
parroquianos (m pl)	parrocchiani (m)	[parrɔk'kjani]

| creyente (m) | credente (m) | [krɛ'dɛntɛ] |
| ateo (m) | ateo (m) | ['atɛɔ] |

197. La fé. El cristianismo. El islamismo

| Adán | Adamo | [a'damɔ] |
| Eva | Eva | ['ɛva] |

Dios (m)	Dio (m)	['diɔ]
Señor (m)	Signore (m)	[si'ɲɔrɛ]
el Todopoderoso	Onnipotente (m)	[ɔɲipo'tɛntɛ]

pecado (m)	peccato (m)	[pɛk'katɔ]
pecar (vi)	peccare (vi)	[pɛk'karɛ]
pecador (m)	peccatore (m)	[pɛkka'tɔrɛ]
pecadora (f)	peccatrice (f)	[pɛkkat'riʧe]

| infierno (m) | inferno (m) | [in'fɛrnɔ] |
| paraíso (m) | paradiso (m) | [para'dizɔ] |

| Jesús | Gesù | [dʒe'su] |
| Jesucristo (m) | Gesù Cristo | [dʒe'su 'kristɔ] |

Espíritu (m) Santo	Spirito (m) Santo	['spiritɔ 'santɔ]
el Salvador	Salvatore (m)	[saʎva'tɔrɛ]
la Virgen María	Madonna	[ma'dɔŋa]

diablo (m)	Diavolo (m)	['dʲavɔlɔ]
diabólico (adj)	del diavolo	[dɛʎ 'dʲavɔlɔ]
Satán (m)	Satana (m)	['satana]
satánico (adj)	satanico	[sa'tanikɔ]

ángel (m)	angelo (m)	['andʒelɔ]
ángel (m) custodio	angelo (m) custode	['andʒelɔ kus'tɔdɛ]
angelical (adj)	angelico	[an'dʒelikɔ]

apóstol (m)	apostolo (m)	[a'pɔstɔlɔ]
arcángel (m)	arcangelo (m)	[ar'kandʒelɔ]
anticristo (m)	Anticristo (m)	[antik'ristɔ]

Iglesia (f)	Chiesa (f)	['kjeza]
Biblia (f)	Bibbia (f)	['bibbja]
bíblico (adj)	biblico	['biblikɔ]

Antiguo Testamento (m)	Vecchio Testamento (m)	['vɛkkiɔ tɛsta'mɛntɔ]
Nuevo Testamento (m)	Nuovo Testamento (m)	[nu'ɔvɔ tɛsta'mɛntɔ]
Evangelio (m)	Vangelo (m)	[van'dʒelɔ]
Sagrada Escritura (f)	Sacra Scrittura (f)	['sakra skrit'tura]
cielo (m)	Il Regno dei Cieli	[iʎ 'reɲʲɔ dɛi 'tʃeli]

mandamiento (m)	comandamento (m)	[kɔmanda'mɛntɔ]
profeta (m)	profeta (m)	[prɔ'fɛta]
profecía (f)	profezia (f)	[prɔfɛ'tsia]

Alá	Allah	[a'la]
Mahoma	Maometto	[maɔ'mɛtɔ]
Corán (m)	Corano (m)	[kɔ'ranɔ]

mezquita (f)	moschea (f)	[mɔs'kɛa]
mulá (m), mullah (m)	mullah (m)	[mul'la]
oración (f)	preghiera (f)	[prɛ'gjera]
orar (vi)	pregare (vi, vt)	[prɛ'garɛ]

peregrinación (f)	pellegrinaggio (m)	[pɛllegri'nadʒɔ]
peregrino (m)	pellegrino (m)	[pɛlleg'rinɔ]
La Meca	La Mecca (f)	[ʎa 'mɛkka]

iglesia (f)	chiesa (f)	['kjeza]
templo (m)	tempio (m)	['tɛmpʲɔ]
catedral (f)	cattedrale (f)	[kattɛd'rale]
gótico (adj)	gotico	['gɔtikɔ]
sinagoga (f)	sinagoga (f)	[sina'gɔga]
mezquita (f)	moschea (f)	[mɔs'kɛa]

| capilla (f) | cappella (f) | [kap'pɛʎa] |
| abadía (f) | abbazia (f) | [abba'tsia] |

convento (m)	**convento** (m) **di suore**	[kɔn'vɛntɔ di su'ɔrɛ]
monasterio (m)	**monastero** (m)	[mɔnas'tɛrɔ]
campana (f)	**campana** (f)	[kam'pana]
campanario (m)	**campanile** (m)	[kampa'nile]
sonar (vi)	**suonare** (vi)	[suɔ'narɛ]
cruz (f)	**croce** (f)	['krɔtʃe]
cúpula (f)	**cupola** (f)	['kupoʎa]
icono (m)	**icona** (f)	[i'kɔna]
alma (f)	**anima** (f)	['anima]
destino (m)	**destino** (m), **sorte** (f)	[dɛs'tino], ['sɔrtɛ]
maldad (f)	**male** (m)	['male]
bien (m)	**bene** (m)	['bɛnɛ]
vampiro (m)	**vampiro** (m)	[vam'pirɔ]
bruja (f)	**strega** (f)	['strɛga]
demonio (m)	**demone** (m)	['dɛmɔnɛ]
diablo (m)	**diavolo** (m)	['dʲavolɔ]
espíritu (m)	**spirito** (m)	['spiritɔ]
redención (f)	**redenzione** (f)	[rɛdɛn'tsʲonɛ]
redimir (vt)	**redimere** (vt)	[rɛ'dimɛrɛ]
culto (m), misa (f)	**messa** (f)	['messa]
decir misa	**dire la messa**	['dirɛ ʎa 'messa]
confesión (f)	**confessione** (f)	[kɔnfɛssi'ɔnɛ]
confesarse (vr)	**confessarsi** (vr)	[kɔnfɛs'sarsi]
santo (m)	**santo** (m)	['santɔ]
sagrado (adj)	**sacro**	['sakrɔ]
agua (f) santa	**acqua** (f) **santa**	['akua 'santa]
rito (m)	**rito** (m)	['ritɔ]
ritual (adj)	**rituale**	[ritu'ale]
sacrificio (m)	**sacrificio** (m)	[sakri'fitʃɔ]
superstición (f)	**superstizione** (f)	[supɛrsti'tsʲonɛ]
supersticioso (adj)	**superstizioso**	[supɛrstitsi'ozɔ]
vida (f) de ultratumba	**vita** (f) **dell'oltretomba**	['wita del ɔltre'tɔmba]
vida (f) eterna	**vita** (f) **eterna**	['wita ɛ'tɛrna]

MISCELÁNEA

198. Varias palabras útiles

alto (m) (descanso)	pausa (f)	['pauza]
ayuda (f)	aiuto (m)	[a'juto]
balance (m)	bilancio (m)	[bi'ʎantʃo]
barrera (f)	barriera (f)	[bar'rjera]
base (f) (~ científica)	base (f)	['bazɛ]
categoría (f)	categoria (f)	[katɛɡo'ria]
causa (f)	causa (f)	['kauza]
coincidencia (f)	coincidenza (f)	[kointʃi'dɛntsa]
comienzo (m) (principio)	inizio (m)	[i'nitsio]
comparación (f)	confronto (m)	[konf'ronto]
compensación (f)	compenso (m)	[kom'pɛnso]
confortable (adj)	comodo	['komodo]
cosa (f) (objeto)	cosa (f)	['koza]
crecimiento (m)	crescita (f)	['krɛʃita]
desarrollo (m)	sviluppo (m)	[zwi'lyppo]
diferencia (f)	differenza (f)	[diffɛ'rɛntsa]
efecto (m)	effetto (m)	[ɛf'fɛtto]
ejemplo (m)	esempio (m)	[ɛ'zɛmpʲo]
elección (f)	scelta (f)	['ʃɛʎta]
elemento (m)	elemento (m)	[ɛle'mɛnto]
error (m)	errore (m)	[ɛr'rorɛ]
esfuerzo (m)	sforzo (m)	['sfortso]
estándar (adj)	standard	['standar]
estándar (m)	standard (m)	['standar]
estilo (m)	stile (m)	['stile]
fin (m)	termine (m)	['tɛrminɛ]
fondo (m) (color de ~)	sfondo (m)	['sfondo]
forma (f) (contorno)	forma (f)	['forma]
frecuente (adj)	frequente	[frɛku'ɛntɛ]
grado (m) (en mayor ~)	grado (m)	['grado]
hecho (m)	fatto (m)	['fatto]
ideal (m)	ideale (m)	[idɛ'ale]
laberinto (m)	labirinto (m)	[ʎabi'rinto]
modo (m) (de otro ~)	modo (m)	['modo]
momento (m)	momento (m)	[mo'mɛnto]
objeto (m)	oggetto (m)	[o'dʒetto]
obstáculo (m)	ostacolo (m)	[os'takolo]
original (m)	originale (m)	[oridʒi'nale]
parte (f)	parte (f)	['partɛ]

partícula (f)	**particella** (f)	[parti'tʃeʎa]
pausa (f)	**pausa** (f)	['pauza]
posición (f)	**posizione** (f)	[pozi'tsʲɔnɛ]
principio (m) (tener por ~)	**principio** (m)	[prin'tʃipʲo]
problema (m)	**problema** (m)	[prɔb'lema]
proceso (m)	**processo** (m)	[prɔ'tʃessɔ]
progreso (m)	**progresso** (m)	[prɔg'rɛssɔ]
propiedad (f) (cualidad)	**proprietà** (f)	[prɔprie'ta]
reacción (f)	**reazione** (f)	[rɛa'tsʲɔnɛ]
riesgo (m)	**rischio** (m)	['riskiɔ]
sección (f)	**sezione** (f)	[sɛ'tsʲɔnɛ]
secreto (m)	**segreto** (m)	[sɛg'rɛtɔ]
serie (f)	**serie** (f)	['sɛrie]
sistema (m)	**sistema** (m)	[sis'tɛma]
situación (f)	**situazione** (f)	[situa'tsʲɔnɛ]
solución (f)	**soluzione** (f)	[sɔly'tsʲɔnɛ]
tabla (f) (~ de multiplicar)	**tabella** (f)	[ta'bɛʎa]
tempo (m) (ritmo)	**ritmo** (m)	['ritmɔ]
término (m)	**termine** (m)	['tɛrminɛ]
tipo (m) (~ de deportes)	**genere** (m)	['dʒenɛrɛ]
tipo (m) (no es mi ~)	**tipo** (m)	['tipɔ]
turno (m) (esperar su ~)	**turno** (m)	['turnɔ]
urgente (adj)	**urgente**	[ur'dʒentɛ]
urgentemente	**urgentemente**	[urdʒentɛ'mɛntɛ]
utilidad (f)	**utilità** (f)	[utili'ta]
variante (f)	**variante** (f)	[vari'antɛ]
verdad (f)	**verità** (f)	[vɛri'ta]
zona (f)	**zona** (f)	['dzɔna]

Made in the USA
Lexington, KY
07 April 2014